伦理世界研究

刘淑萍 著

江苏人民出版社

图书在版编目(CIP)数据

伦理世界研究 / 刘淑萍著. —南京：江苏人民出版社，2020.4
ISBN 978-7-214-24783-4

Ⅰ.①伦… Ⅱ.①刘… Ⅲ.①伦理学—研究 Ⅳ.①B82

中国版本图书馆 CIP 数据核字(2020)第 060181 号

书　　　名	伦理世界研究
著　　　者	刘淑萍
责 任 编 辑	卞清波
装 帧 设 计	许文菲
出 版 发 行	江苏人民出版社
出版社地址	南京市湖南路 1 号 A 楼,邮编:210009
出版社网址	http://www.jspph.com
照　　　排	江苏凤凰制版有限公司
印　　　刷	江苏凤凰数码印务有限公司
开　　　本	652 毫米×960 毫米　1/16
印　　　张	17　插页 4
字　　　数	228 千字
版　　　次	2020 年 6 月第 1 版　2020 年 6 月第 1 次印刷
标 准 书 号	ISBN 978-7-214-24783-4
定　　　价	48.00 元

(江苏人民出版社图书凡印装错误可向承印厂调换)

目　录

绪论　1

第一章　伦理世界的道德形而上学　12
　　一、伦理、道德及其相互关系　13
　　二、伦理世界　24

第二章　中国文化的"伦理世界"　39
　　一、伦理世界与文化精神　39
　　二、家国一体的伦理世界　42
　　三、"伦理世界"的精神元素：五伦四德　50
　　四、"伦理世界"的文化机制：情理　57
　　五、"伦理世界"的异化　63

第三章　西方文化的"伦理世界"　67
　　一、希腊"伦理世界"　67
　　二、基督的"伦理世界"　81
　　三、契约"伦理世界"　94

四、西方"伦理世界"的文化条件　108

第四章　黑格尔的"伦理世界"　133
　　一、"伦理世界"的理念　134
　　二、"伦理世界"的社会基础　156
　　三、"伦理世界"的体系　160

第五章　公民的"伦理世界"　190
　　一、公民伦理世界　190
　　二、公民的家庭伦理世界　217
　　三、公民的国家伦理世界　233
　　四、伦理世界的主体精神：公民的道德世界　246

结束语　254

主要参考文献　261

后记　269

绪　论

伦理学是对人生存价值的关注,是"深思人的居留"①。在中国文化传统中,建立一个道德世界,实现天下治平,是历代士子的学术追求。伴随着社会现代性的艰巨转型,现代社会伦理精神危机凸显,社会伦理而不是个体道德愈益成为先哲们探求的重心。转型中国社会发展中的种种乱象,现象形态表现为道德缺失,实质上是伦理问题,准确地说表现在伦理—道德生态链的断裂②。

本书以建构中国道德哲学的"伦理世界"为理论诉求,积极回应西方现代社会伦理发展困境,努力探索中国现代道德建设的实践路径。

一、研究背景

哲学是"被把握在思想中的它的时代"③。道德哲学不可能逾越它所身处的现实世界、超出时代之外思考。"伦理世界"的道德哲学研究,植根在现代道德谋划、社会伦理重建和个体意义世界的批判性反思之中。

---

① [德]海德格尔:《路标》,孙周兴译,商务印书馆2000年版,第420页。
② 参见樊浩:《中国伦理道德报告》,中国社会科学出版社2010年版,第4—6页。
③ [德]黑格尔:《法哲学原理》,范扬、张企泰译,商务印书馆1996年版,第12页。

一是启蒙理性与现代道德谋划。站在21世纪回望,固然在上世纪七八十年代,西方学者们提出了后现代化、反现代化等概念描述当代社会发展,但从本质上看,人类仍处于现代化的宏大趋势之中。万俊人先生认为"现代性"得以生成依赖如下要素:扩张性的市场经济、在自由与平等之间徘徊的政治民族、由普遍主义信念支撑着的科学理性、世俗化的生活方式以及由"进步"或"进步主义"所规导的社会文化理想、历史目的论和道德价值目的论①。由这些要素构筑起来的意识形态便是各种各样的现代"主义",形成了现代性思想范式。

历史地看,这种思想范式源起于18世纪启蒙时代,从时代的科学实验,而不是从人学经验中生发。启蒙思想家受牛顿科学成就的启发,相信人类在现代自然科学中找到了理性的典型,自然科学方法是人类获取真理的普遍办法,并将其扩展到社会和人文科学领域。哈贝马斯曾深刻地指出:"18世纪为启蒙哲学家们所系统阐述过的现代性方案含有他们按内在的逻辑发展客观科学、普遍化的道德与法律以及自律的艺术的努力……启蒙哲学家利用这种特殊化的文化积累来丰富日常生活——也就是说,来合理地组织日常的社会生活。"②科学理性成为解决一切道德、政治、文化和自我内心情感等问题的哲学之匙。

当代美国著名伦理学家麦金太尔强烈地抨击了这种科学理性的僭越,认为这是现代性道德谋划失败之认识论根源。在1984年出版的《德性之后》经典著作中,他描画了一幅三百年来西方学术界一系列论证道德失败的历史直至情感主义对道德表述的用法,生动地表明三百年来最有才学、最有思想、最富理论洞察力的大师们都无回天之力,都无力挽狂澜于既倒,无从指出摆脱道德危机的途径。他在中文译序中指出"发现这类(为启蒙运动所系统提出的)原则的运动已经决定性地失败了,认识到这一点的时代也已经到来",吁请"以不同于启蒙运动及其西方后继者

---

① 万俊人:《现代性的伦理话语》,黑龙江人民出版社2002年版,第133—134页。
② [德]哈贝马斯:《论现代性》,载王岳川、尚水编:《后现代主义文化与美学》,北京大学出版社1992年版,第17页。

们的方式在基本的道德问题上达到真正合乎理性的一致"①。

从现象学层面看,启蒙理性推倒了封建社会伦理,却未能建立起现代伦理精神的生家园。技术理性君临一切,一切都技术化、世俗化、规制化。伦理成为外在的规则,社会祛除了道德的温暖。当代中国社会出现的物欲横流、技术至上、媚俗亵圣、躲避崇高、价值意义消解、终极关怀缺失等一系列现实问题,表征着社会世俗化、技术化、道德"祛魅"不断发展的深度及其造成的恶果。如何规正启蒙理性的僭越,走出现代性道德谋划误区,重建现代社会"伦理世界"哲理根基,是道德哲学必须担当的理论任务。

二是市民社会与伦理秩序重构。市民社会生成于现代世界之中,"在十八世纪大踏步走向成熟"②,标识着传统社会向现代社会的跨越。市民社会"就像一柄巨大的铁锤,无所顾忌地砸向所有旧的社区机构(即共同体)——氏族、村庄、部落、地区"③,表现为从身份到契约,从过去留传下的状态进入到自由契约所规定的状态。

在这一社会转型过程中,传统的家族式血缘共同体被消解了,家庭依然是现代社会的重要细胞,但"它在市民社会中是从属的东西,它只构成基础,它的活动范围还不广泛。反之,市民社会才是惊人的权力,它把人扯到它自身一边来,要求他替它工作,要求他的一切通过它,并依赖它而活动"④;传统的地缘共同体也逐渐淡出,诚如吉登斯所指出的,前现代条件下"地缘"的首要意义在很大程度上被现代社会的"抽象体系"消解掉了⑤。传统的职缘共同体亦被改造,而以某种形式被吸纳到现代市民社会中,家庭、社会与国家伦理秩序走向重构。

当今中国正在经历从传统社会向现代社会的转型,从综合角度看,

---

① [美]A. 麦金太尔:《德性之后》,中国社会科学出版社1995年版,第1—2页。
② 《马克思恩格斯选集》(2卷),人民出版社1995年版,第1页。
③ [美]大卫·雷·格里芬编《后现代精神》,王成兵译,中央编译出版社1998年版,第13页。
④ [德]黑格尔:《法哲学原理》,范扬、张企泰译,商务印书馆1996年版,第241页。
⑤ [英]吉登斯:《现代性的后果》,田禾译,译林出版社2000年版,第95页。

这个社会转型表现为一个中国特色的市民社会形成。由此带来最为深刻的道德哲学后果是伦理"普遍物"或所谓"伦"本身及其存在方式发生了根本性变化,社会正遭遇着伦理存在、社会伦理合法性及社会伦理能力三大伦理危机。市场经济理性和法制的形式普遍性,并不能建构起社会同一性的基础,"无伦理""没精神"已成为当下道德发展的"中国问题"①。如何在社会结构巨大变迁中,正视市民社会的伦理诉求,建构中国特色的"伦理世界",关系着中国现代化进程,关切着民族复兴伟业,是实践提出的重大课题。

三是个体自由与意义世界确立。个体自由和主体性的普遍发达,是现代社会的本质规定性之一。哈贝马斯明确指出:"现代性首先是一种挑战。从实证的观点看,这一时代深深地打上了个人自由的烙印,这表现在三个方面:作为科学的自由,作为自我决定的自由——任何观点如果不能被看作是他自己的话,其标准难获得认同接受——还有作为自我实现的自由。"②在哈贝马斯看来,基于自我意识和理性知识的个体自由,内在地包含着以自我决定和自我实现为特征的主体性原则,而"主体性原则是规范的惟一来源。主体性原则也是现代时代意识的源头"③。在一定意义上,个体主体性和自由,成为了全部现代伦理精神的基础和载体。

但是,个体自由和个性张扬也带来了现代人的孤独的生存境遇。弗洛姆在其著名的《逃避自由》中写道:"个人摆脱了经济及政治纽带的束缚。他在新制度中发挥积极独立的作用,获得了积极意义上的自由。但他同时摆脱了曾给他安全感和归宿感的那些纽带。生活不再是一个以人为中心的封闭世界;世界已变得无边无际,同时又富有威胁性。由于人失去他在封闭世界里的固定位置,所以也找不到生活的意义所在。其

---

① 参见樊浩:《中国伦理道德报告》,中国社会科学出版社2010年版,第2—3页。
② [德]哈贝马斯:《现代性的地平线——哈贝马斯访谈录》,李安东、段怀清译,上海人民出版社1997年版,第122页。
③ [德]哈贝马斯:《现代性哲学话语》,曹卫东译,译林出版社2004年版,第49页。

结果便是他对自己及生活的目的产生怀疑。他受到强大的超人力量、资本及市场的威胁。每个人都成了潜在的竞争对手,他与同胞的关系也对立起来,疏远起来;他自由了——也就是说,他孤立无助,备受各方威胁……天堂永远失去了,个人茕茕孑立,直面世界,仿佛一个陌生者置身于无边无际而又危险重重的世界里。新自由注定要产生一种深深的不安全、无能为力、怀疑、孤单与焦虑感。如果个人想成功,就必须设法缓和这种感觉。"①弗洛姆在这里深刻揭示了个体生存层面的现代性困境,而这一问题的实质,就是现代社会伦理世界的危机:生存的孤独感与无意义感,并不仅仅源于个体与他人的分离,"而是与实践一种圆满惬意的存在经验所必须的道德源泉的分离"②。

德国古典哲学大家黑格尔在其《法哲学原理》中深刻指出:"在考察伦理时永远只有两种观点可能:或者从实体出发,或者原子式地进行探讨,即以单个的人为基础而逐步提高。后一种观点是没有精神的,因为它只能做到集合并列,但精神不是单一的东西,而是普遍物的统一。"③面对现代社会意义世界的缺失,我们必须从实体出发,寻找人类生活共同体的价值源泉,建立个体安身立命的伦理世界,给个体以德性滋养,赋予有限人生终极关怀。

当前,我国道德哲学研究取得了很大进展,但对一些基本理论问题深入探讨依然不够。面对现代社会伦理精神危机,反思伦理世界种种现象时,我们不得不对"伦理世界"本身进行反思,从道德哲学高度认识把握"伦理世界",探寻个体回归伦理世界、建立精神家园的可能路径。

二、研究现状

哈贝马斯在《后形而上学思想》中指出:"哲学思想的使命始终都在

---

① [德]埃里希·弗洛姆:《逃避自由》,刘林海译,国际文化出版公司2007年第2版,第45—46页。
② [英]吉登斯:《现代性与自我认同》,赵旭东等译,生活·读书·新知三联书店1991年版,第35页。
③ [德]黑格尔:《法哲学原理》,范扬、张企泰译,商务印书馆1996年版,第173页。

于对传统作出回应。"①当我们把"伦理世界"范畴作为关键词进行文献检索时,中外思想史及当下伦理学界只有丰碑式、创新性的思想者给以关注,留下少量经典文献,启迪后学。如我们将与"伦理世界"相关的范畴予以检索,则发现相关文献汗牛充栋,争讼纷纷。这给本课题研究带来了极大挑战,也提供了理论创新的巨大空间。文献综合与对理论现状把握是学术深化研究的前提,也是"接着说"必做的功课。关于本课题研究的思想起点或理论平台,主要建基在以下学术大家思想贡献上。

(一) 德国古典哲学家黑格尔开创性的研究

黑格尔在其思辨哲学体系中,在人类思想史上第一次提出并阐述了现代社会"伦理世界","在启蒙、理性、科学、知识这些时代的背景下保留住社会所传承下来的伦理、宗教、习俗和想象"②。在黑格尔看来,所谓"伦理",就是为了促进并维持那基于"理念"而建立起来的社会。当代著名黑格尔研究学者查尔斯·泰勒深刻地指出,"康德的道德理论停留在政治学边缘,只划定国家或个人不应逾越的若干界限。黑格尔则相反,只有在政治中,换言之,唯有在我们必须促进并维持的社会设计中,道德才能获得具体内容"③。思辨哲学把关注的重心从个人转移到共同体,认为个人内属于共同体,共同体是个人的"本质",只有身为一个共同体的成员,才能获致最高的、最完满的道德存在,"伦理世界"就是那个个体和实体相统一的世界。在思辨体系中,伦理渗透为整个民族的普遍精神,家庭、市民社会、民族国家成为"伦理实体",伦理学扩大为对民族整体生活的说明,展开了一个"国家生命"在何种意义上"才是人民的实在生活"的宏阔论述④。这一论述集中在被誉为整个黑格尔哲学诞生地——《精

---

① [德]哈贝马斯:《后形而上学》,曹卫东、付德根译,译林出版社2001年版,第14页。
② 陈家琪:《哲学的基本假设与理想国》,中国人民大学出版社2007版,第293页。
③ [加]查尔斯·泰勒:《黑格尔与现代社会》,徐文瑞译,吉林出版集团有限责任公司2009年版,第129页。
④ 参见侯成亚等编:《张颐论黑格尔》,四川大学出版社2000年版,第176页。

神现象学》中的理性、精神及宗教三篇,而其晚年最后一部著述——《法哲学原理》则可视为黑格尔"伦理世界"体系化的表达。在我看来,黑格尔思想在今天的重要性,就在于他以思辨哲学方式开启了"伦理世界"的探索,哲学史上最艰涩难懂的两部经典《精神现象学》和《法哲学原理》成为本课题研究的思想源头。

(二) 多学科探索的学术资源

伦理世界理论研究涉及个体与社会、私人领域与公共领域、市民社会、契约伦理、公共精神、德性价值、公民文化等等。当前政治哲学、社会理论、历史研究、文化比较以及伦理学的诸多研究,虽未明确聚焦或指向伦理世界,但很多成果都为本课题研究提供了有益的理论滋养。一是在政治哲学研究领域,不同学者关于人权、法律价值、国家认同、民主政治、分配伦理等问题的探讨及其理论观点,对理解国家伦理性的存在具有十分重要意义。这方面主要参阅了美国著名哲学—伦理学家约翰·罗尔斯的《正义论》《政治自由主义》《作为公平的正义》,张凤阳《政治哲学关键词》,林火旺《正义与公民》,江宜桦《自由民主的理路》,马长山《国家、市民社会与法治》,夏勇《中国民权哲学》,米歇尔·鲍曼《道德的市场》等。二是社会理论研究领域,不同学者对社会范畴的考证、现代社会起源、市民社会研究、现代社会结构性转型以及对公共领域问题的探讨,对把握伦理世界发展演进特别是对市民社会伦理实体的探讨具有深刻启发意义。在这方面重点研阅了保罗·霍普《个人主义时代之共同体重建》、威廉·乌斯怀特《社会的未来》、金观涛《探索现代社会的起源》、W.戴维·格伦斯基《社会分层》、林南《社会资本》、于尔根·哈贝马斯《现代性的哲学话语》、田毅鹏等《"单位社会"的终结》、刘晓枫《现代性社会绪论》、鲍曼《个体化社会》、徐生民《上海市民社会史论》等。三是历史文化学研究领域,不同学者对中西文化及社会历史的研究给本课题研究提供了新的视角。特别是陈弱水先生《公共意识与中国文化》、黄进兴《优入圣域:权力、信仰与正当性》、叶秀山《中西智慧的贯通》等。视野宽阔,论述精到,启人心智。四是伦理学界的理论探索。本课题特别关注了北京师范大学廖申白教授主持的《公民伦理研究系列》,现已出版《交往生活的公共性转变》、《公共生活与公民伦理》和《公民伦理教育的基础与方法》三本专著,此系列应被看做当前公民伦理前沿性研究成果。清华大学周国文先生《公民伦理观的历史源流》、湘潭大学李佑新《走出现代性道德困境》等学术专著也很高的参考价值。东南大学樊浩教授学术团队的系列研究为本课题研究提供了丰厚的学术滋养。透过关键词检索,我们发现,在近年来推出的《伦理精神的价值生态》《道德形而上学体系的精神哲学基础》《文化与安身立命》《中国伦理道德报告》等理论论著和实证研究报告,伦理、精神、文化、价值生态、道德形而上学,以及范式、结构、理型、形态等构成了其运思的概念工具。同时,我们注意到已发表的著述中,社会伦理探究重于个体德性追问,形上价值反思多于规范教化,在中西伦理跨文化对话中更加注重普适性精神哲学建构,从三个方面为本课题研究拓开了思路。(1) 探索了"伦理世界"精神哲学基础。认为"伦理世界"是"精神"的"生命过程","伦理世界、伦理实体,既是现实的存在,更是精神的存在","伦理世界的形成,伦理实体的造就,伦理规律的运动,都有一个共同的基础,这就是伦理世界观"。指出"伦理世界观不是'伦理型'或'伦理性'的世界观,而是伦理共体或伦理实体'伦理地'对待、调节和表达自己与所处于'自然世界'的关系的基本态度和一般的、基本的观点……伦理世界观只对伦理理性的光芒所能照耀到的那些芸芸众生点化他们的公共本质或普遍精神"。① (2) 分析了各种"伦理世界"历史范型。特别对中国儒家、道家、佛家以及市场条件下的"伦理世界"进行了历史哲学分析,在更宏阔视境中把握其演进规律。(3) 通过大量实证性调查,指出"当代道德发展的'中国问题'往往以特殊的方式呈现:表现于道德,根源于伦理;现象形态上是道德问题,但根本上是伦理问题"。明确地提出"保卫伦理!蓬勃精神!"要"从实体出发",重构"伦

---

① 樊浩:《道德形而上学的精神哲学基础》,中国社会科学出版社2006年版,第204页。

理世界",张扬伦理精神,建设和谐文化的学术任务。

当然,除以上四个方面外,本课题研究更多地参阅了国内外黑格尔研究及现代道德哲学研究成果,一些创见为本文引述借鉴,并列注文中,同时,篇后列出全部参阅,以致敬意。

三、研究框架

本课题的学术任务是对"伦理世界"进行理论阐释。伦理世界是一直观经验性词汇,也是经黑格尔提炼出的哲学概念,并在《法哲学原理》中演绎为一体系化的理论。这是一个难于驾驭的学术命题。本课题从道德形而上学、中西文化、黑格尔哲学遗产以及现实公民伦理要求等诸方面,展开"伦理世界"阐述,试图为伦理世界研究框定一个学理疆域,也把握住这一命题内在的逻辑关联。为此,研究框架设定为五大章节。

第一章是基于道德形而上学对伦理世界作一般性、元伦理学之解读。重点揭示出伦理是"自由的理念",是普遍化了的、作为主体的个体自由意志所体现和蕴含的共同体精神,是人类社会最为本质的属性和规定。"世界"意指社会存在时—空的场域,包含着各类实体及其变动绵延的过程。伦理世界不仅是一个客观的存在,更是一个精神性存在。伦理精神是其"活的灵魂",家庭、民族国家是其实体,伦理规律驱动其迈向无限整体。

第二章是对中国文化"伦理世界"的历史形态透视。中国传统社会结构中血缘亲属纽带稳定和强大,以血缘为基础,建立了由家及国、家国一体的宗法等级制,确立了伦理政治化、政治伦理化或"政治伦理一体化"的中国"伦理世界"。社会五伦设计中,父子、兄弟是天伦,君臣、朋友是人伦,夫妇则是介于天人之间,是家与国延续的必要条件,是男女关系的原型。随着专制统治进一步强化,"父""圣""君"三者演变合为一体,君就不仅是政治连结的最高精神象征,而且成为伦理道德人格的最高文化象征。以人伦秩序为绝对价值的情理精神成为传统法律的礼治与人治基础,而人治的社会政治现实又进一步强化了这种情理精神和民众的人情面子心态与法则。中国传统血缘家族的自然伦理世界异化为封建专制国家的世界,传统的"五伦"异化为中华民族精神枷锁的"三纲",情理精神异化封建专制"人治"的合理性基础。

第三章是对西方文化"伦理世界"的历史形态透视。西方伦理精神脱胎于希腊文明。希腊独特的自然环境产生的地缘文化、工商业生活方式中形成的理性精神、地域性国家中城邦民主法治等,使西方文化原初伦理世界有三个基本的文化要素:以个体理性,建立强大的自我;以社会的民主与法制,作为社会公正的保障;以上帝的终极关怀,解决个人最终的安身立命的矛盾。随着西方文明历史进程的变迁,它经历了古希腊城邦社会、中世纪基督教社会、近代民族国家兴起与资产阶级民族国家革命时代的契约社会阶段,相应地形成了希腊城邦的美德"伦理世界"、基督教信仰共同体的"伦理世界"、契约的"原子"世界。

第四章黑格尔的"伦理世界"。黑格尔关于伦理世界论述主要集中在《精神现象学》《法哲学原理》之中。黑格尔基于本民族的分合无定,认为"伦理世界"表达了对和谐与统一生命共同体的向往。在他看来,伦理世界是真理性的伦理精神,是一个民族的伦理生活。伦理世界辩证运动经历了自然伦理世界、教化的伦理世界到道德世界。由民族与家庭构成的伦理世界是精神的自然世界或本然世界,也是伦理世界的本然阶段;教化世界是异化世界或自然世界的异化,其基本结构是政府和财富,是实然;道德世界是对其自身具确定性的精神。精神在道德中达到对伦理精神的主观性确定和辩证复归。

第五章公民的"伦理世界"。伴随着社会现代性的艰巨转型,社会伦理精神危机凸显,现代公民伦理世界的寻求与确立表现为公民对生命秩序中"普遍性"的自觉自为。公民伦理世界以民族国家与家庭为其伦理实体的基本形态。公民伦理建设有赖于现代社会伦理秩序的构建。公平正义是国家伦理秩序建立的价值基石,爱国主义是公民伦理世界的精神皈依。公民的伦理世界体现在公民对普遍性伦理之"道"的体悟与认同,以及对此"道"之"义务"的敬重与践行。

  本课题研究可能的创新点在于:从黑格尔思辨哲学体系中,分离出"伦理世界"范畴并对其进行道德哲学阐释,解析不同文化传统中具体形态的"伦理世界",提出建构"公民的伦理世界"以应对当下社会伦理危机。研究还存在很多不足,主要是理论建构难度。它需要笔者更多时间从容综合融汇有关宏大课题的思想理论资源。特别是本课题研究在当代学术研究中刚刚起步,而从伦理学专业视野系统把握"伦理世界",存在着不少研究难度,有着很大的理论风险。笔者以为,"伦理世界"研究固然是当代道德哲学绕不过去的论题,至为重要,但本研究的不尽人意之处,只能留待以后持之以恒的求索完善了。

第一章　伦理世界的道德形而上学

　　道德哲学的基本问题是探究个体至善与社会至善的辩证统一问题，其核心即是正确对待"单一物"与"普遍物"的辩证关系，探讨如何将个体性存在提升到类的普遍存在，展现个体与类和谐的生存智慧，这便是伦理世界的核心内容。伦理世界展现的就是人类在漫长的生命旅程中，以实体的伦理精神、主体的道德行为实现个体至善与社会普遍至善的辩证统一的画卷。反思现代社会遭遇的伦理精神危机时，我们不由反思"伦理世界"本身。在道德哲学视域准确把握其内涵，必须置于"伦理"与"道德"辩证关系基础上理解"伦理世界"的活的灵魂即"伦理精神"，剖析"伦理世界"的形态及其"无限整体"①。而如何疏理它们，我们可以从产生这个语词的社会实践中去寻根究源，正如黑尔德所言："在大部分论述人类伦理的文献中都充塞着术语上的随意性，摆脱这种随意性的途径只有一条：对那些原初在哲学中出现的基本道德哲学概念所带有的含义进行历史的思考。"②

---

① 参见[德]黑格尔：《精神现象学》，贺麟、王玖兴译，商务印书馆1983年版，第17页。
② [德]黑尔德：《对伦理的现象学复原》，载《哲学研究》2005年第1期，第50页。

一、伦理、道德及其相互关系

道德哲学视域探讨"伦理世界",首先会问:什么是伦理?"伦理"是道德哲学的核心概念,但对它的厘定及其与"道德"之间的关系的理解却多有歧义。至今人们还常常将它们混同起来使用。虽然早在19世纪时黑格尔就在《法哲学原理》中批判了这种缺乏辩证法的做法,但其深远的理论意义并没有引起理论界的深刻反思及广泛认同①。将伦理世界置于伦理与道德的辩证关系中展开,才能理论上厘清历史变迁中"伦理世界"内在的精神链。

(一) 伦理

从词源学角度看,"伦理"由希腊文"ετηos"演绎而来,本意是本质、人格,也指风俗习惯。早在荷马史诗《伊利亚特》中已出现"ethos"一词,表示群体惯常的住所、共同的居住地,生物的长久居留地。早期古希腊的哲学著作中,ethics曾被用来表示某种现象稳定的实质,后被用来专指一个民族特有的生活惯例,后来又引申为"住所"及生活场所相关的习俗、习惯、风俗之意,之后又演变为精神气质,多指一种客观的东西②。亚里士多德所著《尼各马可伦理学》一书为西方最早的伦理学专著。他将"ethos"一词意义扩大为"ethika",既指风俗习惯、也意指人们的德行行为,并创建了一门新的学科"伦理学"。他认为"伦理德性是风俗习惯熏陶出来的,而不是自然本性。自然的东西不能用习惯改变。人们自然具有的是接受德性的能力,先以潜能的形式被随身携带后以现实活动的方式被展示出来"③。由此可见,在西方早期,伦理主要是指人们在一定的

---

① 至少我们国内还有不少学者还没注意到这个问题。
② 参汪子嵩等:《希腊哲学史》(第3卷),人民出版社2003年版,第924页。
③ [古希腊]亚里士多德:《尼各马可伦理学》,苗力田译,中国社会科学出版社1990年版,第27页。

社会共同体中长期共同生活而形成起来的风俗习惯。风俗,是共同体体现于外的社会传统风尚及其精神气质;习惯,是共同体内人们普遍的行为方式。它典型地体现了西方古代伦理世界的个体与共同体质朴统一的特点。

在中国古代没有使用"伦理学"一词,19世纪后才广泛使用,但"伦"与"理"则在古代典籍中很早就出现了。原先,"伦""理"二字是分开使用的。根据《辞海》所记,"伦"之意有①:(1)人伦,引申为辈、位次。东汉许慎《说文解字》注释为:"伦,从人,仑声,辈也,明道也。"何为"辈"?"车以列分为辈",古代车以等级相区分。此等级代表着一种秩序。将车之列分引申到人的社会关系中,"辈"即人的"辈分""伦分"。(2)类,同类。如不伦不类。《礼记·曲礼下》言:"拟人必于其伦。"郑玄注:"伦,犹类也。"(3)条理。《书·舜典》言:"八音克谐,无相夺伦。"《论语·微子》言:"言中伦。"例:"伦次",条理;秩序。如语无伦次。范仲淹《与咸寺丞书》言:"庠序之会,渐有伦次。"

"理",一般有以下几方面内涵②:(1)玉石的纹路,引申为物的纹理或事的条理。如木理;肌理。《荀子·正名》言:"形体色理,以目异。"杨倞注:"理,文理也。"又《效儒》言:"井井兮其有理也。"杨倞注:"理,有条理也。"(2)治玉。《韩非子·和氏》言:"王乃使玉人理其璞。"玉石虽坚硬,但据玉石的纹路而加工打磨就能使其成器,故也称"治玉"。引申为据其内在机理、规律而整治,治平。如修理;理发;理财。《汉书·循吏传序》言:"庶民所以安其田里,而亡叹息仇恨之心者,政平讼理也。"(3)道理。《孟子·告子上》言:"故理义之悦我心,犹刍豢之悦我口。"(4)顺;赞许。《孟子·尽心下》言:"稽(豺稽)大不理于口。"焦循正义:"犹言不利于人口也。"(5)答;顾。如:答理;理睬;置之不理。(6)温习。如:理书;理曲。《颜氏家训·勉学》言:"吾七岁时,诵《灵光殿赋》,至于今日,十年一

---

① 《辞海》,上海辞书出版社1979年版,第505页。
② 《辞海》,上海辞书出版社1979年版,第2775页。

理,犹不遗忘。"这些内涵总结起来则为两点:一是指事物本有内在的条理、秩序或规律,如玉之纹理;二是按照事物内在的条理或规律去做则可"治",如治玉而成器。

"伦理"二字合用,最早见于战国至秦汉之际的《礼记·乐记》:"凡音者,生于人心者也,乐者,能伦理者也。"这是对古代周公制礼作乐,以乐和礼注解,贯通理解了"伦理"之意。遵循人类社会生活共同体中客观的人伦秩序获得社会关系的和谐之美,这种美一如和谐美好的音乐。音乐以符合人的听力分贝范围又以适合人心律的节奏悦于耳赏于心,熏陶人心性之和美,实质上是顺乎人伦之道也。伦,客观的人伦关系。从最初意义上,伦是指一石子砸入水中引起一圈一圈的涟漪,如此强调其一体性、同一根源。这种寓意引用于社会生活中实指社会秩序的厘定,指"人伦",即个体与社会共同体或"单一物"与"普遍物"之间的关系,而不是个体与个体间所谓的人际关系。中国古代之"伦"有"天伦""人伦"之分。天伦指血缘性家族亲族的组织,以尊卑长幼而定其次第等级。"人伦本于天伦","家国一体",非血缘关系也类比于血缘关系,以亲疏远近、上下贵贱而定其等级。由此,中国传统人伦在血缘关系基础上形成以宗法等级为特征的伦理关系。"伦"的文化实质就在于个体、"单一物"如何与家族及社会共同体相统一,形成一个和谐的统一体、"普遍物"。遵此"伦"而行,则社会和谐有序。所以,"伦"是长期的社会生活中逐渐形成、逐渐习得的并具有客观效力,它表现为普遍的秩序要求及其相应的行为方式要求。"理"则是如"治玉"般遵"伦"而消融个体特殊性形成普遍性。这就提出个体形成普遍性的情感心理认同与行为养成要求。"伦理"在中国古代传统文化中与西方古代传统文化中有类似之处,即都意蕴社会风俗习惯之意,其落实即在于个体道德精神或德性之形成,从而将实体伦理主体化,体现其活生生的风采。但东西方"伦"的文化设计却不同,从而形成了不同的文化原理、伦理精神。这种不同的伦理设计使东西方文化中德目设计或个体道德内涵也明显相异。

(二) 道德

西方文化中的"道德"(morality)一词起源于拉丁语的"Mores",原意为风俗和习惯。罗马的政治家、哲学家西塞罗创造形容词"moralis",属"风尚"之意。后来又从moralis一词产生出morality,内涵发展为兼具社会风俗和个人品性的含义,也指有关人生意义与价值的活动,具有强烈的实践理性特征。

在中国,"道"与"德"的出现很早,可以追溯到殷商时期。道,其内涵有①:(1) 意指道路。《诗经》中有"周道如砥,其直如矢",意思是周朝修的道路笔直一如射出的剑之轨迹。《论语·阳货》言:"道听而涂说。"(2) 指法则、规律。与具体事物之"器"相对。许慎《说文解字》言:"道,所行道也……"(3) 从,由。《礼记·礼器》言:"苟无忠信之人,则礼不虚道"。郑玄注:"道犹由也,从也。"(4) 治理。《论语·学而》言:"道千乘之国,敬事而信,节用而爱人,使民以时。"(5) 通"导",先导、疏导之意。《左传·隐公五年》言:"请君释憾于宋,敝邑为道。"又《襄公三十一年》言:"不如小决使道。"(6) 宇宙万物的本原、本体。《老子》言:"有物混成,先天地生……可以为天下母。吾不知其名,字之曰道。"(7) 一定的人生观、世界观、政治主张或思想体系。《论语·公冶长》言:"道不行,乘桴浮于海。"《论语·述而》言:"志于道,据于德,依于人,游于艺。"从这些丰富内涵中,我们可以看出,中国传统文化中的"道"基本有两层面内容。一是指由"理"转化而来的"道"。在此意义上,"理"与"道"都具有规则、原理之意,但"理"为"类"的规范,"道"为个体的规范。"理"在"道"先,"道"是"理"在个体中的具体化。二是指遵"道"而行。这是"理"在个体之"道"中的落实体现。

德,在中国传统文化中基本有如下内涵:(1) 品德,道德。《易乾·文言》言:"君子进德修业。"而从德的字型结构看,从直从心,心得正直。人

---

① 参《辞海》,上海辞书出版社1979年版,第2775页。

怎样能得到正直之品德呢？"直，外得于人，内得于己也。"①(2) 好处，恩德。《国策·魏策四》言："吾有德于人也，不可不忘也。"(3) 感德。《左传·成公三年》言："然则德我乎？"(4) 事物的属性。章炳麟《国故论衡·语言缘起说》言："实、德、业三，各不相离。"(5) 指具体事物从"道"所得的特殊规律或特殊性质。《管子·心术上》言："德者道之舍。"②这些丰富内涵体现在伦理学意义的有：一是德乃修"道"而有所"得"，可见有教养或教化之功。二是行道而"得"，形成个体的品质。三是有所"得"而外施于人，可谓(得到好处的)感恩之报。《说文解字》中有更明确的解释："德，内得于己，外得于人也。""内得于己"即"善念存储心中，使身心互得其益"，"外得于人"即"以善德施之于他人，使众人各得其益"。清代经学家、文字音韵训诂学家对此则注释为"内得于己，谓身心所自得也；外得于人，谓惠泽使人得之也"。这些词源意义的注释说明，中国古代自觉意识到，"德"是修养"道"并遵"道"而行，这是利己利人利社会的事，从而能自觉修养，由道及德。这也就是将意义世界与生活世界相连，既有道德的真诚与忠诚，也有道德的行动力，以达到社会至善与个体至善的统一。而这后两者则为伦理教养或教化之功。

"道""德"二字之相区分又相关联，在汉语中可追溯到先秦思想家老子所著的《道德经》一书。老子说："道生之，德畜之，物形之，器成之。是以万物莫不尊道而贵德。道之尊，德之贵，夫莫之命而常自然。"③其中"道"指自然运行与人世共通的真理，而"德"是指人世的德性、品行、王道。可见德由修"道"而得。"道德"二字连用始于《荀子.劝学》篇："礼者，法之大分；类之纲纪也，故学至乎礼而止矣，夫是之谓道德之极。"④礼仪是社会秩序维护的法规，也是社会共同体内在"仁"之"义"的体现。君子学习礼，是听在耳里，记在心里，表现在威仪的举止和符合礼仪的行动

---

① 许慎：《说文解字》，中华书局1963年版。
② 参《辞海》，上海辞书出版社1979年版，第1849页。
③ 《道德经》。
④ 《荀子·劝学》。

上。一举一动,哪怕是极细微的言行,都可以垂范于人,如此则也算是品德高尚之楷模或道德的最高境界了。道德就是个体自觉意识到人们共同生活的自然与社会的规律准则,而通过自愿行为追求个体至善与社会至善的统一的过程。它是"主观意志的法",也是社会客观实体性的要求。其内容涉及人与人、人与自然、人与社会、人与自身的不同层面的关系内容,它的具体存在形式可以是原则规范、风俗习惯、道德活动、道德意识(社会舆论、内在良知或良心、信仰信念)、个性品质等,而具体内容则又因伦理文化设计不同而不同。它体现了社会伦理客观秩序要求主观化,达到伦理客观性与道德主观性的统一。

(三) 伦理—道德辩证

从伦理、道德两核心概念的东西方词源意义的疏理中,我们发现,虽然"伦理学"作为一门学科在中国出现很晚,但伦理、道德都是文明久远的古老命题,更是现代人们熟知的话题。但熟知不等于真知,人们在日常生活中常常将这两个概念混淆使用,学界也有很长一段时期相通使用它们,或简单地以为伦理学就是研究道德的学问。语言或概念是社会现象或社会事实在思维领域内的反映,把"伦理"与"道德"区分使用反映了人类社会这一领域里一个基本事实,即存在伦理与道德的相区分性这一现象。事实上,区分也不意味着它们没有联系。区分仅是出于理论研究的需要,实际上二者内在是有着密切的关联的,它们是同一社会现象的两面,只不过,伦理所要研究的是不同社会层面、社会体制制度(或市民社会、国家等)的伦理性,伦理是就人类社会中的人伦关系及其秩序而言的,道德则是个人体现社会道德规范的主体与精神的意义上使用的。

对此进行明确区分的是黑格尔。他在《法哲学原理》中指出:道德与伦理在习惯上几乎被用作同义词,其实它们有本质上不同的意义。尽管从语源学上看来道德与伦理是同义词,可是,仍然不妨把将它们作为不同的概念来加以使用①。

　　康德多半是在"道德"这一概念上讨论伦理道德问题的,意志自由、道德律令以及至善几乎是康德伦理学的全部内容,而这些内容又大多半是个体道德问题。而这种研究多半走向单方面对个体内在道德自律之要求,它导致的是:或者是因道德修养的高道神圣化而引起道德焦虑;或者是竭力地掩饰自身的个体性而空谈所谓的普遍性,引发道德的虚伪。其结果虽可假借抽象的上帝来进行心理寄托,但原先的良心主体性就被彻底地颠倒了,它的普遍的精神性荡然无存,剩下的只是一个精神的空壳,成为事实上的恶或伪善。正如黑格尔所言:康德哲学中的实践原则"致使伦理的观点完全不能成立,并且甚至把它公然取消,加以凌辱"②。

　　如果认定伦理、道德就是如康德所言的是一种实践理性,如马克思所说的是一种实践精神的话,那么它们其实是有两个研究对象:作为主体意识的精神与作为主体意志的客观实践。合理的伦理学世界应该是两个部分构成:建立个体内在生命秩序的道德自我意识;建构合理的社会生活秩序。其中后者对前者更具主导性和根源性意义。前者属于道德世界,后者属于伦理世界。黑格尔认为,它们具有本质上不同的意义。道德是个体的、主观性的,伦理则是社会性的、客观性的。它们都以善为对象,但伦理是共同性的价值,道德是个体性的价值;伦理是基本的、一般来说是必需的价值,道德是发展的、未必每个个体都会经历其发展的价值。伦理是客观性、社会性的,重共体中人和人、个体与整体、整体与整体之间的关系;而道德侧重于个体的意识、行为和准则、法则关系。作为规范,伦理具有普遍性,道德具有独特性;伦理具有双向性,可以相互要求,道德就其本质说只具有单向性,只可以要求自己;伦理诉诸人们的共同意识或共识,道德诉诸个人的体认或服膺;伦理是准则,道德是一些终极价值;伦理的约束有强制性,道德约束没有强制性;伦理的约束依赖

---

① 参见[德]黑格尔《法哲学原理》,范扬、张企泰译,商务印书馆1961年版,第42页。
② 参见[德]黑格尔《法哲学原理》,范扬、张企泰译,商务印书馆1961年版,第42页。

于人们基于共识的公平与正义感,道德的约束依赖于个人的心性。伦理指向社会整体的善,道德指向个体至善①。这种区别实质上对进一步完善研究视角、更有效地揭示生活内容、明确社会伦理的内在问题、寻求解决社会伦理及道德问题的路径从而更有效地指导社会和谐生活,有着重大理论与实践指导价值。

  黑格尔哲学为这个难题的解决提供了学术资源。他在《精神现象学》和《法哲学原理》中,分别确立了道德自我意识与伦理客观意志两个要素,并提供了两种研究范型:在《法哲学原理》中提出,道德是法的体系的否定环节,它使意志自由获得主观现实性,但"道德"只是主观法,其中存在主观性与客观性、个体性与社会性尖锐对立,因而它所形成的善良意志、良心很可能处于作恶的边缘上,只有到达"伦理"阶段,才能既扬弃法的抽象性,又扬弃法的主观性,达到普遍意志和个人意志的统一。"伦理"才是"法"的真理、自由意志的真理。"抽象法"—"道德"—"伦理",是《法哲学原理》揭示的"法"或自由意志生长的辩证过程。这样,在《法哲学原理》中,"伦理"高于"道德"。而在《精神现象学》中,黑格尔所说的伦理是"真实的精神",是实体或共体的普遍本质,道德还没有成为自我意识,要经过"教化"阶段的自我异化和自我否定,才能从原始的实体性与混沌的同一体中分化出来,形成自我意识与主体精神,就像原始人从原初的类意识中生长出个体意识、婴儿从最初的混沌无知中生长出自我所属感一样,这是伦理精神由自在到自为的一种飞跃发展。通过这样的否定过程才能成长出道德的肯定阶段,并从而使精神获得真正的自我意识,成为自在自为的存在,所以"道德"高于"伦理"。《法哲学原理》与《精神现象学》研究对象的殊异,体现出黑格尔对伦理、道德的理解不同于康德,并超越于康德:展示了道德世界观视域的同时开启了伦理世界观的视域,从而也开启了现代伦理学体系的建构,为和谐伦理世界的确立奠

---

① 在此方面廖申白先生有较好的阐述。参见参廖申白:《伦理新视点——转型时期的社会伦理与道德》,中国社会科学出版社1997年版,第11—12页。

定了理论基础。

黑格尔《法哲学原理》与《精神现象学》中概念的系统分析虽不是从社会实践本身的逻辑而进行的,但其学术资源的启示是很深刻的:"伦理"与"道德"的区别中也展示了它们彼此间内在的密切联系:

就个体道德与社会伦理的相互关系而言,抽掉个体具体的社会活动和个体活动的道德性,任何社会伦理的规定都要流于空疏与虚妄。社会伦理只有落在个体道德层面上去,成为人格化、个体化的东西,成为个体的共识,才具有现实性意义。它们之间的内在联结点就在于社会实践。任何一种社会实践都是具体的、客观的社会活动。如农民种地、工人做工。任何一种社会实践的展开,都有相关的社会形式、相应的社会组织,有相应的社会机构以及要求相应的技能。如一座医院的存在、一家工厂的运作。然而,任何一种社会实践活动能存在和发展下去,都要具有相关的社会伦理的规定,以及要求相关的个体的德性或者说个体的道德。正如亚里士多德在《尼各马可伦理学》中的开篇之言:"每一种活动、每一种探求、每一种实践,其目的都在于某种善(good)。"[①]任何一种社会实践活动,它的存在与发展都有相关的利益(good)追求。而介入这一实践活动中的任何个体,他相应的德性品质,都与这个实践整体的善内在相关。如果缺乏相应的个体德性,都在一定程度和一定意义上损坏着这种实践的善,有损于整体善的目标的实现。

因此,个体的道德是社会伦理的建构性要素,没有相关的个体德性,也就没有相关的社会伦理。同样,社会伦理的规定,如任何具体的社会实践的善的目标,它又在社会客观性上规定和制约着个体道德的特性。黑格尔曾指出:"主观的善和客观的、自在自为地存在的善的统一,就是伦理。"[②]个体的德性如果离开社会伦理的规定,同样是抽象的善与良心。而当个体主观的善(德性)融入社会客观的善的规定,就是伦理。黑格尔

[①] [古希腊]亚里士多德:《尼各马可伦理学》,苗力田译,中国社会科学出版社1990年版,第2页。
[②] [德]黑格尔:《法哲学原理》,范扬、张企泰译,商务印书馆1961年版,第162页。

在这里所讲的就是社会伦理与个体道德的统一性,或者说,社会伦理把个体道德仅作为一个主观环节给予扬弃。但这种扬弃并不意味着取消。伦理与道德的相互影响与相互制约决定了两者的相关性。只有两者的共同作用,一个社会才能不断向真、善、美的境界迈进。

黑格尔认为:"道德的观点是这样一种意志的观点,这种意志不仅是自在地而且是自为地无限的。"①道德是自为无限的自我意志,是在个我本身中的、主观的自由。主观抽象的善与现实普遍性有着差别,"道德的观点是关系的观点、应然的观点或要求的观点",这种"关系""应然"的要求即社会伦理的要求。"构成普遍目的的善不宜仅停留于我的内心,而应使之实现。"也就是说,道德的真理不在个体自身中,个体道德领域必须过渡到社会的伦理领域,在社会伦理领域体现道德的真理性:"主观的意志要求它的内部的东西即它的目的获得外部的定在,从而使善就在外部的实存中得以实现。"②而主观的善在外部社会生活中的展现是在这样三个领域:家庭、市民社会和国家。黑格尔超越康德的善良意志的伦理学转向富有社会内容的活动、具有历史意义的行动的伦理学。

正是从这里我们有了伦理与道德区分又相联的内在辩证观点。道德是个体对伦理的造诣。当然这一理念有个历史的发展过程。苏联学者也认为,伦理与道德这个古希腊混为一体之意应用的概念经过中世纪,乃至到康德都片面发展为个体道德之意,在黑格尔这里得到了思辨的分析后将其区分开来,而获得了前所未有的现代意义,使伦理学前进了一大步。而这区分有着与时势交融的思想发展过程③。

伦理、道德之间的关系本质上是实体性的普遍物与个体性的单一物之间的关系。其中,"伦"意为长期社会生活中逐渐形成、逐渐习得并具有客观效力的社会普遍行为方式,实质上它意指一个民族文化的伦理设

---

① [德]黑格尔:《法哲学原理》,范扬、张企泰译,商务印书馆1961年版,第43页。
② [德]黑格尔:《法哲学原理》,范扬、张企泰译,商务印书馆1961年版,第43页。
③ 参[苏]A. 古谢伊诺夫:《西方伦理学简史》,刘献洲等译,中国人民大学出版社1992年版,第483页。

计,体现了一个民族伦理实体及其内在的普遍性。风尚习惯则是普遍性的客观性基础,"伦"是风尚习惯的"集体记忆",体现了该民族在长期历史发展过程中积淀的生活智慧。世界历史上只有具有强大生命力的民族才能在绵延的发展过程中,"才可能形成缜密的'伦'的设计,也只有一个具有强大的文化同一性和同一力的民族,才可能将'伦'作为一种风尚,以此统一人们的行动,使民族中个体性的'多'复合为'一',即形成民族精神"①。"理"则为"伦"的人性化和普遍性的概括,从而使"伦"走向"理",其中介则为"情理"。"情理"一方面是能超越个体特殊性而形成普遍性的能力,另一方面是超越现象世界形成自觉自为的精神的能力。而这种"情理"既非单纯的情,也非单纯的理,既有质朴的生命情感,也有灵长智慧的思辨理性。黑格尔将此概括为"爱",是"意识到我与另一个人的统一,使我不专为自己而孤立起来",从而使个体走向普遍性、成为实体成员的意识与意志冲动。这在中国传统的血缘家族社会中有着典型体现,而在西方由家庭走向市民社会、国家时则虽有"理"却缺"情",这也是现代西方伦理秩序支离破碎的重要缘由之一。

"伦理"作为实体普遍性必须外化为主体的实践才能表达其活的内涵,必须将一般意义的理性形态向个体特殊性转换。"道德"既可以动态地理解为个体通过"教养"或"教化"之功扬弃自己的个别性而获得实体性,通过内在意义世界的建立而迈向普遍性从而成为具有"类"意义的"人"的运动过程,也可以静态地理解为个体在伦理上的造诣或个体内在的伦理普遍性的造诣境界。"教养"或"教化"是前者走向后者的中介,这种过程是个体获得解放的过程。

由伦理、道德内在的这种互相依存、互通互达的关系,我们可以看出:伦理为道德提供了合理性依据,道德则使伦理成为"活"的善。道德辉映于伦理之下,分享伦理的同时彰显了自主自为的伦理精神,使精神本身即为伦理现实,实现个体与实体的统一、个体至善与社会至善的统

---

① 樊浩:《道德形而上学的精神哲学基础》,中国社会科学出版社2006年版,第459页。

一,构成和谐的自在自为的伦理世界。

二、伦理世界

明确提出"伦理世界"概念的是德国古典哲学家黑格尔。他在《精神现象学》第六章"精神"中提出"活的伦理世界就是在其真理性中的精神"①,贺麟先生在此译注道:"'在其真理性中',就是说在其客观性中;在这个美好的伦理世界里,实体与自我互相渗透而无对立。"②它首先是个体与实体自在的统一状态,黑格尔将把它当成精神发展的第一环节、直接性环节,在历史上黑格尔认为相当于古希腊的城邦社会。随着私有制的产生、个体意识的发展,"一旦精神抽象地认识到它自己的[伦理]本质,伦理就在法权的形式普遍性中沉沦了","伦理世界,分裂成此岸与彼岸的那个世界……继续进行……它们所要达到的目标和结果,将是出现绝对精神的现实自我意识"③,经过沉沦的法权世界的启蒙教化,"伦理世界"继续发展直到"绝对精神"实现个体与实体自在自为辩证统一的"美好世界"。伦理世界是人类的精神家园。借鉴黑格尔"伦理世界"概念及其思想资源,由此寻找现代多元化社会中个体回归精神家园的可能路径。

(一)"世界"

"世界"这个词就是从梵语中来的,原本是 lokadh(a-)tu(音),佛教用语。在翻译梵文时,中国的高僧们采用了两种译法。一种是意译,就是用一个汉字去对应梵文里的一个词(词根),然后组合起来。"世界"这个词就是如此。梵文的 loka 被翻译成"世",而 Dh(a-)tu 被翻译成"界",组合起来的概念就成了"世界"之意。唐代佛经《楞严经》曰:"何名为众生

---

① [德]黑格尔:《精神现象学》(下卷),贺麟、王玖兴译,商务印书馆1983年版,第4页。
② [德]黑格尔:《精神现象学》(下卷),贺麟、王玖兴译,商务印书馆1983年版,第4页。
③ [德]黑格尔:《精神现象学》(下卷),贺麟、王玖兴译,商务印书馆1983年版,第6页。

世界？世为迁流,界为方位。"①"世界"作为哲学概念,世指时间,界指空间,世界即宇宙。但是这个词现在的用法显然已经不限于原意了。"古往今来曰世,上下四方曰界",即于时间上有过去、现在、未来三世之迁流,空间上有东南西北、上下十方等定位场所之意。世界就是全部时间与空间的总称,但现在世界偏指空间。通常人们以此指人类所生活居住的地球,也可指人类生存的某个领域②。

"伦理世界",就其实质而言,则是关注人类文化生命历程,在道德哲学的视域,透过伦理精神,通过道德行为实现个体与类、特殊与普遍的辩证统一,这种统一的理想指向是社会公正与个体德性相统一或个体至善与社会至善的辩证统一。

"伦理世界"何以可能？本质上,它是由人的社会本性及其文化属性决定的,是由人向普遍性实体回归的内在需求决定的。人的存在有自然属性,也有社会属性。但人本质上是社会性的存在。人自然意义的存在,如衣、食、住、行等也是通过社会性的方式来获得满足。衣服是人之所需,但它已不同于动物的保暖功能,而是体现了民族文化内涵及个性特征;吃饭也不同于动物的食欲,而是以一定的烹调方式、一定的饮食环境及习惯进行……可以说人的所有自然属性的满足都在某种程度上被打上了社会民族文化风尚习惯的烙印,也即都有伦理文化的痕迹。这种烙印本身就意味着个体的所有活动都以一定的社会伦理方式进行着。也正是通过这些方式,个体获得普遍性精神,获得社会性内涵,并由此获得类的认同、类的归属或伦理实体的皈依。在这个意义上就可以理解为什么古希腊伦理理念中认为:恶就在于破坏一种生活方式,而在这种生活方式中,人们可以获得某种善。善实际上就是人们一定程度地共享某种生活方式。苏格拉底在《高尔吉亚》中断言:恶人所缺乏的就是共同生活的能力,或共同享有生活的能力。这种人们共享生活的共同体就是伦

---

① 《楞严经》(于唐神龙元年[705]译出)。
② 参《古代汉语词典》,商务印书馆1998年版,第1430页。

理世界。共同体的"善"之行即共同体的伦理精神的体现。这种"善"之行的精神即伦理世界的"活的灵魂"。

(二) 伦理精神：伦理世界"活的灵魂"

精神，作为一个内涵非常丰富的概念，可从辞源学、哲学和文化学等诸多角度对它进行诠释和理解。从辞源学角度看，"精"为精华、真义、重要之义；"神"为神采、韵味、风格之义。内在的精华要义与外在的神韵风格的结合和同一就是说"精神"一词含义。哲学意义上的精神是指人的意识、思维活动和一般心理状态。唯物主义者常把精神当作和意识同一的概念来使用，认为它是物质的最高产物。宗教信仰者和唯心主义者所讲的精神，是对意识的神化。从文化学的角度来看，"精神"或泛指一种文化的精髓，或特指一种思想的内容实质。

作为伦理世界中的"精神"不同于一般哲学意义上的感觉、知觉方式存在的一般意识或理性意识，"当理性之确信其自身即是一切实在这一确定性已上升为真理性，亦即理性已意识到它的自身即是它的世界、它的世界即是它的自身时，理性就成了精神"[①]。"精神是那具有完全的自知并能将自己充分表现出来的东西"[②]。伦理世界中的"精神"既具理性意识，又具有实践的意志冲动。精神是理性自我意识并且在实践过程中按其所属世界内在的本质而行为的状态，是自我意识与意志的统一，通过这样的理性与行为从而达到与其"世界"的同一。这个"世界"是现实的存在，是理性发现自我与存在、自为存在与自在存在的统一。"自在而又自为存在着的本质"，虽然抽象，却构成着事情自身的规定，而这种规定也是精神的本质所在。精神不只是意识或理性，它更是行动着的。或者说，它是实践理性。精神是既认识到自己是一个现实的意识，同时又将意识（理性）外化表现出来，体现出实体世界自在而又自为的本质。它是实践性的理性，或是

---

① 参[德]黑格尔：《精神现象学》（下卷），贺麟、王玖兴译，商务印书馆1979年版，第1页。
② 参[德]黑格尔：《精神现象学》（下卷），贺麟、王玖兴译，商务印书馆1979年版，第2页。

行动着的理性,是"活的伦理世界",是伦理世界活的灵魂①。

伦理精神的本质特征即单一性和普遍性的统一。单一性是指个体的我存在的个别性。个体意识到个我作为一个人,其自然存在是单一性,但是在理性上却有这样一个意识:我要成为一个人,就要将我的自然存在变成伦理的存在。这样的存在事实上就将个体从单一性存在物、一个个体性要上升为一种普遍性。因为这种普遍性正是对个别性的最好保证。"人"是一种普遍性,"我是一个人"实际上就是把"我"这个单一性和"人"这个普遍性达到统一,这个统一的东西就是精神。

普遍性本身不是一个抽象的共同性,而是蕴含着个别性的普遍性,它本身包括了同一与区分的环节,并且只有在这种同一和区分的辩证否定中,才能实现普遍性的真实。区分环节的个别性是使普遍性这一实体具有丰富的内容和能动的性质的关键。普遍性的动力来源,不是纯粹抽象的自我运动,而是来自于个别的能动意志。因此这种能动是双向的,它们最后的结合可能,当然仍然来自于人的基于自身需要的理性。

伦理精神的发展是由自在走向自为。自在与自为是注解不一的哲学概念。一般认为,自在,一般指独立的存在、是不以人的意志为转移的,可以看作是客观存在,类似于康德讲的"物自体"。自为就是能自己规定自己,自己作为自己的原因。在黑格尔的哲学体系中以此表达了绝对理念或绝对精神的发展的三阶段:客观的精神(法)即自在阶段,主观的精神即本质的概念的映现也就是自为阶段,自在自为的阶段(主客统一)即思维征服、统一了存在,绝对理念就成了自在自为的、最真实的东西。

按照黑格尔《逻辑学》中的定义,自在,即潜在、尚未展开之意。所谓自在之物就是存在物作为那由扬弃中介而呈现的本质的直接物。这里的中介,指的是事物的不反思的直接性,因此自在之物也存在直接性的反思。伦理精神抽象的最初开端就是自在存在,直接地表现为外在的风尚习惯或经验的法,表现为实体的存在,如古希腊城邦伦理或中国古代

---

① 参[德]黑格尔:《精神现象学》(下卷),贺麟、王玖兴译,商务印书馆1983年版,第4页。

的家族伦理实体中,个体与实体直接而自然地同一的"伦理状态"。这种状态并不意味着不存在其内在的特殊性与普遍性的矛盾,只是人没有反思到这一点。个体意志随着城邦的普遍意志也即城邦的法而行。个体与普遍性混沌合一,个体没有"自我"意识,合格的个体就是城邦公民或家族成员,这是伦理世界的自在质朴存在,个体与伦理实体合一。马克思依据社会主体人的发展状况划分人类发展为三大历史形态,自在的伦理精神尚属于完全自然发生的人之间的依赖关系阶段的伦理世界。这个伦理世界里,还没有个体自我的地位,主体陷于命运悲剧性冲突之中却不能自拔,如古希腊神话中《俄狄浦斯王》即是如此。俄狄浦斯虽然积极有所作为,但终还是应验了命运之神的预言:杀父娶母。虽然他本身出于无意,但其行为的过错依旧要自己承担。

当苏格拉底提出没有反思的人生是没有意义的人生时,古希腊人也开始了对有所反思的个体主体性与城邦的普遍性之间内蕴的差别性思考,同时古希腊城邦也开始了解体的历程。这种有所区别并展开的思考即是自为的精神体现。在黑格尔哲学中,"自为"即有区别、分化、展开之意。它体现了精神的成长,伦理精神具有能动性,伦理主体在对潜在的、抽象的精神反思中使得精神内在的区别和对立得以显现。个体与实体分离,即人对物的依赖阶段的伦理世界。

伦理精神体现于社会实践活动之中。"精神"在中国道德哲学中极富民族特性,它与"伦理"可直接相通,指传统文化的精髓。在德国古典哲学中,尤其黑格尔《精神现象学》中甚至也是与"伦理"同一的概念。它是包括理智、意志、人的整个心灵和道德的存在。其中意志的成分往往高于理智。也就是说,这个概念本身就意味着实践性,其意识理性也是实践理性。

伦理本质上是伦理实体世界内在的普遍性外化,也即是行动着的理性。"实体就是还没意识到其自身的那种自在而又自为地存在着的精神本质。"①所以精神性的本质也称"伦理实体",或者说,精神本身就是伦理

---

① [德]黑格尔:《精神现象学》(下卷),贺麟、王玖兴译,商务印书馆1983年版,第2页。

现实,它蕴含着"普遍的、自身同一的、永恒不变的本质",是"一切个人行为的不可动摇和不可消除的根据地和出发点",也是"一切个人的目的和目标"(因为它是一切自我意识所思维的自在物),因为它是自为存在,是行为,所以它也是"一切个人和每一个人通过他们的行动而创造出来作为他们同一性和统一性的那种普遍业绩或作品"。这种行动还是"坚定的正当的自身同一性"①。这种"同一性"本质有的人不能坚守,不能执著,也就不能达到道德的崇高境界。从这个意义上看伦理实体,它是许多个体分享其普遍性又分别实践着的存在,是现实的活的本质,也是"不死的本质"。"精神就是自己支持自己的那种绝对实在的本质。""活着的伦理世界就是在其真理性中的精神"②。

(三) 伦理实体:伦理世界的个别形态

伦理实体概念源起于黑格尔哲学。实体,原是西方哲学中的含义复杂的范畴。在古希腊,实体,ousia 字义即"或存在之物",通常理解为"所有物""财产",也兼有"呈现""在场"及"本质"等义。古希腊思想家把个别事物作为实体,柏拉图则把"理念"作为"实体"。在亚里士多德那里,它既指独立存在的、具体的个别事物,也指与可感事物的成因所在即理型(理念)。前者是第一实体,后者乃普遍的事物,为第二实体。它们之间的关系即个别事物与属、种的关系③。实体的最基本内涵有质料和形式。质料是事物所以形成的基质和材料,形式是事物所在形成的原型、本质和动力。一切事物都是质料和形式的不可分离的统一。

西方中世纪人们翻译 ousia 为英文 substance,意为现象及其载体的合一。在经院哲学家那里,万物由上帝创造并依赖于上帝,上帝即最高的实体。近代的哲学开始从认识论上对此范畴诠释,各学派论述也不

---

① [德]黑格尔:《精神现象学》(下卷),贺麟、王玖兴译,商务印书馆1979年版,第2页。
② [德]黑格尔:《精神现象学》(下卷),贺麟、王玖兴译,商务印书馆1979年版,第4页。
③ 参[古希腊]亚里士多德:《形而上学》,吴寿彭译,商务印书馆1959年版,第126页。

同。经验论的"物体"概念是从"具体的个别事物"即"第一实体"内涵发展了实体的差异性内涵,在事物的差异中看到同一及其联系,但没有解决如何在具体个别性事物的变化性与不变的特性之间的矛盾。近代的"唯理论"则是从普遍性来探究事物的本质即从"第二实体"内涵发展"实体"范畴。如笛卡尔言:"所谓实体,我们只能看作能自己存在,在其存在并不需要别的事物的一种事物。"笛卡尔除了提出精神实体与物质实体概念外,他一方面提出世界上只存在一个实体即自然(思维和广延即是其属性);另一方面他也认同:上帝是绝对实体,是物质和精神相对实体的创造者,是世界最高的本质和独立存在的实体,具有普遍性和一般性品性。如果说笛卡尔带有二元论倾向,斯宾诺莎则坚持了唯物主义的一元论,强调"实体"是"自因"或"自身的因","它的本质就包含着存在,或者它的本性只能设想为存在着"①。这里的"实体"是自己决定自己、自己产生自己的唯一实体。斯宾诺莎"实体"又有着泛神论的倾向,其"自因"的"自然"带有泛神论倾向。休谟提出物质实体和精神实体是不可知的;康德则把实体主观化,把实体列为其哲学十二范畴之一。

正如马克思在《费尔巴哈的提纲》中所说的,亚里士多德的实体概念从"对事物、现实、感性,只是从客体的或直观的形式去理解","不是从主观的方面去理解"。黑格尔则不同,他在《精神现象学》中说:"照我看来——我的这种看法的正确性只能由体系的陈述本身来予以证明——一切问题的关键在于:不仅把真实的东西或真理理解和表述为实体,而且同样理解表述为主体。"②黑格尔的"实体"概念主要具有两个明显的特性:自因性、主体性。在《逻辑学》中,黑格尔指出,"实体就是一切存在中的存在,既不是不反思的直接物,又不是一个抽象的、站在现象背后的东西,而是直接的现实本身,并且这个现实是作为绝对反思的存在,作为自

---

① 北大哲学系外国哲学教研室编译:《十六—十八世纪西欧各国哲学》,商务印书馆1975年版,第243页。
② [德]黑格尔:《精神现象学》(上卷),商务印书馆1983年版,第10页。

在自为之存在的长在"①。黑格尔借鉴了斯宾诺莎思想,认为实体是自因的,是无待他物自成原因且是他物存在的根据;另一方面,借鉴了费希特哲学的"自我意识",指出实体是主体性的,提出了绝对精神的"自身运动""自身发展"的发展观。

"不但把真实的东西或真理理解和表述为实体,而且同样理解表述为主体",黑格尔自己把它称为"一切问题的关键"。正是这个生长点使黑格尔把西方哲学推上了一个更高的历史台阶,成为西方哲学发展史上最伟大的成果。马克思和恩格斯在《神圣家族》中说:"把实体了解为主体,了解为内部的过程,了解为绝对的人格,这种了解的方式就是黑格尔哲学方法的基本特征。"②在黑格尔以前的唯心主义虽然也在某种程度、某种范围、某个问题上,发挥了人的主观能动性,但决没有任何一个哲学家能像黑格尔那样把主观能动性发挥到一个空前的高度。这之中的主要原因是因为他们没有明确地把实体理解为主体,把实践引入到哲学中来。虽然有像费希特那样非常重视主体能动性的哲学学说问世,但没有一个哲学家明确和完整地把"实践"引入到哲学中来,只有黑格尔做到了这一点。当然,黑格尔所理解的实践仅仅是一种观念论的实践,是绝对精神的劳作。但是,黑格尔由此也继承和发展了康德的哲学,不是让主体围绕着客体转,而是让客体围绕着主体转,用主体去规定客体,从而在理论上完成了康德的哥白尼式的哲学革命。"实体就是还没有意识到其自身的那种自在而又自为地存在着的精神本质。"③在黑格尔哲学中,精神是唯一神圣的东西,而伦理则是这个神圣的皇冠上的钻石。实体具有精神品质,是黑格尔用来展现绝对精神本质及其生长过程的范畴,它是人类的普遍意识和经过历史性的发展的自由意志所必然产生的共同体意识,这种意识就体现那些外在的礼俗风尚、典章制度之中。这种精神本身就是伦理现实。

---

① [德]黑格尔:《逻辑学》(下卷),杨一之译,商务印书馆1982年版,第211页。
② 《马克思恩格斯全集》(第2卷),人民出版社1957年版,第75页。
③ [德]黑格尔:《精神现象学》(上卷),商务印书馆1983年版,第1页。

实体不是一个纯粹自我的范畴,而是一个普遍性的范畴,是共同体意识。但这个共同意识不是与个体意识无关,而是从个体意识逐步发展出来的,它有赖于而且必须依赖个体意识的发展才能得以产生。在黑格尔哲学中,实体概念具有三个要素:(1) 实体即共体,是公共本质或普遍本质。(2) 实体的现实表现形态(实体的诸现象形态)。(3) 自我意识。这种自我意识不是孤立的自我,也不是抽象的普遍,而是"单一物与普遍物的统一",这种"统一"的品质即"精神"。其中自我意识是将公共本质与现实形态相联结的中项。"实体,一面作为普遍的本质和目的,一面作为个别化了的现实,自己与自己对立起来了,其无限的中项,乃是自我意识,这个自我意识自在地本是它自己与实体的统一体,而现在则自为地成为其统一体。"①实体本质上不仅是精神,而且是现实,是精神的现实。

黑格尔对实体的辩证性诠释,使实体既可指实实在在的具体共同体或事物,也可指抽象的存在物;不仅具有主体性的人格,而且具有辩证的实践展现过程。当然,黑格尔所理解的实践仅仅是一种观念论的实践,是绝对精神的发展过程,因而这种辩证性的诠释是建立在唯心论基础上的。

实体的本质规定就是精神,而达到这个本质及其现象的表达形态的就是伦理。因为伦理的本质和内容就是普遍性,就是实体性的存在。"伦理的自我意识乃是实体意识"②。"伦理行为的内容必须是实体性的,换句话说,必须是整个的和普遍的;因而伦理行为所关涉的只能是整个的个体,或者说,只能是其本身是普遍物的那种个体。"③所以,实体的世界本质上就是一个伦理性的世界。在这个世界中,体现公共本质的实体与个体的自我相互渗透而扬弃了对立,因而实体最典型和最合理的形态即伦理实体。

综上所述,伦理实体,作为一道德哲学范畴,既表达了伦理世界的内

---

① [德]黑格尔:《逻辑学》(下卷),贺麟、王玖兴译,商务印书馆1996年版,第5页。
② [德]黑格尔:《逻辑学》(下卷),贺麟、王玖兴译,商务印书馆1996年版,第9页。
③ [德]黑格尔:《逻辑学》(下卷),贺麟、王玖兴译,商务印书馆1996年版,第8页。

在本质,也可指现实社会具体的共同体形式。前者是对伦理存在本质的形而上学的思辨性表达,指具有伦理关系特征的道德主体在对象性关系中的辩证展开,这种展开内容即道德主体对象性存在的普遍性本质。这种普遍性本质并非抛弃个体,相反是以个体浸润、分享其普遍性的同时维护着并创造着普遍性的方式存在着。所以,伦理实体是个体与共体、特殊与普遍的有机统一体。其中的普遍性不仅是指人类设计、建构的伦理关系、礼俗风尚、典章制度这些外在的"法规"东西,而且是指这些外在东西所深蕴的人类生存的普遍意志或共同体意识。因为"伦理本性上是普遍的东西,这种出之于自然的关联本质上也同样是一种精神,而且它只有作为精神本质才是伦理的"①。这里的精神是指"实际存在着的和有效准的精神",是单一物与普遍物相统一的完成与持存。这种单一物与普遍物的统一体在现实社会有着具体的特定形式。这种形式因不同的文化设计而呈现出不同的社会共同体形态,如古希腊地缘文化蕴育的城邦伦理世界就不同于黄河农业文明蕴育的家国一体的宗法等级制伦理世界。不同民族的伦理实体在数千年的历史长河中演绎出不同的伦理精神风采。

  黑格尔在《精神现象学》中指出,伦理世界以伦理实体形态存在,表现为家庭与民族国家两大伦理实体;其伦理规律前者作为家庭成员而行动表现为"神的规律",后者作为民族国家的公民而行动表现为"人的规律"。伦理世界的精神便展现为家庭精神和民族精神两种实体精神形态。当然,这两种伦理实体的普遍性对立与分裂,精神的实体形态会过渡到以个体为本位的法权状态,即异化的伦理世界。这便是伦理实体的辩证运动过程,也是伦理精神的发展环节。黑格尔在《法哲学原理》中对伦理实体的个别形态如家庭、市民社会、国家有更为详尽的阐述。他依据伦理精神意志的辩证发展过程,展现了自然普遍性的伦理实体家庭、形式普遍性的伦理实体市民社会、实质普遍性实现的伦理实体国家。

---

① [德]黑格尔:《精神现象学》(下卷),贺麟、王玖兴译,商务印书馆1983年版,第8页。

(四)"伦理世界的无限整体"

"伦理世界的无限整体",其思想内涵源于黑格尔《精神现象学》①,借以揭示伦理世界内在发展规律,呈现伦理世界的绵延、无限的发展。从横向上看,伦理世界有两大伦理本质即人的规律与神的规律,它的伦理实体形态便是家庭和民族国家;它们各司其职,相互过渡,无限延绵,形成一个无限整体。从纵向上看,伦理世界由自在向自为发展,由自然的普遍性经过形式的普遍性的否定阶段,向实质的普遍性进发,最终实现实体与主体、心灵与世界、理性与生命、个人与社会、人类与自然等辩证统一,而这个过程将是无限的螺旋式上升过程。在黑格尔那里,这是绝对精神的无限延绵运动过程,马克思主义认为这是以唯心的形式表达了人类世界由必然王国向自由王国进发的辩证发展规律。

伦理世界以伦理实体诸个别形态表达自己的现实性或有效准性,在黑格尔看来,这也是绝对精神的现实自我意识的体现。"各普遍的伦理本质都是作为普遍意识的实体,而实体则是作为个别意识的实体;诸伦理本质以民族和家庭为其普遍现实,但以男人和女人为其天然的自我和能动的个体性。"②黑格尔以唯心的形式、颠倒地表达了伦理世界的内在规律。伦理世界内在本质是普遍性,这种普遍性本质的实体表现为民族国家和家庭。实体的主体即人(男人和女人),内在的规律为神律与人律。

人律,亦称人的规律,体现于民族伦理实体之中,是一个民族或民族精神的体现。其现实有效准性体现于作为民族成员的公民之中。黑格尔称它为人律,是"因为它本质上是对其自身有所意识的现实"③。它表现为民族的伦常习俗及国家政府的有效准性之中。相对于民族国家的

---

① [德]黑格尔:《精神现象学》(下卷),贺麟、王玖兴译,商务印书馆1983年版,第17页。
② [德]黑格尔:《精神现象学》(下卷),贺麟、王玖兴译,商务印书馆1983年版,第17页。
③ [德]黑格尔:《精神现象学》(下卷),贺麟、王玖兴译,商务印书馆1983年版,第7页。

自觉行动,家庭则是直接的、简单的"天然的伦理的共体或社会"①,其伦理规律即神律,它体现于家庭成员之中。

家庭中的男性总是倾向于社会,天生就是家庭的否定性因素,具有更多的公民内涵,与家庭有离心倾向;男性抛弃家庭的直接的、原始的因而是否定的伦理,以取得和创造有自我意识的、现实的伦理,这就使其由生活于其中的神的规律向人的规律过渡。而(女性)姐妹则将变成家庭的主宰与神圣规律的守护者。黑格尔认为男女两种性别维护了两种普遍的本质,以不同的自我意识作为其特定的个体性,各就其位,各司其职,形成一个稳定的、合理的家庭伦理实体。因为伦理精神是伦理实体与自我意识直接的统一体,两性的差别及两性伦理内容上的差别在这种实体统一体中也始终不变,它们的生命运动的持续承接即实体的持续、发展。男性则是神的规律向人的规律过渡的主体,他们在共体(社团生活)中找到他的有自我意识的本质;同时又以家庭为其"现实性的形式原素,以神的规律为它的力量和证实"②。神的规律达到个体化或无意识的精神的获得其特定存在,则是通过女性。以女性为中项(环节),"无意识的精神就从非现实升入现实,从既不认知也不曾被知的状态升入有意识的王国"③。男性将生命分化为独立的环节,从人的规律向神的规律运动,由在民族国家中的效力最终回归家庭;女性则由神的规律向人的规律运动,从无意识的直接自然性向有意识的客观存在运行。

两种规律都不能独立自足或单独自在自为。一方面,人的规律行动时要从神的规律出发,人的规律都是要"通过使个体超越于他作为现实的个体所隶属的那个自然共体的约束",因为个体来自于神律的家庭,作为家庭成员受到养育、走向社会获得公民资格,成为具有现实性的个体。黑格尔将此抽象表达为:有意识的要从无意识的出发,间接的是从直接的出发,无意识的、直接的伦理内容通过有意识的行为得到实现,它通过

---

① [德]黑格尔:《精神现象学》(下卷),贺麟、王玖兴译,商务印书馆1983年版,第8页。
② [德]黑格尔:《精神现象学》(下卷),贺麟、王玖兴译,商务印书馆1983年版,第17页。
③ [德]黑格尔:《精神现象学》(下卷),贺麟、王玖兴译,商务印书馆1983年版,第20页。

意识而成为特定存在,成为有效的活动。这即神律一定要上升到人律,地下的势力要得到地上的现实实现。黑格尔认为,一个人不能成为公民而仅是属于家庭或"只涉及血缘亲属的整个存在",那"他就仅只是一个非现实的无实体的阴影",因为只有"作为公民才是现实的和有实体的"①。另一方面,人的规律最终又必然回归于神的规律。神的规律不仅体现于个体自然、直接关联的生活依旧依赖于家庭,还表现于个体最终死亡或了结了他作为公民的普遍生活时,神律通过让家庭成员死后回归家庭、实现该成员的实体性的现实性,由此达到人、家庭实体与民族实体的平衡。人活着的时候遵循人的规律,死的时候遵循神的规律,其伦理意义的实现即回归于家庭元素之中②。死亡本身就是直接的自然的变化结果,是一种"自然的否定性","不是出自于一种意识的行动",故这样的结局不能自为地变成具"自我意识"的伦理精神或具有伦理意义。让它具有伦理意义则是家庭成员的义务。家庭成员努力将死者这样一个曾经具有生命力而今却是"被动的为他的存在"避免成为"听任低级无理性的个体性",经过家庭葬礼形式安排到"大地的怀抱"③,以特定的形式记载下其作为家庭共体的一员的伦理意义。这样的家庭成员义务构成完全的神的规律。这样,伦理世界的家庭、民族两大伦理(实体)要素在两大规律的支配下运行,各司其职,自得自如,相互过渡,延绵不断,形成无限的整体。

但伦理世界的神律与人律从根本上讲又是相反的元素。因为一旦伦理行为发生,一个规律必然会引出另一种规律,而行为本身只能实现其中之一,行为者为此要抛弃自己的性格及其自我的现实而只属于其他的伦理规律,以此伦理规律为其实体。同时他在行为中又意识到并承认相反的规律,这就令其承认了相反的规律所属的实体,而他行为所获得

---

① [德]黑格尔:《精神现象学》(下卷),贺麟、王玖兴译,商务印书馆1983年版,第10页。
② [德]黑格尔:《精神现象学》(下卷),贺麟、王玖兴译,商务印书馆1983年版,参第17页译者注释。
③ [德]黑格尔:《精神现象学》(下卷),贺麟、王玖兴译,商务印书馆1983年版,第11—12页。

的并不是相反规律的那个实体的现实,这就形成一种伦理的悲怆情愫。这种情愫包含了某种必然性、意识信念、意识信仰,体现了一种宗教情形,所以它是超越个体的、博大的一种情怀。

其实,站在更高的层次看,这两种伦理本质都各有其片面性,最后在其斗争与毁灭中产生新的本质,即个体自我的本质。在黑格尔那里,这种个体的自我本质在自然的伦理世界里,由于个体还没有自觉意识,于是就以悲怆情愫的命运来表达。如古希腊悲剧《安提戈涅》中所呈现的那样:国王所代表的人律与安提戈涅所代表的神律发生了冲突——一方面国王应该按照人律应惩罚敢于蔑视国家权威的安提戈涅的兄弟[①],另一方面安提戈涅按照神律也有义务掩埋兄弟的尸体以免其遭受野兽的吞噬。这种个体本质的自觉即个体权利或法权意识及其有效实现的推进。这就使自然和谐的伦理世界过渡到教化的伦理世界。

在家庭或民族国家伦理世界里还没有出现的自我的现实,现在则由于自我返回于个人,自我就赢得了这个现实;当初在伦理世界中是单一或统一的东西,现在以分化发展了的形式出现了,但它发展了,是通过"教化"而异化了的精神实现的[②]。

教化世界中的启蒙使个体性获得活力,它以人道主义与功利主义普遍结合的思想意识,否定了异己的上帝,以世俗的人为中心,以人的现世利益为善恶评价依据,以实现人的幸福与自由为最终目的。这使个体获得了功利世界的现实确定性。但个体还要向本质回归,这个回归经国家权力、社会财富、国家法律等体现普遍性的公共环节来实现。由于权力腐败、财富分配不公等因素,使自我意识在实现教化世界的伦理普遍性面前面临不安甚至恐怖,于是自我意识回到人自身,与人重新结合。人对他自身确定,即变成道德(良心)。这样教化的伦理世界向道德过渡,现实世界向信仰的王国过渡,到最后再向精神的王国过渡。一旦精神这

---

① 安提戈涅的兄弟作为战场的逃兵,国王根据国家法律认为:他该受罚。
② [德]黑格尔:《精神现象学》(下卷),贺麟、王玖兴译,商务印书馆1983年版,第38页。

个普遍意识又回到自身,回到人身上,就变成了道德王国。回到自我意识,过渡到道德世界,在道德世界中确立精神自由、确立其普遍性、现实性。

  伦理世界从自然的社会共体到教化的世界,经过否定之否定达到道德的世界,就是伦理精神的螺旋式上升的发展过程,也是人类精神文明从自在走向自为的辩证运动过程,其间不断奋进、抗争,在人类历史上绵延数千年,并最终要走向胜利。但黑格尔将这个过程以唯心的形式、"绝对精神"的概念完成了其封闭的理论体系的同时,也使其内在的革命性走向保守与僵化;而马克思则以开放的体系表达:伦理的使命最终是实现人的全面自由的发展,通过否定之否定的人类三大社会形态发展①,最终实现共产主义这样一个美好的人类理想世界。

---

① 马克思根据社会主体人的发展状况将人类社会发展划分为三大阶段:一是完全由自然发生的人之间的依赖关系是最初的社会形态,二是以物的依赖性为基础的人的独立性的第二形态,三是建立在个人全面发展和他们共同的社会生产能力成为他们的社会财富的这一基础上的自由个性发展的第三阶段。第二个阶段为第三个阶段创造了条件。参见《马克思恩格斯全集》(46卷上),参《1857—1858年经济学手稿》,人民出版社1979年版,第190页。

第二章 中国文化的"伦理世界"

伦理精神作为文化传统中历史性的人类精神气质,它是与这个文化传统同体共生的。文化传统又是由多层面因素构成的系统。不同民族在其文明演进过程中选择的路径与社会结构蕴育出不同的精神气质,形成不同的"伦理世界"具体样态。长江、黄河冲积扇平原以其自然肥沃的土壤养育了中华炎黄子孙,数千年的农业文明、血缘宗法等级制的封建王朝形成独特的东方"伦理世界"。

一、伦理世界与文化精神

"文化",在不同文化圈人们对它有不同的理解,就是在同一文化圈中,不同的人也有不同的看法。文化的原始含义最早出现在《周易·贲卦》的《彖传》中,其中有"观乎天文,以察时变;观乎人文,以化成天下"[①]这句话。一个是天文,一个是人文。因为中国是一个典型的农业国家,要搞好农业生产,就要了解天文历法,了解时间和季节的变化,所以,顾炎武说,三代以上,人人皆知天文;和天文相对的,是人文。其意为:学习

---

① 《周易·贲卦》。

"人文"之后,就能够脱离野蛮,走向文明,使人人懂得道德礼义,就可以教化天下,让好的思想、好的制度为天下人所接受。这也是文化在中国的最原始含义。在《周易》里,已经有了人文的概念,但"文"与"化"还没有连结成一个词。最早把"文化"连用的是西汉末年的刘向,他在《说苑·指武》中最早使用了"文化"这一概念:"圣人之治天下也,先文德而后武力。凡武之兴,为不服也,文化不改,然后加诛。"[1]这是当今学界所掌握的"文化"一词在我国的最早出处。但我们现在所理解的文化,与它的原始意义已经有了很大的不同,现在的文化含义、定义有几百种之多,归结起来不外三种:一是指人类在社会历史进程中所创造的一切物质和精神财富;二是指历史上所存在的一切历史遗迹、典章制度、文献典籍、信仰习俗、宗教艺术等;三是指与政治、经济、军事相并列的一种形态。正是在这种现代意义上,很多人指出文化是一个外来词,是舶来品,我们在理解和使用文化概念时,一般是指它的现代意义,而不是传统意义。

"伦理世界"本身即文化"集体记忆"中的意义所在。文化的真谛即在于创造了人与动物本性相区别的意义世界。人从动物进化而来,这就注定了人具有动物性的本性。但人与动物的生存方式又有着本质的区别:人不只是为满足自己的本能而生存着,人必须超越自己的本能,以社会方式生存,这种社会方式即文化的表达或"人化"的表达,人类以此方式来显示人的尊严与价值。这也表明人的生存一方面是世俗生活世界,同时还有基于世俗又超越于世俗的意义世界,这个意义世界赋予生活与生命以普遍的和永恒的价值,也是个体安身立命的精神家园。这个意义世界即"伦理世界"。而这种意义表达的方式即文化的形成,它是人类在长期的进化发展中独特的创造物,是人的生存智慧与意义的结晶,它体现了"人"的造就、"人"的追求与提升。世界各民族的文化体系或表达方式可能不一,但其根本精神与目标则是一致的,这就是"人化"。在这个意义上可以说,文化构成人的第二本性;而伦理世界则是传统文化内在

---

[1] 刘向:《说苑·指武》,参《维基百科》http://zh.wikipeia.org。

精神的体现。

传统文化是一个博大精深的体系。一般以为过去的东西就是传统，这个理解虽不全错，但传统并不仅仅只是指过去存在过的东西，它更是指活在现在的过去。所谓"传统"，它是由纵向的"传"和横向的"统"两个字构成的。纵向曰"传"，是指时间上的历时性、延续性，是指那些过去有的，现在仍然在起作用的东西，是一代一代传下来的活的东西。横向曰"统"，它有两层含义：一是指空间的拓展，二是指权威性。传统，包括了作为历史延传下来的思想文化、制度规范、风俗习惯、宗教艺术乃至思维方式、行为方式等等的总和，它无处不在，无所不在，时时刻刻在影响着我们的社会，影响着我们的生活。按照大家比较认可的说法，传统是"历史上流传下来的社会习惯力量，存在于制度、思想、文化、道德学各个领域……对人们的社会行为有无形的控制作用"[1]。美国社会学家爱德华·希尔斯在《论传统》一书中则认为"延传三代以上的、被人类赋予价值和意义的事物都可以看作是传统"[2]。传统是不能选择的，不管你喜欢不喜欢，愿意不愿意，传统对每一个人来说，它已是一种历史的和现实的存在。

传统文化一方面是历史上存在的各种文化现象，也是伦理世界构成的根源所在；另一方面是已融入我们当下世界的现实存在，成为现代社会伦理世界建构的重要基础。可以说，一个民族的传统文化即是这个民族的血缘，是民族本性的显现，也是该民族的生活方式和生活原理。虽然"传统"的实体状态或时间流变上看，即使是"伦理传统"也不可能一以贯之，但传统文化对民族个性及民族适用性、民族内在的延绵力的影响却一直存在，它成为一个民族伦理生活的基本原理与人文机制。如中国伦理中的"忠恕"、"推己及人"及其"回报"原理，体现了中华民族伦理精神的特殊品位，也是其民族性的体现。这些伦理品位与民族的文化—心

---

[1]《辞海》，上海辞书出版社1989年版，第242页。
[2] [美]爱德华·希尔斯：《论传统》，傅铿、吕乐译，商务印书馆1991年版，参第18页。

理结构相吻合,延续着民族的生命,也在现代民族的文化体系中得到认同和体现。它既可为现代伦理建构找到根源动力和源头活水,也可在现代伦理世界的建构中保持乃至创造出民族的新个性。

东西方伦理世界都有自己的根源与范型。这种根源按马克思主义观念则是:经济生活是伦理的最终根源,而经济方式对伦理的决定性意义则是通过社会与文化中介环节体现出来的。也就是说,任何伦理世界的建构都有其文化上的根源与范型,正如杜维明教授所言:人们不可能"发展一种没有文化根的伦理世界语来"①。伦理世界的文化根源意义也即伦理的民族性所在。所以,传统文化的精神与伦理世界密切相关。

不同的民族有着不同的"人化"设计。譬如饮食文化的本质是结束茹毛饮血的原始生活,形成人的饮食方式,但各民族在进行饮食方式进化的过程中,却形成了不同的饮食方式。譬如服装原本都是为保暖并结束赤裸的原始生活形式,但不同的民族却形成了各自独特的服式,形成不同的美的风格——如中国的中山装之严谨、西方西装之开放等。虽然各民族文化设计的各要素及其所体现的性格特征或有不同,每个民族对自己的类似的文化设计都自足适用。因此,伦理世界的历史形态研究必须深入到不同的传统文化设计中去。

二、家国一体的伦理世界

(一)"世界"的血缘基础

绵延数万年的、以农业为基础的中国古代氏族社会血缘亲属纽带极为稳定和强大,没有为航海、游牧或其他因素所削弱和冲击。《吕氏春秋.恃君篇》:"昔太古尝无君矣。其民聚生群处,知母不知父,无亲戚兄

---

① 杜维明:《儒家伦理的现代意义》,转引自《儒家传统的现代转化——杜维明新儒学论著辑要》,中国广播电视出版社 1992 年版,第 372 页。

弟夫妻男女之别,无上下长幼之道。"①这里描述的是古代氏族社会状况。夏、商、周三代的王权则直接脱胎于氏族部落的酋长职能。商朝时奴隶主内部关系都是靠血缘关系来维持的,财富的多少、权力的大小、等级的高低都与种族血缘关系有着密切的联系。西周维新就是中国先民在文明初年所进行的一场最为重要的社会变革,是中华民族发展道路的决定性选择。这与古希腊的由氏族单位而地域单位、由族人而国民的梭伦变法奠定西方民族文化发展道路的选择不同。变革的核心任务却都是建立一个新的社会结构。

"周人以尊尊之义经亲亲之义而立嫡庶之制,又以亲亲之义经尊尊之义而立庙制,此其所以为'文'也。"②周代的宗法制度,都是后人所追述的,尚无直接材料可资证明,但是君统与宗统相合、尊尊与亲亲相合,由此产生的周礼精神,却合于历史的事实。

中国的西周维新的内容有三方面。一是维持了氏族血缘纽带,强化宗法等级制度,使建立在家族血缘关系基础上的宗法等级成为社会关系与政治关系的结构。其基本的方面是从注重部族血缘关系变成特别注重家庭的血缘关系,以家庭血缘关系而不是部族血缘关系的远近来确定地位的高低。

二是实行分封。君王分封自己的大批姻亲到各地为诸侯王,诸侯王的后代世袭王侯之位。这种分封制的实质即把氏族组织发展成为社会政治组织和国家制度,从而突破了氏族组织而具备国家制度的雏形。实行以血缘为纽带、伦理与政治合一的家—国一体的统治体制。

三是制礼作乐。这实际上是把上层建筑的各个方面加以制度化,从各个方面把上下尊卑的等级差别确定下来,以保证部落王权到普遍王权的转化过程。从此,礼便成为人们社会生活的伦理政治准则。周公建立周代礼乐制度。而"礼"的根本要求是"君君臣臣""父父子子"的伦理政

---

① 《吕氏春秋·恃君篇》。
② 王国维:《观堂集林》(彭林整理)所收《殷周制度论》,河北教育出版社2003年版。

治秩序。礼是道德的表现形式,周公通过礼仪规范人在社会中的行为,使人保持德行,与天道合一。因此,王国维先生认为周朝制度的变化"其旨则在纳上下于道德,而合天子诸侯卿大夫庶民以成一道德之团体。周公制作之本意,实在于此"①。梁漱溟更以"周孔教化"为"以道德代替宗教"的文化②,以历史上的中国社会为伦理本位的社会的思想,与王维国的看法相一致。近代王、梁两位著名学者的观点指明了周礼和周朝文化的实质。周公主张"明德慎罚",提倡"德治","制礼作乐",实行"礼治"。这正是孔子梦寐以求的"道(引导)之以德,齐(规范)之以礼"的治国理念③。周公在"损益"殷礼的基础上使传统的礼制、礼仪严密化、系统化,从而在整体上达到一个新的水平,创设了适合当时社会的优秀文化制度,其具体内容包括一系列社会、政治等制度,还有一系列相应的道德伦理规范和文化教育的方式,形成一整套完备的典章制度,称之为"周礼",或"周公之典"。周朝的礼乐文明,一直被视为后世社会的典范,被认为是上古社会的鼎盛时代,孔子赞叹曰:"周监于二代,郁郁于文哉!吾从周。"④孔子便是继承此礼乐风教并以"仁"为其内在精神。"仁"乃人与人之间存在的道德真实感,而其实践展开方式则是"孝悌之道",所谓"孝(弟)悌也者,其为仁之本与!"⑤孔子开启了"仁",则是照亮了整个族群的生命,成了整个民族最重要的实践理念,亦成了整个民族生命的源头活水。故后人称"天不生仲尼,万古如长夜"⑥。这样,"礼"就成为中华民族从原始社会向文明社会过渡的脐带,"仁"则是其内在的精神追求。

由此中国社会形成了一条有助于形成稳定统治秩序与社会秩序的

---

① 参见王国维:《观堂集林》(彭林整理)所收《殷周制度论》,河北教育出版社2003年版。
② 梁漱溟先生的相关观点参见于其著:《中国文化要义》,上海人民出版社2005年版。
③ 《论语·为政》。
④ 《论语·为政》。
⑤ 《论语·学而》。
⑥ 朱熹的《朱子语类》卷九十三中引北宋诗人唐子西(即唐庚)语。今传《唐子西集》二十四卷、《唐子西文录》一卷。唐子西尝于一邮亭梁间见此语,《唐子西文录》,"蜀道馆舍壁间题一联云'天不生仲尼,万古如长夜'。不知何人诗也"。参王长民:《"天不生仲尼,万古如长夜"小考》,《读书》2009年第1期。

有效方法——血缘宗法制。虽然夷、厉时代国人变乱和共伯和执政的历史中,表现出古代制度内部的变革运动——向地域性的富族(显族贵族)发展,以打破氏族制的枷锁;但是运动失败了,宣王"中兴"政策把这一运动消灭了,恢复了周公的遗制,仍依据西周维新的历史传统,没有走通像希腊变法的路径。

西周维新建立了一个新的社会结构,后人把这种结构概括为家国一体,由家及国。它以家为基础把家的逻辑和原理伸展到国,形成一个所谓的"国家"。中国的国家和西方的 country 有着非常大的区别。"国家"既挣断了原始社会的氏族纽带,具有文明社会"国"的性质,但又继承和吸收了人类在迄今为止最为漫长的原始社会中所形成的氏族关系的血缘传统,以"家"为"国"的基础甚至范型。所谓"周虽旧邦,其命惟新"。显然,"国家"是"国"与"家",即氏族社会的血缘逻辑或家的逻辑与文明社会的国的逻辑中庸调和的产物。

从夏、商、周三代到秦汉这段漫长的历史阶段,是我国古代国家制度形成的时期。《周易·序卦传》写道:"有天地然后有万物,有万物然后有男女,有男女然后有夫妇,有夫妇然后礼义有所错。"①这里反映出中国古代社会从无夫妇父子之别到有父子长幼亲疏之序的宗法社会的建立,从宗法社会再到君臣上下之礼的国家制度的建立,形成我国传统的社会政治结构。此后,虽然经历了各种经济政治制度的变迁,但以血缘宗法纽带为特色、农业家庭小生产为基础的社会生活和社会结构却很少变动。中国自给自足的自然经济形式,并非集体农庄(或庄园)的形式,而是以一家一户为单位。家庭的血缘亲情引伸出网络状社会结构,并扩充、放大为整个的社会关系——"国家"。

这种社会结构和政治制度的实质就是以家族制度作为国家制度的原型,家族制度成为政治统治的手段,使家与国、血缘心理及血缘伦理与政治等级合而为一或直接同一。这样,血缘关系、血缘心理、血缘精神就

---

① 《周易·序卦传》。

成为中国社会、中国文化中最重要、最基本的结构要素,它渗透到民族文化、民族心理、民族精神的一切方面,成为中国"人化"的最基本的特征,使中国文化成为一种血缘文化。

这种血缘关系在中国文化中指家庭、家族、宗族①。"血缘"是家的抽象,是由家及国的起点、基点和范型。由此血缘所依托的"家"成了人的确立方式。家就既是人生活的依托所在,也是人格生长的母胎。家庭是一个共饮共财的伦理实体,家族或宗族则是家庭的延伸。汉代史学家班固曾考证"宗"与"族"认为:"族者何也?族者凑也,聚也,谓恩爱相流凑也,上凑高祖,下凑玄孙,一家有吉,百家聚之,合而为亲,生相生爱,死相哀痛,有合聚之道,故谓之聚。"②"宗者何谓也?宗者尊也。为先祖主者,宗人之所尊也。礼曰:宗人将有事,族人皆侍。古代所以必有宗何也?所以长和睦也。大宗能率小宗,小宗能率群弟,通其有无,所以纪理族人者也。"③"族"是由共同血缘关系中不同辈份的各代人聚合组成的、以男性血缘关系为主导的家庭聚合体。族人相"恩爱",但要有组织地进行什么事,还得有首领。"宗"就是按照一定的原则组织和管理族人,把有血缘关系的族人组织起来,使族人的各个家庭组成为一个群体,尊长服众。这样由血缘为纽带组成的"家"成了社会的基本单元,并由此引申出家国一体的世界。

(二) 家国一体的世界

"家"构成了中国社会的基本单元,由家及国、及天下就是"人化"过程与步骤。其中"人化"的原理就是将血缘关系之"家"中的人格放大为国之"家"关系中的人格。这样,血缘在中国文化中,不仅是一种基本的人伦关系,而且是其他一切社会关系的原型,是人际关系的组织结构形

---

① 它们都是以血缘关系为纽带的社会自组织。
② 岳庆平:《中国的家与国》,吉林文史出版社1990年版,第3页。
③ 转引自冯尔康:《中国宗法社会》,浙江人民出版社1994年版,第9—10页。

式,伦理关系、政治关系都是以血缘关系为原型建立起来的。这样,血缘、伦理、政治其间也是相通一体,成为政治伦理化、伦理政治化的社会基础。

孔子为首的儒家提出"仁",表达家国一体的社会理想相应的便是"人人亲其亲,长其长,而天下平"①,能"老者安之,少者怀之,朋友信之"②,"孝乎惟孝,友于兄弟"③,整个中华民族形成一个大家庭;一个普遍王权的理想是"为政以德,譬如北辰,居其所而众星拱之"④,是"无为而治,其舜也与"⑤。由"人人皆有士君子之行","首出庶物,万国咸宁"⑥这样的普遍王权到"群龙无首"、天下为公、世界大同这样的境地。整个社会组织结构与个体价值取向中皆渗透着浓烈的家族气息。人们的思维方式也习惯于从小家出发而归结为"天下一家"。

事实上这仅是儒家的理想,周代的普遍王权并没有发展成所谓的"王道之治",而是诸侯相互攻伐,霸权为用,经春秋到战国,最后则由秦之吞并而走向了专制统一之路,"普遍王权"再转而为一"绝对皇权",所谓血缘性的纵贯轴又起了另一向度的发展。普遍王权是王权的虚化,而绝对皇权则是王权的实化。王权实化,孝道虚化,它使得原先的孝道一转而为父权的高压,此时之"孝"已非原来的"孝道",而是一异化了的"孝道",是"父要子亡,子不能不亡"下的顺服的伦理,或言之为"孝顺"。但在这样的绝对皇权专制社会中,漫长的千年文明史意识形态倡导的或社会主导的伦理精神依旧是儒家思想。血缘或"家"在中国文化中具有绝对的意义,成为中国人安身立命的基地。

我们现代意义上的"国"是指一种"在社会中产生,又自居于社会之

---

①《孟子·尽心上》。
②《论语·公冶长》。
③《论语·为政》。
④《论语·为政》。
⑤《论语·卫灵公》。
⑥《易》之第一卦——乾。

上,并且日益与社会相脱离的力量"。而在中国古代,"国"的含义复杂。如①:① 指古代指侯王的封地。《汉书·地理志下》:"又立诸侯王国。"② 指都城。《礼记·杂记下》:"子贡观于蜡。孔子曰:'赐也乐乎?'对曰:'一国之人皆若狂,赐未知其乐也'。"③ 指一个地域,犹"方"。王维《相思》诗"红豆生南国"。④ 指国家。侯外庐先生研究认为②,在金文中,"国"与"城"才象征着戈守土地。在繁体字中,"国"的造字就是有疆界"口",有人口的"口",有土地的"一",有武装的"戈"。国有时指氏族,如《古孝经纬》:"古之所谓氏者,即国也。"有时也指国王、诸侯等统治的区域性或政权组织。由于中国古代"家"在社会中的伦理与政治的双重属性,所谓"国之本在家","治天下若治一家",故"国"与"家"也常混用。家族—宗族—国家三者之间存在着一以贯之的逻辑。

至于"天下",在中国传统文化中并不是一个实体,而是指融合了"家"与"国"的一个文化世界,其范围则是指其文化力所能达之处。所以,它可以指实体意义上的民族,也可指中国文化所能影响到的所有社会实体和民族,它们共享文化理念。从这个意义上看,则"天下"既可指民族之国家,也可指家国一体的社会文化之载体。

由家及国、及天下,体现了中国文化浓烈的伦理属性,因为家族原理从根本上说就是伦理的原理,以此为原型生长出来的文化必然是伦理型文化;它赋予中国伦理世界以特殊的韵味、机制和内在原理。

(三) 政治伦理化与伦理政治化

家国一体、由家及国的社会结构,体现在伦理关系及伦理实体的建构中的特点则是伦理政治化、政治伦理化,或也可谓"政治伦理一体化"。政治建立在伦理的基础上,伦理的原理直接构成政治的原理;政治具有

---

① 《辞海》,上海辞书出版社 1989 年版,第 1754 页。
② 这方面的内容可参见侯外庐:《中国思想通史》,人民出版社 1963 年版。(http://rcs.wuchang-edu.com/RESOURCE/GZ/GZLS/LSBL/ZGSXTS1/20444_SR.htm)

伦理的形式与原理,伦理具有政治的结构和功能;对统治者来说,这种政治是伦理,对被统治者来说,这种伦理是政治。而这一特点的根本原因则在于:家族血缘的情理上升为国家政治的法则。家庭血缘关系是伦理政治关系的原型,由血缘而宗法,由宗法而等级;相应的伦理要求则是以君臣关系、父子关系最为重要,"君君臣臣""父父子子",由孝及忠、忠孝一体。而"忠"与"孝"的关系一如孔子的推论:"其为人也孝悌,而好犯上者鲜矣,不好犯上而好作乱者,未之有也。"①孝悌就不会犯上,不犯上就不会作乱。所以,中国传统的用人之道也是"求忠臣必出于孝子之门"。中国的政治史与道德史上的"忠"与"孝"总是互为表里、相辅相成。政治从伦理中产生,并以伦理形式出现,既使政治具有神圣的性质,也使伦理具有政治的功能,伦理的原则也成为政治的原则。这就体现出中国文化中伦理与政治的不可分离性,体现出伦理世界建构的基本特色。

这种伦理特色体现个体人格的确立与生长方面则是德性与政治的相贯通、"德"与"得"相通、"内圣外王"。所谓"内圣"即个体的德性修养;"外王"则为政治实践。个体德性修养之道典型地体现在儒家经典《大学》之中。"大学之道"也称成就大人的学问,其内容即"修身、齐家、治国、平天下","修身、齐家"是为了能"治国、平天下"。前者是"内圣"的功夫,后者是"外王"之功效。"大学之道"的本质,就是"内圣外王"之道。这种"内圣外王"的精神也就是传统道德的根本精神,是中国道德最为重要的根源动力。这个道德精神中蕴含着传统伦理的内在逻辑结构即:"'德'—'得'相通"。漫长的数千年封建社会中,"内圣"之"德"是为了"外王"之"得"。儒家希望通过"圣的王化"把圣人确定为政治权威,对现实君主进行了约束;而封建统治者则是运用圣人的光环把自己装扮成思想权威、道德权威,即"王的圣化"。事实上,现实中具决定性力量的不是道德理想的圣人而是具威权的国君;因而使得所谓的"圣君"异化转变成"君圣"。"圣君"要求的是让有德有才者能为君,而君圣则变异成只要在

---

①《论语·学而》。

现实上当了国君的人就既是有德者、又是有才者，终是德性与政治相贯通。如《史记》记载，秦王嬴政得天下后让群臣议其天子的称号：王曰："去'泰'著'皇'，采上古'帝'位号，号曰'皇帝'，他如议。"①本来"皇"作为"美大之称"的褒义词，常用于美化人们想象中能主宰一切的天神，即所谓"皇天"；后逐渐演化为对天神本身的称号，如"三皇"、"泰皇"等，只不过这些皆一种人格神或神话传说中的人物。而"帝"大体在春秋前多指冥冥中的上帝，至战国时始成为人主的称号。如孟子称尧、舜为帝，也有道德圣人之意。秦王嬴政以"皇帝"作为人间最高统治者的称号，显然不只是对原先"王"的称号之改，更是要为自己披上神圣的外衣，装扮成人间的"上帝"，从而建立起至高无上、足以主宰一切的权力。

这种伦理德性与政治的相通特色及要求，在宋明理学中则是体现为"存天理、灭人欲"之道。这实际上是要求个体德性"存公灭私"。所谓的"公"并非真指"公共利益"，而是指统治阶级的整体利益，"私"则代表个体利益。社会之"礼"实际上是要求个体意志服从统治阶级的整体秩序要求，从而达到维护宗法等级的和谐有序。

这使中国伦理精神具有自己的特殊韵味。中国伦理世界中的伦理即"人理"，即人与人相处的原理；而"道德"则是个体为人的道理。伦理就不仅是"为人之理""待人之理"，而且是"治人之理"；同样，"道德"就不仅是"为人之道""待人之道"，而且是"治人之道"。其中"为人""待人"可以说是"德"的结构，而"治人"则是"得"的内容。由此，中国传统伦理世界构成的内在精神结构就是以"伦理人"为"为人之道"，以"忠恕"为"待人之道"，以"德化"为"治人之道"，以"中庸"为最高境界和整体形态。

三、"伦理世界"的精神元素：五伦四德

伦理世界可分家庭与民族国家。而传统中国家国一体，故其伦理社

---

①《史记·秦始皇本纪》。

会实体的设计一般以儒家孟子提出的五伦说为社会人伦关系的基本内容,即:君臣、父子、长幼、夫妇、朋友。"人之有道也,饱食、暖衣、逸居而无教,则近于禽兽。圣人有忧之,使契为司徒,教以人伦:父子有亲,君臣有义、夫妇有别、长幼有序,朋友有信。"①其中父子可比君臣,长幼可比兄弟。五伦之中,父子、兄弟是天伦,君臣、朋友是人伦,夫妇则是介于天人之间,是家与国延续的必要条件,是男女关系的原型。除朋友之外,其余四伦都是上下尊卑关系,其中主要是君臣与父子,而用为原型与基础的则是父子一伦。君臣关系是最高的一伦,其内容却是父子关系推衍而来,君臣关系是父子关系和父子之情的放大与扩充,朋友之情则是兄弟之情的扩充。而总结这些社会关系结构或组织结构原理的话,其中的主线实质是父—子原型。

中国文化中的"伦"并不是一般所理解的"人际关系"或个体人之间的相处之道,而是指人与其所属的实体(自然实体或家族血缘实体)之间的关系,本质上指向如何实现个体与其社会实体的统一。中国传统的"五伦"设计中将政治关系归结为宗法关系,又把宗法关系立根于血缘关系,而"国"说到底只是放大的"家",政治上的等级关系也即日用伦常之情,这样的"五伦"之道实质上最后只是个体如何与宗法大家庭实现统一之道。而这种设计本身,一方面使政治具有伦理形式与原理,另一方面也使伦理具有政治的内涵与本质。这是中国几千年家长制统治的根本原理所在,也是伦理中人情主义机制的社会基础所在。这使中国传统的伦理世界一方面是"家"的温情脉脉,另一方面封建统治者利用此以"理"杀人或以"礼"杀人,形成家长制笼罩下的亲民式的专制主义。原本是个人通过"一体之仁"的实践而销融于整体之中,让自己真切的进入到伦理世界的总体之中;而异化之后则流落于感性的功利之境,个人成为此感性功利之境的核心。更可怕的是,这样的个人常夹杂着堂皇而伟大的道德仁义之名,去行感性功利之实。

---

① 《孟子·滕文公上》。

五伦说提出：父子之间有骨肉之亲，君臣之间有礼义之道，夫妻之间挚爱而又内外有别，老少之间有尊卑之序，朋友之间有诚信之德。也就是说，人伦关系的和谐内蕴着各自的义务和行为准则。这些义务在《大学》中具体化为"为人君，止于仁；为人臣，止于敬；为人子，止于孝；为人父，止于慈；与国人交，止于信"①。这种理论，后来被完善为父慈子孝、君惠臣忠、夫义妇顺、兄友弟恭、朋友有信。

　　对五伦关系的解说可以"父子""君臣""夫妇"为主轴，"兄弟""朋友"则是其两翼。

　　父子之伦，是父母与子女关系的代表。俗语讲"父子天性""母子连心"，似乎他们同等重要，事实上在中国文化背景中父子是血缘性的纵贯轴，体现宗法性，从而具有权力符号的意义；而母子则是较为自然的血缘关系，体现亲情性。对这里提到的"天性"，林安梧先生认为，它也不只是"自然之天"，它还是"宗法之天""义理之天""道德之天"；而这"性"就也不只是"自然之性"，还内蕴"宗法之性""义理之性"，是"道德创生"②。父子这一血缘纵贯轴是人存在的根柢。个体在社会群体中的伦理位置总是根据父子这一直系关系来确定的。所以，"父子"是对伦理世界的继往开来，既是现世的起点，更是血缘的延续。封建社会的"不孝有三，无后为大"尤其凸显了其血缘连续性的意义，说明它在中国伦理中的主轴地位。而个体面对"父子"之伦的道德要求，实际上是个体融入宗法伦理世界的德性要求。

　　中国传统社会中父子关系可以适用于君臣关系。家庭中以父为尊，在社会上则以君为上。可区别的则是强调：君臣有义。"义者宜也，君臣之间各有其义"，"君有君道，臣有臣道"。"君之视臣如手足，则臣视君如腹心；君之视臣如犬马，则臣视君如国人；君之视臣如土芥，则臣视君如寇仇。"③君臣有上下之分，然两者相待各有其宜。孟子认为："人莫大焉，

----

① 《大学》。
② 参林安梧：《儒学与中国传统社会之省察》，学林出版社1998年版，第27页。
③ 《孟子·离娄下》。

亡亲戚君臣上下。"①

至于夫妇关系,一方面它是家庭确立的基础,也是家庭和谐幸福的基础,从而也是社会和谐安定的基础。所以孟子认为:"男女居室,人之大伦也。"②在封建社会,"男女有别",一是男主外,女主内;二是夫为主妇为从。同时,夫妇关系也是一切男女关系之范型。《礼记·郊特牲》中讲:"男女有别,然后父子亲,然后义生;义生然后礼作,礼作然后万物安。无别无义,禽兽之道。"③可见男女之别之重要意义。

长幼关系由兄弟关系延伸而来。兄弟之伦本是平辈间的天伦关系,有可互动、感通的手足之情。"孩提之童,无不知爱其亲者。及其长也,无不知敬其兄也。"④在孟子那里,这种手足之情可以扩充,推而广之为"四海之内皆兄弟",达到"老吾老以及人之老,幼吾幼以及人之幼"的境界⑤。但现实中,兄弟的称谓在宗法家庭中"不只是简单的出生顺序,更是宗法的次序"⑥。事实上血缘仅仅是自然的,而宗法则是人为的;宗法关系不一定是出生的顺序决定的,宗法关系有时是可以跨越此顺序而具优越地位的。所以,兄弟关系有时也会比作为"父子"关系,所谓"长兄如父",同于主轴人伦。

朋友一伦是除血缘的上下及政治的尊卑之外的其他关系之代表。儒家理想中的朋友结契是因性情相与,志同道合。当然这里可有许多不同层次的朋友:"可与共学,未可与适道;可与适道,未可与立;可与立,未可与权。"⑦孟子以"信"概括其理:"与朋友交,而不信乎?"这种"信"是"不挟长,不挟贵,不挟兄弟而友。友也者,友其德也,不可以有挟也。"⑧朋友

---

① 《孟子·尽心上》。
② 《孟子·万章上》。
③ 《礼记·郊特牲》。
④ 《孟子·尽心上》。
⑤ 《孟子·尽心上》。
⑥ 参林安梧:《儒学与中国传统社会之省察》,学林出版社1998年版,第50页。
⑦ 《论语·子罕》。
⑧ 《孟子·万章下》。

间诚信相待,以融合人我界限,扩大个人有限的人生。这些按理不为血缘性关系所融摄。但事实不然,它虽有可能有别于"父子"血缘性的纵贯轴之发展,但却没发展出来,最后还收摄到血缘性的关系之中而不是地缘性的团体组织。传统的中国宗法社会里,一旦有了什么样的组织,便很快被类化为"父子"这血缘性纵贯轴的关系。如果这种关系被君臣化、父子化,则会使得朋友空间变狭隘了。

面对中国文化中伦理世界的五伦设计,儒家从人性善角度提出相应的道德规范体系即"四德":仁、义、礼、智。"仁义礼智,非由外铄我也。我固有之也,弗思耳。"①仁、义、礼、智形成完整的德性。

仁,最先由孔子提出,其意即"爱人"。孝悌是仁的核心,忠恕是仁之方。孟子从人性善角度提出:"恻隐之心,仁之端也"②。所谓恻隐之心,即不忍人之心,它是人们发自内心的真实情感,是怜悯、同情同类的本能情感。他认为人之所以为人、之所以能为人,都是出于仁。"仁"是人的本体、归宿,是一切德性的本源。孟子将仁者爱人与人的心理情感活动相联,使仁更具有坚实的社会心理基础。"仁,人之安宅也;义,人之正路也。"③

义。仁具体在道德实践中如何落实呢?即道德意识如何转化为道德行为呢?为此,孟子提出了义,并把它与仁结合在一起。在中国文化中,"义"有多重含义:(1)从一般意义上说,"义者宜也",义为"恰当"、"应然"。(2)义为善行之本,行为之正途。"义,正也。""义,人之正路也。"④(3)义,为利之本。"义,利也。"⑤(4)义,进行行为道德裁断的范畴。"明是非,立可否,谓之义"。(5)义是依仁而行的方法、途径和标准。"以义辨等,则民不越。"⑥与仁相较,仁是内在的,义是外在的;仁较抽象,义较

---

① 《孟子·公孙丑上》。
② 《孟子·公孙丑上》。
③ 《孟子·离娄上》。
④ 《孟子·离娄上》。
⑤ 《墨子·经上》。
⑥ 《周礼·大司徒》。

具体;仁根源于人的恻隐之心,有情感色彩,义根源于羞恶之心,是"应该"的标准,带有理性的性质。仁虽站在本体的高度对人的行为进行指导制约,但却需要通过"义"的环节才能过渡到人的道德行为;仁是义的依据,义使仁获得现实性。而如何仁义结合落实于道德实践,孟子提出"居仁由义":居仁即守仁,立足于仁并把仁加以推广扩充,也称"推恩",亦如孔子的忠恕之道,由"亲亲"而"爱人",由家族之爱扩大到社会,即"老吾老以及人之老,幼吾幼以及人之幼"①。

礼,本源于"祭祀",表示感谢上帝对人间的赐予。殷人执礼器表明人的身份与等级;商则以此体现社会秩序规定,周则延伸出以礼定是非善恶标准,引为道德规范。在此,礼作为仁义道德的节度延伸为待人接物的礼节仪容。"礼也者,节文斯二者也。"焦循注曰:"太过则失其节,故节之;太质则无礼敬之容,故文之。"②仁义规定着礼,礼受制于仁义,产生于仁义,是第二性但又是反作用于人的道德实践。"夫义,路也;礼,门也。"③相对于义,礼具有更大的直接性、具体性,它把仁与义的要求具体化为一系列形式化的礼仪,直接付诸人的道德实践,于是出乎仁的道德经过义,最后落实到礼。在儒家伦理中,礼有自律与他律的双重含义。自律则是出于先天良知,其德性为谦恭、辞让、践履。他律则为依据后天风俗习惯、仪节规则。所以,礼有三特点:一是敬。"礼,敬也。"④"恭谦庄敬,礼教云。"⑤二为履行。"礼,履也,所以事神致福也。"⑥三为道德的准绳即"理"。"礼者,经天地,理人伦。""道德仁义,非礼不成;教训正俗,非礼不备;分争辨识,非礼不决;君臣上下,父子兄弟,非礼不定。"⑦礼之功能养情。礼能定人之情,安人之情,使人的情感、情欲不但能自我节制,

---

① 《孟子·梁惠王上》。
② 《孟子·正义》。
③ 《孟子·万章下》。
④ 《墨子·经上》。
⑤ 《礼记》。
⑥ 《说文解字》。
⑦ 《礼记·曲礼上》。

而且也受规则节制而不犯分乱理。因此礼不但告诉人们"应该做什么"、"怎么做",还教育人对行德有"敬",形成道德美。

智,才智,是辨别是非的一种心智能力。儒家列出"智"之德,意为"认识仁义并保证它的实践"。智,源于人们的是非判断之心,它依据仁义之德对人们的行为进行道德判断和选择。"是非之心,智之端也。"①"是是非非谓之智"②。智包括了道德认识和道德自觉,前者是对仁义的道德理论与道德情操的理解与信念,后者是对仁义规范的自觉维护的遵守。智的功用就在于体人性,知人伦,明是非,辨善恶,由此而"穷不失义,达不离道","富贵不能淫,贫贱不能移,威武不能屈"。故智自孟子列为德目要求后,直到宋明理学一直与仁、义、礼并列为德性之重要内容。

仁、义、礼、智,构成一完整的德性体系。传统伦理术语即为:"居仁由义";"礼门义路";"必仁且智"。"仁"根源于人们的恻隐之心,是先验的爱人之情,是道德的本体;义是爱人的方法与途径;仁是道德的源泉,义是正当的德性行为,二者结合形成道德的体与用。礼是对"仁""义"的"节文",规定爱人的秩序与行为准则,是对道德价值的尊敬和肯定,也是人的一种内在情操。而"智"则是对仁义的认同,形成对仁义的道德认识与道德信念,使仁义的践履走向自觉。樊浩先生认为,四德之中,"仁、智为德性,为心能;义、礼为德能,为作用;仁智为体,礼义为用。它从人的本性出发,逐步落实、外化为人的行为,最后又向人的主体回归,凝结为主体的信念,形成体与用、内在与外在的有机统一"③。

仁、义、礼、智是中国血缘文化及人性善的人性认同基础上产生的,它以血缘关系为原型,以亲亲为文化价值取向。从家族关系中的亲亲情感衍生出"爱人"为核心的"仁"之德。而性善的信念又使人们确信每个人都有爱人之情,只要扩充本有的善性,便可亲亲仁民,仁民爱物。所以,仁是血缘文化的必然要求与必然产物,而中国血缘关系的宗法性,使

---

① 《孟子·公孙丑上》。
② 《荀子·修身》。
③ 樊浩:《中国伦理精神的历史建构》,江苏人民出版社1991年版,第110—112页。

爱人之情扩充过程中必然"亲疏等级""亲亲尊尊",如此就要以"义",即按严格的等级秩序来爱,不能对伦份僭越,具体来说就是遵循"礼"而行。这样从内在的情操到外在的规则,按照"伦份"的不同,把人们的行为严格控制在宗法等级的范围内,同时又不失爱人的内涵,由此实现个体单一性与普遍性本质的统一。通过"在家尽孝""在国尽忠",各种"伦份"的人都被约束在一个严格而又和谐的秩序之中,形成伦理政治的实体;而"智"则是将人们对血缘情感基础上的"仁"与"义"上升为普遍的认知与理性,内化、升华为自己的道德良知,在道德实践中"爱而有别""智仁双全",建构出一个和谐的伦理世界。

四、"伦理世界"的文化机制:情理

中国文化的血缘家族伦理以血缘亲情为渊源,提升出社会道德与政治意识,同时它又使伦理具有了人性与心理的基础。这种血缘文化的重要特点便是重情感之情,其伦理构成的内在精神机制便是情理精神。它既不是西方式的情感主义又不是典型的理性主义,而是一种合感性与理性为一体的情理精神。

这种情不同于人本能的情欲之情。情欲之情是指对外界刺激的比较强烈的心理反应或对人或事物关切、喜爱的心情。《礼记·礼运》曰:"何谓人情?喜、怒、哀、惧、爱、恶、欲,七者非学而能。"[1]此七情根源于人的"六欲",即眼、耳、鼻、舌、身、意,是个体情欲体现。中国传统文化中的"情"是基于血缘亲情延伸出来的人伦及人际原则。这在孔子对宰我"三年之丧"评议时就体现出来。"予之不仁也!子生三年,然后免于父母之怀。夫三年之丧,天下之通丧也。予也有三年之爱于其父母乎?"[2]孩童需父母怀抱三年后才能适当学会自理,故为父母守孝也当三年。这种人伦之理实际上是返本回报的情感体现。作为父母自然会慈爱子女,作为

---

[1]《礼记·礼运》。
[2]《论语·阳货》。

子女也自然会反哺孝亲。这种血亲之情提升为一种普遍的对他人与社会的仁爱之情，这才是人之社会本质的体现。这种情感机制，对个人来说，是由感而情；对人与人之间的关系来说，是由情而通，即感通。感情与感通相联，即由感而动，此"动"就使个体与他者相联，由此将许多的个人融合为一个实体，形成伦理的"感动"。理性的文化功能往往强调和培育人的独立性、个别性的同时，也形成个体间的鸿沟：我与你之间的区别或差别。情感机制填平这一鸿沟，将两者变为"一体"，彼此"感通"中互动。

而中国传统文化中"情理"之"理"本身就是出于情，是要懂此人情、明此世故，使诸情中节，诸事合宜，达到中庸境界。"情"又是一具体性原则，它包括具体而特殊的情感、关系、处境及诸种偶然的因素等，它的社会实践体现与"义"紧密相联。《中庸》所谓"义者，宜也"，韩愈《原道》所谓"行而宜之谓义"。所谓"宜"，就涉及到具体的时间、地点、条件等，有"因时制宜"、"因地制宜"之意。"情理"的良性互动实现就体现了"情义"，就是指要充分考虑到和适应于当下具体的生活情境的内涵而达到的伦理世界的和谐。

中国传统文化的情理机制的人性基础即孟子提出的"四心"说，所谓"恻隐之心，人皆有之；羞恶之心，人皆有之；恭敬之心，人皆有之；是非之心，人皆有之"①。这里将情理文化奠基于"性善说"，即人性里天生就有向善的种子，这种善的天性，就是人的"本心"。"本心"不可小视，因为它们分别是仁义礼智这几种道德的萌芽形态："恻隐之心，仁之端也；羞恶之心，义之端也；辞让之心，礼之端也；是非之心，智之端也。"人应该推求本心，顺着"本心"的方向发展，并将它发扬光大，从而成为道德上完善的人。"四心"之中恻隐之心、羞恶之心、恭敬之心，都是一种情感。其中以恻隐之心更为基础。孟子举例说明："今人乍见孺子将入于井，皆有怵惕

---

① 《孟子·公孙丑上》。

恻隐之心。"①意思是说，如果一个小孩掉到井里，你会自觉不自觉地去救他，而这不需要借助任何理性思考。对此，孟子排除了三种可能性："非所以内交于孺子之父母也"——我救这个小孩，不是因为我和这个小孩的父母有交情或关系好；也"非所以要誉于乡党朋友也"——也不是我想要在乡邻里面得到一个好的名声；"非恶其声而然也"——不是说我听到他呼救的声音而心生恐惧或讨厌这种声音。救这个孩子就是人应该具有的一种本能，就是一种内在的情感驱使，或称之谓"身不由己"。孟子排除掉了所有理性因素，认为救孩子之举实出于人的不忍人之心，即同情心（"恻隐之心"）。而同情心不是怜悯之心。怜悯心往往是强者对于弱者的情感，而同情心是一种同情感，是一种只要是人就会有的共同、共通的情感，故此同情心也可称为同情感。孟子所言救孩子之举不同于西方文化中的"同情"而助人之举。如费尔巴哈也曾讲过：我们应该帮助穷人。而他为此列举的理由是：我本来过得很幸福很快乐，可是如果有一个人在我身边呻吟，他的痛苦也会使我感觉到不幸福。于是，我就需要做一个理性的选择去帮助他，他幸福了，我也就幸福了，归根到底是使他幸福就是为了让我幸福。这种助人之举不同于中国传统文化中的"共通"情感基础上的选择，而是一个理性分析后或以理性为根据的选择。

个体之情欲与社会伦理秩序要求即"人情之理"相冲突怎么办？当以"理"（人伦之情理）导"情"（此为私情），以"惩"、以"窒"灭不当之"情"。当然，七情之中只有"私欲"、"过欲"才需"去"、"灭"，而"公欲"，恰恰是"义"之所在。无论在什么情况下，人都应该保有自己的此"四心"或"本心"。只要"本心"在，即使在生死关头，人也能经受住考验；而如果丧失了"本心"，人就会做出有损于人格的事来。可见，中国传统情理文化中的"理"本身即出于情，理也寓于情，理以节情，理以化情。所以这种情理精神是以情感为基础，以理性为指导，最终实现通情达理、合情合理的目标。这种情即人情，这种理即人之为人之理。再譬如："父为子隐，子为

---

①《孟子·公孙丑上》。

父隐,直在其中。"①父亲偷了人家的羊,儿子不能告发;儿子偷了人家的羊,父亲不能告发。父子之间相互隐瞒,是符合天理人情的,即因"直在其中"。"直"就是真理、真谛。生活的真谛、伦理的真谛就在这种亲亲互隐中。这就是中国传统家庭生活遵循的情感逻辑而不是非常理性化的逻辑。这种情是人伦关系的机制,也是人际心理感通的前提,是个体道德的本位基础。中国传统伦理就是以为此机制,在情感之"情"上着力而达于理的。所谓情理合一,为的是让情具有一合理性的逻辑,尤其是给它一个伦理的次序,由此"情",使个体的"我"成为"我们"。故这种情理,也可称之为伦理之理,在主体是"良知",在"伦理世界"即为"天理"。个体主体因"感"并由"情"而与"体"结合。主体间有共同、共通的情感,由"感"而"通",从而成为一"体"。这种情感上的共同、互通即所谓"身无彩凤双飞翼,心有灵犀一点通"之"感通"。

中国传统伦理中的情理精神也可以在儒家的核心概念"仁"中略见一二。孔子的"仁",首先是以家庭亲情为出发点、为根本的。社会人情是感性的具体的情感。"仁之实,事亲是也;义之实,从兄是也;智之实,知斯二者弗去是也;礼之实,节文斯二者是也;乐之实,乐斯二者,乐则生矣!"②"事亲"、"从兄"即"孝悌之道"。他以"孝"释"仁"、以"仁"释礼。其次,仁是由理性来调节、约束的理性情感。这调节主要依靠"恕道","已所勿欲,勿施于人",由此把感性情感提升为理性情感;而"已欲立则立人,已欲达则达人"则把爱亲之"私情"扩充、提升为"爱人"之"公情",即成为"老吾老以及人之老"的普遍之情。孔子说:"已欲立则立人,已欲达则达人。能近取譬,可谓仁之方也已。"③"仁"就体现了理性与情感的统一,为儒学、也为中国文化奠定了情理精神。仁的情理精神及其行仁之方的"忠恕之道"既是儒家的基本精神和思维方式,也是中国人际互动和社会秩序整合的基础和内在精神机制。

---

① 《论语·子路》。
② 《孟子·离娄上》。
③ 《论语·雍也》。

这种"情理"在世俗生活中不同于西方人的 emotion,也不是简单的 feeling,而是重于人与人之间通过情感而互相感通,是不需要任何外在机制就能心心相印、息息相通。所谓"人非草木,孰能无情",本来彼此间的对立情绪通过情感表达、理解对方之真诚之后就会使自己或别人发生变化,在情感上打动别人、颠覆别人。而俗语中的"不通人情",便是不通人与人之间的这种感通之情、人之为人之情,便不能通过情感交流建立人际交往,便等于自绝于群体、自绝于社会。因为这种人情本身即是天理,就是俗语中的"讲情理"。"所谓讲情理,就是充分考虑到人性。在英语中,如果你对人说'做事要讲情理',那就是在呼吁人性。"①情理,作为人际关系互动和社会秩序整合基础的情理,表现为如下原则:通情达理、合情合理。肖忠群先生从个体间交往角度也提出中国传统文化中的"情理"精神,认为:作为交往根据的"人情"是指熟人社会的人际关系和交际情境——交际双方的情感和情面。作为交往规范的"人情",重视人情交往的价值趋向和重视情感与礼貌的交往态度;重视精神与物质的礼尚往来的对待报偿②。事实上,这种个体间的交往之"人情"应从人伦之情的角度理解。这种交往是对人伦之情的心意感通基础上有德性修养,是有"伦理之造诣"的德性互动。这种交往是在伦理世界中的人伦互动。

情理精神以人伦秩序为绝对价值,主张通过主体的德性修养和心意感通的生活情理来维护社会关系和人伦和谐。人情的本质是人伦,而人伦是通过结构化、情感化的人际关系体现出来的。作为一种道德活动方式,人情以德性修养为前提,它是人伦实现、人格圆满的形式。人情以和谐为价值目标,这种和谐,包括人伦的和谐及人格内在的和谐,即社会生活秩序的和谐与个体生命秩序的和谐。人伦本位、人情法则、伦理政治的本质,构成人情主义伦理精神形态的三要素。它是人伦建构的原

---

① 林语堂:《中国人》,学林出版社 2001 年版,第 123 页。
② 参肖忠群:《伦理与传统》,人民出版社 2006 年版,第 216—220 页。

理,也是人性提升、人格完成的形式,同时又是人伦与人格和谐的过程。这种人情主义作为人伦建构的原理,是社会互动的一种形式。它以心意感通为机制,通过"回报"的互动感人、化人,达到为人、待人、治人的统一。在中国社会中,由于人伦的结构性,不同"伦份"的人具有不同的"心意"内涵,"君惠臣忠,父慈子孝",人性内涵不同,"回报"的内容也不一样,因而这种感通与回报机制的运作便具有了伦理政治的实质。

"情理精神"是一种情理交融,以情为源和本,以理为鹄和用的特有文化精神。它具有人本、直觉感通(情理一体的瞬间判断)、庸常、实践、平实、中庸等特点。以此提升私情为普遍性的情理,也会在世俗中异化。它在日常生活层面表现为通情达理、合情合理,也会引伸出人情高于公理甚至人情大于王法。因为"天理无非人情""王法本乎人情",一切人际互动和社会秩序以人情原则为最终根据,由此导致普遍精神服从于特殊私情,法治让位于人伦情理。这种逻辑也符合并且有利于封建统治者的"人治"方式。人治实质上就是以父权家长的个人意志作为统治的根据,用家族关系中的人情面子来维持治理社会的统治形式。也可以说,情理精神是人治的精神基础,而人治的社会政治现实又进一步强化了这种情理精神和民众的人情面子心态与法则。

情理也是中国传统法律的礼治与人治基础。"所谓律例者,本乎天理人情而定",可见在中国传统文化中,法律本身就是情理的明确化,是强制性的情理要求。判案标准首先是"情",其次是"理",最后才是"法"。在此判断标准下,法官的审判活动不是作为一个法官根据严格的法律准则判定当事人的权益侵害与否,而是作为君子,斟酌案情之情理,运用他所有的礼教知识和生活经验,努力在诉讼双方之间找到双方都可以接受的最佳平衡点,争取重建双方的和睦关系。整个审案过程就是"教谕式调解"的过程。只不过,这与孔子当初所设计的"礼治"社会其实有本质上的差别。《论语》第二章第三节说:"道之以政,齐之以刑,民免而无耻;

道之以德,齐之以礼,有耻且格。"①孔子以仁释礼,重礼轻刑,强调人与人之间的道德存在真实感,这种道德真实感远远重于或超过虚文礼饰。而这种"德位所称,当礼而行",在现实世界体现于君臣上下的关系上说的。他将一切礼乐征伐归之于天子,将政治社会共同体的规范与秩序之"礼"委之于天子把持,寄希望于天子有德并施德则天下自然归善,可以高拱无为而治:"为政以德,譬如北辰,居其所而众星共之。"②换言之,孔子虽一方面强调了人与人之间的那种存在的道德真实感(仁),但相应于此的政治社会共同体之规范及秩序(礼)之最后掌握者仍是"天子"。可现实中的"天子"不一定具道德真实感(仁)。尽管儒家强调"大德必得其位",但这里所说的"必"仅是理想上实践的必然,而非现实中实际的必然。从血缘家族的自然伦理世界异化为封建专制国家的世界,传统的"五伦"异化为中华民族精神枷锁的"三纲",情理精神也相应异化成为封建专制"人治"的合理性基础,沦为封建社会之"杀人"之机制。这种悲剧实际上就是"伦理世界"的异化。

五、"伦理世界"的异化

在传统血缘宗法的社会实体中,父是血缘性自然连结而渐延伸的社会实体中最高阶位的伦理象征;圣,则是这样一个伦理实体中通过伦理造诣或道德养成而形成的人格性的文化象征;君,则是宗法等级制的政治共同体中权力最高阶位的象征。中国历史上的血缘宗法等级制的社会在秦一统天下建立专制的皇权统治后,"父""圣""君"这三者演变为以"君"为中心,"君"也横跨渗透于其他两个领域,且与之结合为一体,君为圣君,又为君父。这样就形成了专制性的政治连结为核心,血缘性的自然连结为背景,伦理性道德连结为工具的社会总体。君就不仅是政治连

---

① 《论语·为政》。
② 《论语·为政》。

结的最高精神象征，而且成了"君父"①、"圣君"成为伦理连结道德人格的最高文化象征。这样，君王成为一切汇归之所、一切创造的源头、一切价值的根源。"君父"将专制性的政治连结作为主导力量，将血缘性的自然连结吸收内化为一稳固政权之后所凝铸而成的实体象征。这使原本最基本的自然连结网络政治化了，原本所注重的亲情伦理便也空洞起来：亲情伦理丧失了独立性的同时，其伦理孝道也成为统治者专制的工具。

由此，传统家国一体的伦理实体世界发生了根本性的异化。首先是社会秩序连结网络的异化，家长制的伦理实体异化为君主专制的国家，权力与公共财富私有化，失去其公共本质。无论是"天下"之财富还是"天下之民"都由君王专制掌控。其次是"内圣外王"的理想人格的异化。"内圣外王"最早见于道家的《庄子·天下篇》："是故内圣外王之道，闇而不明，郁而不发。"②儒家对此词进一步阐释并作为伦理世界的理想人格与理想政治。儒家认为，道德高尚的人为政，总比道德败坏的人为政要好得多。防止坏人、佞人为政，选择好人、贤人为政，这就是儒家提倡内圣外王的初衷所在。"内圣"是指个人通过提高自身的心性修养而达到的一种高尚境界或者说是理想的境界；"外王"是指个人把这种高尚的心性修养推广到自身以外的社会领域，用这种高尚的心性修养来治国安民。"修己以安百姓"③，就是内圣外王的一种比较形象的说法，其中"修己"是"内圣"，"安百姓"是"外王"。"圣"是中国传统文化中理想人格的最高境界，达到这一境界的人就是"圣人"。而人一旦达到这种境界，就会释放出一种强大的精神力量，这种力量实践到国家治理中，就必然能成就"外王"的事业。内圣是内在的，外王是外在的。内圣外王，互为表里，相辅相成。继孔子之后，孟子、荀子都推崇"内圣外王"的理想。就"内圣"而言，孟子明确地提出性善论，荀子提出了慎独的思想；就外王而言，孟子在性善论的基础上进一步提出了仁政思想，荀子主张行"王者之

---

① 所谓"溥天之下，莫非王土；率土之滨，莫非王臣"，参见《诗经·小雅·北山》。
②《庄子·天下》。
③《论语·宪问》。

政",并强调"庶人安政"。虽现实中内圣外王很难做到,但是儒家还是将其作为了最高的政治理想。事实上,虽然有"圣君"要求,或表面看来是将"人格性的道德"摆在优先——这意味着"君"应该既是政体的最高精神象征,也是文化的最高象征,但现实中具决定性力量的不是道德理想的圣人而是具威权的国君。这因而使所谓的"圣君"异化成"君圣",成为专制性政治的从属。这也使原本所注重的人格性的道德真实感的互动感通成为政治性工具,仁所释之礼也异化为所谓"吃人的礼教"。

再次,情理精神异化为人治手段(机制)。中国传统文化中极富直觉、平实而又中庸的情理精神提升个人私情为普遍性的情理,使人们在生活层面表现得"通情达理",形成和谐的伦理世界。但重人情的倾向在现实中出也引伸出人情大于王法或公理的可能,因为"天理无非人情""王法本乎人情"。因为人际互动和社会秩序的维护是以人情为原则,而人情中人伦之普遍性精神会在个体间的交往中不自觉地演变为特殊私情的交往。作为社会维护的"法治"手段,也让位于人伦情理,而君王是最高的"家长"及道德权威所在,法治也就自然沦为封建统治者的"人治"工具而已,君王以父权家长的个人意志为统治依据,以宗法家族的人情面子来维持或治理社会。这样,情理精神成了传统"人治"的合理性基础,而人治的社会政治现实又进一步强化了这种情理精神和民众的人情面子心态与法则。

情理精神不仅现实中异化伦理普遍性为私情,而且成为中国传统人治统治的现实逻辑,并且又进一步沦为封建君主维护人治统治的有效手段。究其原因,在于以下几个方面。一是它给了统治者极大的机动余地和极高的自由度,使其几乎可以随心所欲地待人处事而不会受到种种社会规范的严肃制约。二是以人情面子的方式分配社会资源,更有利于资源集中到既是大家长又是"圣君"的统治者个人手中,使其更易于集民心、民望于个人,从而更好地巩固和扩大统治基础。三是以人情面子的方式治理国家,对君王个人来说不但富有弹性、易于调节,而且会因其不确定性而给被统治者造成深不可测的神秘感、不安全感。这种无形的威严和压力,使被统治者始终生活在临深履薄的恐惧状态之中,所谓"伴君如伴虎"就典型地反映了臣民的惶恐不安之状。四是情理精神或人情面子式的统治方式给人以温情脉脉的错觉,尤其是其中因人而异的权宜行事、法外施恩,对被统治者是一种很大的诱惑,使其争相献媚于统治者周围,以求更多机会获取"阳光雨露"。人治方式在传统社会中取得这么大的成功,延续得这么久,一个很重要的原因,不仅在于统治者喜欢它,而且作为被统治者的老百姓也有对人治方式欣赏、满意的一面;他们总觉得人情面子要比冰冷的法规好,能给人走门路的机会。这样,原本真要的道德人格异化流落为感性功利之境,甚至常夹杂着堂皇而伟大的道德仁义之名,去行感性功利之实。所以也有学者认为,儒家道统在政统意义上仅仅是给几千年的封建统治提供了"道德的乌托邦"。

这样的社会实体中,君是中国民族心灵的金字塔顶尖,是一切价值的根源及一切判断的最后依准。伦理世界中公共权力、社会财富等社会资源皆异化为君主专制控制,伦理世界中的人伦互动形成的君惠臣忠、父慈子孝、夫义妇顺、朋友有信等"五伦"演变为"君要臣死,臣不得不死;父要子亡,子不得不亡……",女子"在家从父、出嫁从夫、夫死从子"等封建专制的"三纲五常"。道有其开显,也有其阻隔,因诸多扭曲异化而形成道的错置。这样的困结便隐含着伦理世界的倒反、翻转、异化。这正如林安梧先生所言:"它的循环反应令中国文化落入极严重的'道的错置'的境域之中。"[①]鲁迅先生在小说《狂人日记》中深刻而又形象地揭示这是一个"以礼杀人"的社会[②]。封建社会竟发展出"以礼杀人",此为中国政治社会传统自孔子以来的本质上的悲剧。

[①] 参林安梧:《儒学与中国传统社会之哲学省察》,学林出版社1998年版,第131页。
[②] 参见鲁迅小说集:《呐喊》,北京新潮出版社1923年版。

第三章 西方文化的"伦理世界"

西方文化的"伦理世界"随着西方文明历史进程的变迁,经历了古希腊城邦社会、中世纪基督教社会、近代民族国家兴起与资产阶级民族国家革命时代的契约社会阶段,相应地形成了希腊"伦理世界"、基督"伦理世界"、契约"伦理世界"。不同于中国传统起源的血缘文化,西方的地缘文化蕴育了其独特的伦理精神气质。

一、希腊的"伦理世界"

古希腊走向文明社会的进程中,经历了如梭伦改革等,其变革核心是:用公民契约关系代替原始的氏族血缘关系,用地域性的国家代替血缘性的氏族,从而用政治性国家统治代替血缘性的氏族统治,形成古希腊城邦民主政体下特有的公民美德伦理。

(一)城邦世界及其文化类型

古希腊范围以爱琴海为中心,包括希腊半岛、爱琴诸岛和小亚细亚沿海地带。希腊这里多山,少大河及平原,土地贫瘠,发展农业条件较差。内陆因山脉阻隔,交通不便;东部沿海地带海岸曲折,多良港,有利于发展航海贸易事业。小亚细亚沿海地带土地肥沃,海岸曲折,多良港,岛屿众多,自然条件极为优越。爱琴诸岛——特别是克里特岛,处于西亚、北非和南欧的中心,海上交通方便,是古代地中海交往的桥梁。

希腊居民源于公元前4000年后,一批小亚细亚移民与希腊半岛、克里特岛和其他岛屿的原有居民融和,他们创造了爱琴海世界的新石器文化和青铜文化。公元前2500年左右,一支阿卡亚人从多瑙河流域迁入。公元前12世纪前后,大批操希腊语的印欧人迁入定居,有爱奥尼亚人、伊奥利亚人、多利亚人。他们共同创造了爱琴海地区早期奴隶制城邦文明(即青铜文明),如克里特、迈锡尼文明。

从古希腊的地理环境可见,因为地理背景非常特殊,人类不能直接依靠自然生态获取食物和其他生活资料,必须通过航海与交易、战争与殖民才能生存。人们经常漂泊在茫茫的大海,游走于陌生的旷野,每天都会遭遇各种新奇而有挑战性的人和事,要与不同的人们展开复杂的交往,他们的手工制作也需要客观、实证、严格、精确、冷静、创新的态度。因此,他们需要一种普遍的理性思维,为他们的生活世界提供指引。这就与农耕文明形成鲜明对比,农民生活日复一日,年复一年保持不变,主要凭风俗习惯和感性经验指引就够了。古希腊的居民也不是一个氏族发展而来,而是多个氏族在长期共存过程中相互认同与结合之后形成的。每个血缘氏族都有自己的祭祀神,这使一个城邦就会存在多位保护神。社会结构一方面是因城邦政体而相连结的纵贯轴,另一方面是因氏族血缘横向连结维系的横贯轴。由于流动性,血缘性关系也松散。其生产方式也使他们不可能长期保持聚族而居。虽然到罗马文明时爵位也讲血缘世袭,但血缘在整个社会中的地位并不像中国传统文化中那么重要。这里更重视的反倒是地缘。能获得城邦公民资格的要求很严格,首先它是按地缘条件来划分的。当然地缘条件下也只有自由民或奴隶主贵族才可能获得公民资格,而城邦中从事生产劳动的奴隶及进行商业活动的外国人虽然对城邦的繁荣起了重要作用,却没有城邦公民权。至于女人、小孩、工匠阶级,则都不能成为公民。

血缘宗法家族引伸出的家国一体的中国传统社会结构,唯一有自主权的实际上只有君或父,其他个体都是隶属于某个宗法等级环节的,没有自己的自主权;而古希腊的城邦内每个公民无论在血缘性祖先祭祀还是在城邦政体中都可以是自己的主人。如城邦中每一个公民都可以成为祭祀的主人,不需要专职祭司;每个公民在城邦政治事务中都有自己的投票权或话语权。城邦公民行为习惯要求的中心内容则是其精神上的共同信仰。这些信仰内容又来源于诗人们提供的各种神话传说。比较有影响力的则是荷马的两部史诗,史诗中被传颂的英雄人物则是城邦公民的道德楷模,神话中的诸神对人命运的影响则是其宗教原则。这样的社会结构形成了古希腊理性主体、民主法治社会保障、诸神或上帝终极关怀的伦理文化类型。

古希腊城邦林立,大的城邦有雅典、斯巴达。希腊城邦从氏族式、宗族式的制度向世俗的理性的社会演变,这是城邦制度逐步完善的过程,也是城邦精神臻于成熟的过程。雅典因其民主政体的建立在时间上先于其他城邦,因此可以认为雅典是古希腊民主政体的发源地,而雅典民主政体的成因即可视为古希腊民主政体的成因。这些成因不外是:原始社会民主遗风在生产力不很发达的情况下,有效地平衡和协调着氏族社会内部各种利益关系和矛盾冲突。原始民主内容主要包括氏族成员在社会生活中享有平等的权利等。工商业发展及独立小生产经济的稳定,平民力量增强和贵族内部的分裂,以梭伦等为代表的个人作用,加之原始民主遗风等等,这些均为雅典民主的产生提供了可能。到奴隶制时期,实现了由君主体制到九个执政法官主持的"寡头政治"的转变。后来通过德拉古(Draco)立法、梭伦(Solon)改革、克里斯提尼(Cleisthenes)改革、伯里克利(Pericles)改革终于到了雅典的民主政治。"民主"一词最早见于希罗多德(Herodotos)的《历史》一书。① 在古希腊文中,"民主"(Demokratia)是"人民"(Demos)和"权利"(Kratia)两词合成的,即人民

---

① [古希腊]希罗多德:《历史》,王以铸译,商务印书馆1997年版。

的权利、人民的统治之意。意大利文、英文、德文、法文和俄罗斯文中的"民主"都从其演变而来。尊重人格、保护人权、公民自治是希腊民主政治的集中表现。民主政治思想在那个时期达到了最高水平,在选举权、审判权、监察权以及行政权上都有突出的体现。

雅典民主制度是一种直接民主制,城邦全体男性公民通过参加公民大会直接参与城邦政治。公民由于有了较多的民主权利,因而发挥了参政、议政的积极性,在保卫国防、国家管理、官员监察等方面注入了新的活力,对增强国力起到了决定性的作用。民主政治也保护工商业奴隶主的利益,小生产者壮大了自己的力量,国家经济呈现了前所未有的勃勃生机。再加上雅典城邦民主政治,吸引了许多著名学者、艺术家来雅典,以及鼓励公民们积极参加文化活动,促使雅典乃至整个希腊文化的繁荣,哲学、文学、雕刻等成就均居当时世界前列。城邦民主制在一定程度上使个人创造能力有充分发展余地,在经济、军事、科学、技术、文化、艺术等各个方面,充分吸收了东方古文明的遗产,加以消化,加以改造,并以跃进的速度加以提高。[1] 列宁曾把古希腊国家如雅典视为当时最先进、最文明、最开化的国家,主要也是由于它的民主政治[2]。

这的确是有史以来最彻底的政治民主,它的影响弥漫于城邦各个角落。但我们必须明确,雅典民主政治实质是雅典奴隶主民主政治,它的民主是建立在对二三百个属邦和二十万奴隶残酷压榨和剥削之上的,它窒息或限制了社会的另一部分成员———奴隶与外邦移民,以及附属国民的自身发展能力,实际也阻塞了自身民主制度的进一步完善和发展,因此,它既是伟大文明的催化剂,也是社会奴役与不公的一种突出体现。这种局限性使得雅典在伯罗奔尼撒战争中军事形势越来越不利,雅典人也逐渐对民主政治失去了信心,城邦危机日益加深,民主政治越来越成

---

[1] 这方面内容可参见[美]马文. 佩里:《西方文明史》(上卷),商务印书馆1993年版,第79页。
[2] 列宁:《论国家》,列宁1919年7月11日在斯维尔德洛夫大学讲演的记录,最初由苏联列宁研究院于1929年1月18日发表于《真理报》。译自《列宁全集》俄文第5版第39卷第64—84页。

为一副躯壳,失去了往日的辉煌。

城邦的社会结构模式和文化类型构成了一切希腊创造物的出发点和生长点。它也是我们分析希腊文化,尤其是分析它的伦理精神结构和伦理思维方式的最合适的切入点。权力结构的转变、大移民和城邦的出现使得希腊人走出了血缘宗法、神王同一的种族、王国和宗教三位一体的权力系统,发明了一种以城邦为基础的政治实践智慧和实践体系,从而架构起以城邦民主法制为保障、以主体理性为强大自我、以诸神或上帝为终极关怀的伦理世界及其相应的文化精神。

(二)"伦理世界"的精神历程

希腊伦理世界的精神历程大约经历了四个阶段。第一阶段主要体现在荷马的英雄史诗(公元前12世纪—前7世纪)、赫希阿德的醒世史诗(公元前8世纪—前7世纪)、七贤(公元前7世纪—前6世纪)的训诫中。他们的史诗或训诫体现了希腊远古神王统治结束和希腊城邦制度形成过程中的最初伦理精神。

荷马的英雄史诗中体现道德思考还没有摆脱血缘宗族为中心的神王政制的影响,其中突出高贵出身的英雄动机及神的意图要求。这里英雄与神、个人与共同体同一,在一种宇宙论的秩序中,确立起对道德个人的道德要求。这种道德要求往往表现在人的行为的双重制约性上,即表现在具体动机和神的直接意旨的一致上:一方面神几乎是所有人的行为的发端者;另一方面,这些行为又完全自然地产生于具体的人的动机,产生于个人的固有的情欲和社会联系。这种双重因素制约下的道德要求构成了史诗英雄道德行为的基本特点:一是对宇宙秩序的维护。二是对宇宙秩序的维护的"荣誉"比生命更重要(如特洛伊之战中赫克朵耳面对必死的命运仍坚持与阿喀琉斯的战斗)。三是荣誉来自优秀而卓越的行动。这种优秀与卓越意味着与"审慎"相配对,与勇敢乃至胜利相配对。——这既体现了神王政制中个体与共同体统一的伦理精神意向,也体现了个性化的活动与具体生命活动规划的道德意义,体现神人合一的人本主义倾向。

荷马描绘的是追求卓越与荣誉的英雄,而赫希阿德的醒世史诗则赞美的是诚实勤劳的普通劳动者。荷马的语言没有任何道德说教的意味,它只在描绘一种为英雄个人所固有的生活现实;而赫希阿德因其独特的家族经历(其兄弟的游手好闲、非法挥钱等道德败坏问题)引发了其对兄弟的训诫及对世人的劝谕之意。他的《工作与时日》中突出强调勤劳与正义的两种美德,认为勤劳是财富的源泉,而正义能保卫财富并鼓励人们热爱劳动。在这里,正义作为一种宇宙秩序不再是通过神的意图和英雄的行为表现出来,它体现为城邦的法律和城邦居民的勤劳,神则是通过赏罚来维护正义。美德的主要意义不再是行为的优秀,而是诚实的劳动与对法律的尊重;道德要求不是只指向出身高贵的王者或"神的后代",而是指向城邦中生活的普通人民——城邦中后来成为自由公民的私有劳动者。这里伦理的向度指向了个人幸福与城邦秩序维护相统一的功利主义基础。

七贤是一批为希腊城邦走出危机而制定法律、建立新制度和新道德秩序的人,他们并不一定有显赫的社会地位,但都是以自己的格言或诗歌或立法揭示出隐含在城邦公民社会生活及其行为中的价值的人,也就是指出城邦公民美德的基本向度的人,是有智慧的人。他们的格言或诗以道德真理的形式出现,以一种更为抽象化和规范化的伦理思维形式和道德表达形式对国家生活进行赞美、对城邦利益进行辩护,对个人"节制"美德进行训示,对城邦法律地位加以强调。通过提出一套要求无条件服从整体利益,尊重共同法律、习俗,为了整个社会的和谐而克制情欲和享受的行为规范来实现城邦的良好管理。这些内容与具体现实或某社会阶层的联系不再明显而独立存在着。这体现了希腊伦理思维逐渐从"神王"转向城邦"公民",从古老贵族的荣誉转向城邦制度下公民的"节制",从以宗法血缘(尤其是家族)为基础转向了以城邦共同体为基础。这也意味着其伦理思维从神话主导的宇宙论模式向世俗政治主导的宇宙论模式转变。

第二阶段体现在自然哲学家对城邦美德伦理学的宇宙学论证之中。荷马、赫希阿德和七贤的伦理道德表达是劝谕或直接的训诫，它们零碎而不系统，也缺乏道德反思的力度，伦理的思考停留于风俗习惯的场面，即便以"真理"的形式出现但本身没有任何论证。自然哲学的兴起，使伦理秩序的建构有了宇宙学的论证及理论基本框架。如赫拉克利特认为万物的本原是"火"①，第一层次是宇宙秩序之最终构造者的"火"，第二层次是社会秩序建立者之"火"，第三层次是灵魂。第一层次是从神圣、永恒的活火的转化与生成描绘了一个超越人间道德同时又构成人类道德原型的世界秩序。第二层次是由"神圣之火"建构宇宙学图式来论证公民美德的两个重要方面——立法与守法。立法是人类优秀或卓越人物的意志体现，守法则是社会福利的保证，是维护神圣世界秩序的行为要求。第三层次是由"神圣之火"建构宇宙学图式来论证公民美德的个人因素，是要保持灵魂的神圣、纯洁、"干燥"，使之成为"最智慧"的、"最优秀"的。哲学一般都论证个人道德原则与宇宙的必然性法则是同一的，它将道德意识扩展成为一种宇宙意识，道德和美德问题的实践复杂性、具体性就被掩盖了，道德合理性的基础就不是现实的实践理性，而是一个抽象的纯粹理性。而这种宇宙学构思的伦理思维是城邦主义的，而不是个人主义的，是要力求构建一种统治秩序或政治秩序的社会政治道德。而个人道德对国家（城邦）的重要地位被绝对化为一种宇宙秩序的构成性因素，美德问题就成了宇宙问题。也由此可见这种伦理思维尚不具备个人道德自主性，道德行为带着神秘的必然法则之要求而非自觉自愿行为。但正如田海平教授指出的那样②：它毕竟开启了运用理性思考社会问题的思维模式，并对城邦社会中的各种美德作了解释，也为其后的美德伦理学的出现准备了条件。

第三阶段体现在苏格拉底对城邦美德的人学目的论思考中。宇宙

---

① 参北京大学哲学系编：《古希腊罗马哲学》，生活·读书·新知三联书店1957年版，第21页。
② 田海平：《西方伦理精神建构》，东南大学出版社1998年版，第52页。

学论证构思的伦理框架虽使希腊伦理摆脱了宗教神话的束缚而奠定了其理性基础,但由于它是将自然宇宙必然法则扩展到伦理领域,它论证的伦理行为模式也是抽象的一般原理,终究还没摆脱宗法和神话的传统。随着城邦民主政治的完善和经济文化的繁荣,尤其是希波战争结束后希腊城邦公民在理智生活和精神生活中焕发出巨大生命活力,个人和城邦关系发生了很大变化,传统的个人和城邦的直接同一受到了个人道德自主性的挑战。哲学的关注由此从宇宙学转向了人学,从自然转向了人自身,伦理思维也从宇宙学转向了人学思考,理论探索的目的从真理与知识更多地转向实践需要,如生活领域的技能和控制。其中的学派代表为智者和苏格拉底,前者为破坏性的,后者为建设性的。智者通过区分人的自然本性与非自然本性,对法律的合法性根据,进而对"服从法律"的道德信念进行质疑,认为美德不是自然产生的,也就不是天生的;美德是人的全面多样的优点,它是能保证人获得社会声誉和尊重的社会素质。美德是可教育的。

苏格拉底则以个人独立判断代替权威判断,通过解放个人的感情、通过个体的独立思考而获得道德的真理性认识。他提出:未经反省的生活是不值得过的,因此重要的问题是在对理性的问题予以理性回答中思考人之为人的根本,并由此论证道德的真理性①。他由此使宇宙论构思的伦理思维向一种人学构思的伦理思维转向,确立了希腊美德伦理学的运思逻辑:目的论思维,其哲学原则即"认识你自己",探究方法即"自知其无知",构思框架就是"美德即知识"。他使希腊美德伦理学能以一独立学科形式出现,为其体系化奠定了基础。

第四阶段,是柏拉图和亚里士多德的美德伦理体系化思考。作为苏格拉底的学生,柏拉图由导师之死感受到一个道德个人与雅典社会的尖锐冲突,感受到当时社会被赋予最高价值地位的美德(如善、正义、勇敢、节制等)其实际作用只限于外在的、装点门面的作用,而实际利益、享乐

---

① 他的"美德即知识"命题提出了美德或善的两个标准:合目的、合用。

和荣誉总是先于美德的考虑。苏格拉底以他的个人生活为美德优先原则示范一生,但雅典社会是排斥他的。由此他看到不真正理解道德则无法成为道德的人。柏拉图在导师苏格拉底思想基础上认为美德的知识源自一超经验的、超感性的理念世界。人的灵魂必须经过一系列的转向才能达于这种真理性知识。而要得到关于理念的知识,必须有苏格拉底示范的辩证法才行。美德与实践同一是必然的,缺乏正义的人不仅达不到优秀,而且在有效性方面也会失败。

柏拉图的美德伦理学以其理念论为基础,其中"善"是最高的理念①,是真正创造性和规范性的终极本源,是其全部哲学的伦理旨趣所在,也是一切事物存在的合理性基础。美德伦理学的实践原理则是:灵魂转向。世界分现象世界(可见世界)、理念世界(可知世界)。前者指习惯或经验或传统习俗中的善,后者指构成整个宇宙基本秩序和价值体系的至善。伦理学的首要任务是要指明灵魂如何才能从可见世界转向可知世界。其实践原理即灵魂转向,灵魂返回自身或回忆自身后实现。苏格拉底的基本立场是:照料灵魂是人的最高任务,肉体应当适应灵魂的需要。柏拉图在此基础上认为:灵魂不死(生前及死后皆存在),人类的一切知识取决于灵魂对前世所见理念的回忆;肉体不过是灵魂的"牢笼"。恶是灵魂的疾病,可以通过教导加以消除。灵魂转向既是认识或知识活动,也是道德的净化和升华,而善则是体现这一活动的目的论原则。柏拉图假定了四种基本美德:智慧、勇敢、节制和正义。前三种分别对应于灵魂的三个部分:理性、激情和欲望。正义则是在其三者之间保持一种和谐的相互关系。

柏拉图的美德伦理学最终目的是拥有善和幸福,个人的自我完善、自我道德净化和升华是达到善的途径。而这一行善过程是伴随快乐的,因为它是灵魂的和谐状态,一种与外部世界的正常状态相应的内在的理智和道德的正常状态。它是灵魂的美好和健全。美德伦理除了造就道

---

① 在柏拉图那里,"善本性"即"至善",是理念世界的唯一原则。

德完善的个人之外,还要求个人无条件地服从国家的利益。这也是柏拉图美德伦理学的现实关怀:理想的正义国家。柏拉图的正义国家是一种道德理想国。灵魂转向也适用于城邦。灵魂的理性、激情和欲望三部分各行其职,由理性、智慧统率激情和欲望而构成正义秩序。城邦的灵魂转向即培养哲学家国王。因为哲学家是能够看到真正的存在自身、理念、至善与分有它的、掺假的、混乱的事物相互对立的人。正是这种"看"的能力是灵魂中理性部分所具有的,它使得统治者对他们据以统治的官职和权力抱有正确的态度,能抵制对权力的公开谄媚和悄悄诱惑,把全体人民的真正幸福装在心中。这要通过对理想城邦中的保卫者的教育来取得。

柏拉图的道德理想国完全排除了个人自由和个性,因为在这样的国家形式中单独的个人是不幸的:"我们建立这个国家的目标并不是为了某一个阶级的单独突出的幸福,而是为了全体公民的最大幸福……我们的首要任务乃是铸造出一个幸福国家的模型来,但不是支离破碎地铸造一个为了少数人幸福的国家,而是铸造一个整体的幸福国家。"[1]美德体现为职责,体现为实现至善。理想的个人必须无条件地服从国家的利益,国家内部所有等级的活动都不可避免地表现出牺牲精神,甚至哲学王也不例外,个人只是表达道德理想的抽象符号[2],当然其代价是毁灭自身的具体性。这种对个性及个人自由的排斥恰恰源于一种美德的理想,更深层次地又是源于社会结构的等级层次和专制特性。柏拉图探究了城邦公民美德的合理性根据(理念论),并由此找到了诠释诸种美德的出发点和实践原理,最后论证了这种美德伦理学的形而上关怀和现实关切。这标志着美德伦理学体系化了,它是希腊伦理思维极其重要的里程碑。

亚里士多德的《尼各马可伦理学》和《政治学》被认为是柏拉图《理想

---

[1] 柏拉图:《理想国》,郭斌和、张竹明译,商务印书馆1995年版,第133页。
[2] 即成为好公民。

国》的续作。柏拉图的著作以对话形式表达虽有启发思想等优点,但毕竟有失体系性,而他的学生亚里士多德则完成了这个体系的建构。亚里士多德以严谨的学术研究方式从事写作,并使用了"伦理学"(Ethics)这个术语,对美德和具有美德的个人作了那个时代最深刻、全面、系统的阐述,将希腊伦理学推向了顶峰,成为美德伦理学的经典代表。亚里士多德崇尚理性,有句名言:"我爱柏拉图,我尤爱真理。"他认为伦理学的研究对象是道德的美德及其在取得幸福的过程中所起作用的科学,是研究人的什么样性格、什么样性情是最好的科学。伦理学总原理是:至善或幸福是合于美德的现实活动。一切活动皆有目的,都是为了善,为了追求自身的善,人类一切活动的最后目的是为最高的目的:至善。至善就是幸福,就是极乐。这与柏拉图将"至善"看作理念世界中的最高主宰的思想有着实质性的不同,与苏格拉底将目的或善看作是灵魂的"洞见"也存在着根本性的分歧。这种"至善"之幸福,更多地与希腊社会公认的美德伦理标准相一致。幸福在于生存本身的美好与完善,财富只是获得幸福的手段,快乐也仅仅是一种善而非至善。至善与幸福是自足的,它不需要任何别的东西来认可,而是自己因其自身的缘故而成为美好与完善。人的幸福本身就在于符合美德的行动。这行动一类是理论的、科学的或纯粹的思辨活动,另一类是实践的、日常生活的或伦理的活动。第一类更有价值,第二类是幸福的次要组成因素。生命的成熟与完善属于幸福。外在的不幸并不能轻易破坏人类的幸福,因为幸福的人就是在这种情况下行为良好的人。"幸福是一种完全合于德性(美德)的现实活动。"①亚里士多德还试图从人的生物心理本性角度研究人类的生命活动来诠释美德问题,这对理论上避免唯心主义或宗教神秘主义是有积极意义的。

---

① [古希腊]亚里士多德:《尼各马可伦理学》,苗力田译,中国社会科学出版社 1990 年版,第 22 页。这句话即意味着:如果没有现实活动,那么它是无伦理意义的。

(三) 城邦伦理精神与雅典美德基础

希腊社会结构模式初创时期，面临着从远古神王政制向城邦制度的转变，加之战争、动荡与冒险，希腊人意识到追求卓越和优秀的意义以及作为一个自然存在物的人的完善。城邦的诞生对各方面完善的道德个人要求有着不容辩驳的紧迫性和广泛性，这使得美德不再是远古神王独享的专利而成为普通公民（自由民）都需面对的要求，也是能够维护城邦统一与团结的内在根据。这种伦理意识反映有：城邦的稳定发展时期由自然哲学家提出宇宙学论证基础上的城邦美德要求，在城邦鼎盛和衰落时期由智者和苏格拉底提出的人学目的论美德伦理，城邦制度没落和瓦解时期由柏拉图和亚里士多德等提出的体系化的美德伦理学。古希腊的美德伦理学从早期的直接想象、醒世劝谕、道德格言到系统的理论阐述，经历了原生态、反思形态到综合形态的阶段。

城邦的社会结构与经济、政治制度决定了希腊伦理的精神向度是如何处理好个人与城邦的关系问题，这也是希腊伦理精神的根本问题，是希腊美德伦理的根源所在。

古希腊由于海外贸易及海外殖民活动，它的经济带有开放性质。政治上实行自由民民主制的城邦制度是一种直接民主制，全体男性公民通过参加公民大会直接参与城邦政治。这种民主制被形容为一个"由业余人员组成的政府"，它建立的设想基础为："一般公民有能力参与城邦事务，能够以爱国之心履行其对城邦的责任。"①因此，对于雅典人来说，道德完善就意味着模范地尽到公民的义务和权利。道德问题的权威中心从家庭和家族转移到城邦。这是一个重大的变化，也是构成希腊伦理特殊性的第一个重要的事实，希腊城邦的伦理向度即缘于此。当基本的道德共同体不再是血缘团体而是城邦国家时，个人的社会角色就是公民，而非家庭成员。这些经济、政治等历史条件，决定了其伦理思想是以调

---

① [美]马文·佩里主编：《西方文明史》（上卷），胡万里等译，商务印书馆1993年版，第79页。

节个人和城邦的关系为核心,个人作为公民是城邦的主体,虽然城邦高于个人,但城邦又以维护个人利益为目的。

希腊城邦既是政治共同体,也是伦理共同体。其伦理精神结构就是如何处理实现个人与城邦的辩证统一问题。这种统一的实现桥梁即公民的美德实践。美德即公民灵魂。美德强调个体对城邦、社会的责任、义务,同时又强调人的因素第一,把个人置于高于一切的地位。对于个体而言,道德起着调节身心健康、理智和欲望的关系,通过心灵制约肉体、理智控制欲望,求得身心的和谐,使得"健全的心灵寓于健美的身体之中"。希腊人将城邦看作通往幸福生活的唯一道路,并在城邦生活中来看待自身的精神、道德和智慧的力量,因此,探索公民道德的美德伦理实质上也是一种社会政治伦理,这两者在西方伦理思想的开端并无区分。亚里士多德《政治学》开篇写道:"我们看到,所有城邦都是某种共同体,所有共同体都是为着某种善而建立的(因为人的一切行为都是为着他们所认为的善),很显然,由于所有的共同体旨在追求某种善,因而,所有共同体中最崇高、最有权威,并且包含了一切其他共同体的共同体,所追求的一定是至善。这种共同体就是所谓的城邦或政治共同体。"①

正是在城邦制度下,美德的承担主体是自由公民,是具有确定社会之特殊角色的个体,或者说是特殊个体化了的公民个体。虽然美德总是在具体的情境中体现,但它总是指向与城邦共同体之善一致的价值完成,是个人的特殊角色的作用和目的相配应的目的实现。如勇敢的美德,是指勇士不仅具有孔武有力的自然禀赋,而且能够在战斗中英勇践行并以其显赫战功或英雄壮举体现的。美德的关键在于个人社会实践的圆满成就或目的实现。这与中国儒家伦理中美德首先或根本在于关系中的"协调"及个体内在的修养境界表达不一样。

---

① [古希腊]亚里士多德:《亚里士多德全集》(第9卷),苗力田等译,中国人民大学出版社1994年第3版,第97页。

事实上，伴随着希腊城邦的出现、繁荣、衰亡和瓦解的不同时期，个人与城邦的关系也极为不同，如斯巴达与雅典，这也使人们对同样的美德解释不同，美德要求也会有变化。总体来看，城邦社会生活中最初是贵族内部，而后是贵族与平民之间的不断地冲突又团结，既赞美战斗、竞争、敌对等价值，又维护着一个共同体的存在。为了平衡和协调相互平等的公民之间的秩序，城邦力图运用理性、条理和秩序来统率激情、纷争和战斗，这一精神特质实质上也就是我们所说的希腊精神。而城邦的伦理向度决定了城邦公民美德体系的基本构架由两个方面组成：其一是正义观念；其二是实践合理性精神。所有美德的基础终是指向正义的实现。为此，美德就是意味着在实践中具备合理性精神。除了勇敢、节制等美德精神要求外，重点体现于以下三方面：

（1）理性精神。城邦的一切重大事务都是通过某种演说和辩论来决定的，理性的、规则的言说论辩力是通向政治权力的道路。由此生长出希腊理性精神。

这种理性精神使城邦的伦理向度表现了极不同于中国伦理的"内圣外王"之向度：希腊人通过美德获得的并不是财富、地位和权势，甚至也不是名誉和荣耀，而是希望过上"善的生活"，过一种"能反思的生活"。这种反思的或审视的、批判的生活态度在希腊人那里，就是美德与智慧是同一个东西。"智慧""知识""理性"活动是最根本的。也就是说，从生活意义的维度看理性精神是其重要的美德，也是其重要的特征。发现并把理性应用于对自然和社会结构的研究是希腊精神的伟大成就，这种理性思维传统也成为西方哲学伦理学的传统。

（2）公正精神。社会生活的公开性锻造了城邦的公正秩序。城邦的出现是以公共领域的出现为标志的，它意味着以前属于军事贵族和祭司贵族的精神世界现在向越来越多的人甚至平民开放。

（3）平等要求。城邦公民地位平等，在讨论城邦事务时公民有平等的话语权。整个城邦公民之间以平衡为法则，不再是服从、统治和等级关系，而是相互可逆的平等关系，这些都体现在城邦的"法治""官制"和

"公民军制"中①。

法国学者韦尔南也认为,理性、公正和平等实际上就是城邦伦理的三个重要特征,它们在某种程度上构成了希腊城邦的精神特质②。相应地,雅典人的道德完善就意味着模范地尽到公民的义务和权利。道德问题的权威中心就从家族和家庭转移到了城邦。这也就意味着希腊城邦的伦理向度即在于城邦,道德实体不再是血缘而是城邦国家,道德体系的基本构架也即正义与实践合理性。雅典人有一套普遍接受的美德观念,如友谊、节制、智慧、忠诚等,这些尽管有不同的具体解释,但都建基于正义之上,以正义为各种美德和谐之基。实践合理性则是以一种均衡性与中介性为特征的行为推理,这又是正义维护的基础。作为立法者、"民选调解官",梭伦就是尊奉着实践合理性精神,在充当仲裁者、中介者和调节者中体现正义精神,成为雅典人公认的美德典范。

整个希腊美德伦理精神就在于:以古代城邦组织为中心。个体与实体融为一体,形成自在和谐的伦理世界。几乎所有的希腊思想家都是带着对城邦生活和城邦秩序的无限忠诚和热爱进行伦理思考或从事伦理学著述的。这种忠诚和热爱是城邦时代的希腊人对他们生活的城邦倾注的一种天然的情感。在城邦结束后的希腊化时代及罗马时代,这种情感随之瓦解乃至丧失。

二、基督的"伦理世界"

(一) 基督教的兴起与伦理精神发展

某种意义上,可以说,欧洲中世纪本身就是一个渴望宗教的时代。基督教从一个底层受迫害的少数教派发展成为罗马国教乃至整个欧洲一千多年的中世纪意识形态的代言者,是有其深刻的文化根源与社会原

---

① 顾准先生对此较细的研究。参见《顾准文集》,陈敏之编,贵州人民出版社1994年版,第70页。
② [法]让一皮埃尔·韦尔南:《希腊思想的起源》,秦海鹰译,生活·读书·新知三联书店1996年版,参见第37页。

因的。一是由于当时罗马帝国精神上的解体。这一点突出地表现在罗马从根本上放弃了希腊人的美德追求。帝国道德的败坏使得罗马在享受空前的物质上的奢华的同时,感受到精神生活的极度空虚,因而包括罗马的统治者在内需要从宗教中寻找慰藉。一方面一些有作为的皇帝试图将罗马国家神圣化,但最终以失败告终。另一方面,那些渴望宗教的人大多接受了东方的宗教。所有这些宗教都讲一位救世的神(它们都来源于自然崇拜),这位救世者同时又是死而复生者。而死后复生的信徒则是因其严格的忏悔和压制自己的情欲后得到宽恕,逃脱来世将被施予罪人的惩罚。这些宗教给了现世人们以希望,"现世的事情,有人看来因为已经极度圆满而无复可为;有人看来,因为极度绝望而无复可为;大家都把精神寄托到宗教上去,是唯一的出路"①。统治者因感受享乐存在的空虚而在道德上进行反省,与下层人民绝望生活境况中渴望得救的普遍情绪,推动了罗马对基督教的认可,并使其成为官方宗教。

二是源自基督教的内在价值。基督教会一直不断地为自身的存在进行辩护,同时注重经文的规则化、组织的制度化和信仰的正统化努力。基督教教义是犹太教的圣史和希腊思想的混合物,它本质上是希腊思想的宗教化。这使得它比其他宗教更少迷信或神话的色彩,更多理性或精神的意味。这是基督教在一个渴望救赎的西方文明世界盛行的重要原因。而耶稣复活的信念及其建立弥赛亚的千年王国的信念给予了基督徒轻蔑世俗生活、世俗成就和荣耀的力量。基督教会把这种不可抗拒的力量灌注在它的信徒的宗教信仰之中,这使得基督教徒坚持其宗教崇拜不同于一般偶像崇拜;基督教宗教组织的创立者也表现出比其他宗教的追随者更大的自我牺牲精神②。由此,虽基督教原先起于下层社会,只是流行于罗马世界内,是诸多彼此竞争的宗教中的一个默默无闻的、受到迫害的教派,但它不承认任何种族和社会地位的差别,坚持慈善、布施和

---

① 顾准:《顾准文集》,陈敏之编,贵州人民出版社1994年版,第240页。
② 如十字架上赎罪的耶稣。

救贫,这对于深受种族、阶级和奴隶制奴役的劳苦民众有巨大吸引力。

三是由于基督教会社团的团结和纪律。罗马在当时实行宗教宽容,唯独对基督教例外,就因为罗马当局对于臣民之间的任何社团组织极端疑忌和不信任。基督教正是凭借其严密的组织,成为席卷罗马帝国的群众宗教运动。坚持了四个多世纪的有组织的抵抗,经历了三阶段:犹太教脱胎而能被外邦人接受;教会走向统一,并征服罗马帝国;教会成为中世纪文明的塑造者,并征服日尔曼诸民族。罗马教会为首的,被称作"公教会"(katholikos)的统一教会不仅赢得了罗马国教的地位,甚至还取得了教会对于国家的独立,成为正统化的社会信仰,也成为规范整个基督教世界秩序的统一社会结构组织——基督教教会,成为世界性帝国的国教,并成为欧洲中世纪统一的意识形态。伴随着基督教会的每一次成功,西方文明逐步完成了向基督教世界转换的历史性变化,这既是社会结构的整体转型,也是一种文化、价值观念的和伦理精神的彻底转型。

基督教的伦理精神发展有三个阶段。

一是早期基督教阶段。基督教产生于约公元1世纪的犹太教,因保罗的加入并开始向外邦传播才进入它的转折期。其道德观念体现在《圣经》中。《圣经》的主要内容产生于欧洲文明从希腊文化向基督教文化过渡的大背景下,部分内容融合了希腊道德哲学、罗马立法要旨,综合体现希伯来的理性精神,部分内容产生于早期基督教的传教活动,也体现了生成于希腊化多元文化交汇的世界文化内涵。《圣经》包括《旧约》和《新约》,前者是古代希伯来人的经典,后者是记载基督耶稣及其门徒的言行。整部《圣经》中的"约"(希伯来文 bert)受到古代近东民族的风俗、法典、伦理的影响,与希伯来人生活中的重大事件的规范和仪式息息相关,是对于立约双方具有较强约束力的严肃诺言,也体现着"一种深刻的道德严肃性和个人责任感"①。"约"的核心为"十诫"②,其中特别是对神的

---

① John Bright: *History of Lsrael*, Philadelphia. The Westminster Press. 1971, p. 444。转引自宋希仁主编:《西方伦理思想史》,中国人民大学出版社2004年版,第113页。
② 这是指耶和华上帝通过摩西向以色列人颁布的10条诫命。

敬拜,是以色列人的社会基础和共同的生活规范和行为。对"约"的信仰说明了道德原则对基督教徒的约束力,特别是对上帝的态度。它是希腊文明向基督教转化过程中产生的新的道德观念的最典型的体现。其道德准则的践履是与宗教信仰并列的神圣责任。

这个时期的基督教一方面通过神人交往来体现上帝道德的神圣性、崇高性、纯洁性和不可违逆性,另一方面通过人的敬仰活动来确定、论证世俗道德的存在。《新约》进一步发展了《旧约》中的有别于希腊伦理的道德观念,另一方面又有"救赎""天国"等新伦理范畴。它提出"爱"的伦理原则,而"救赎"是使人离开旧的行为模式转向新道德生活,趋向全善、圣洁的基督教生活,这是基督徒的生命在耶稣基督的经验中获得一种新的生命意义,成就"新人"。"天国"则是动摇了原先尘世的伦理实体(如希腊城邦、家族和共和国等),也不再以人与人、人与城邦之间的关系为伦理向度,探讨人的利益与德性完善及幸福的关系问题,而是以"天国"作为基督教意义的伦理根源与基石,人与上帝关系[①]为伦理向度,探讨如何追求人的自我完善与完美,而世俗的或尘世的道德只是这个过程的自然结果或副产品。

基督伦理世界的中心人物即耶稣,是上帝慈爱的、庇护的父亲形象。"爱"贯穿于基督徒生活的各个方面,是行为合法性的依据、伦理原则。在道德实践观上,"爱"的原则强调个人的道德修行。与政治城邦基础上形成的希腊道德哲学强调道德实践的主体是公民不同,基督教伦理强调信徒个人的道德实践品行。这种道德实践责任主要是对上帝的责任、与上帝沟通。在此责任之下个人才能赎罪、得到拯救。这种责任观使教会义务与国家公共政治义务有明显冲突。早期教徒重个人的道德修行,而基督教成为国教时也参与了世俗义务。基督教徒的人生最终目的仍是精神世界和来世拯救,而不是如希腊社会的现世幸福追求。"爱"的原则强调的是人对上帝神圣性的顺从。这种顺从属性规定了人的基本品性。

---

① 也可以理解为人与神的关系。

它立足于来世的立场认同诸如"谦卑""恭敬""忍让""孝敬""仁慈"等柔顺德性。即使节制、正义等希腊德目也为其认同,那也是从爱上帝的角度、从拯救的角度考虑才有意义。它虽吸纳了希腊强调以理智控制激情和欲望、注重精神追求的德性观,但也是因神为救赎而作的准备。在道德标准上,"爱"的原则采取"这是应当做的"绝对命令形式,即无条件地接受信仰及其启示。其道德之根基在于神而非人,故其道德标准是信仰主义而非理性主义。在基督教早期,这种信仰主义与理性主义冲突是激烈的,到后期则调和了:一方面提倡绝对的信仰,另一方面也主张对这种信仰予以理性的权衡、论证和表达①。

在人性论上,"爱"的伦理原则是期望人有获得解脱的本性。因人性之"原罪",只能通过人是否爱上帝,并遵循上帝教导爱人如己而决定是否可最终获得拯救。在道德情感上,"爱"是需要道德情感的推动而实践的。基督教的"爱"是源于上帝的、最高的神性道德。它认为,上帝之爱不仅是一种先于并高于理性的精神活动,而且也是人的理性能够蒙受的最广博、最深沉、最持久的爱。希腊人侧重从外在事功来界说爱,而基督教则侧重从心灵得救来界说爱。基督教的爱不同于希腊时期由较低层次向较高层次的趋附、对理性的执著而获得最高幸福的热忱企求,它是上帝由上到下的俯就,表现为谦卑的服务和柔顺的服从;基督教的爱不同于希腊对智慧、公正、勇敢、节制等美德的爱,它是慈爱,耶稣降临人间、在十字架上承担恶名而死,其苦行和赎罪足以成为基督徒热爱的榜样。基督教的爱以"上帝之国"为超越性目标②,以对他人与世界的服务为内在性目标③。

二是教父道德哲学阶段。这是基督教神学伦理体系形成的体现。教父原先是古代基督教徒对教会主教的称呼,后来指称教会中的神父——

---

① 即经院哲学。
② 以此与希腊精神相区别,使其既能够在普通民众中凝聚普遍信仰情感的道德常识,又能够在知识分子中产生一定说服力与影响力。
③ 以此与希腊精神相联系并吸取其养料。

护教士，他们是为基督教教义辩护的正统代言人。他们把犹太教与希腊文化、罗马文化联系在一起，把基督教优于其他文化和宗教作为辩护对象，试图捍卫基督教的生存与传播权利。其道德观点主要为：1) 基督教是追求神圣的、至善的事业。2) 灵魂不朽。3) 肯定信仰的真理性①、统一性和不可怀疑性。其中奥勒留·奥古斯丁是后期教父思想中形成道德哲学体系的第一人。这是带有浓厚的意识形态印记的基督教义的理论形态。它试图解决始终困扰着神学伦理的神性与理性、信仰与知识的矛盾，体现出尊崇神性与尊崇知识的理性辩护主义。

三是神学伦理学阶段。这主要是安瑟尔谟与阿伯拉尔分别从信仰伦理与理性伦理立场揭示当时基督教伦理在辩证神学框架内的两极对立。后来托马斯·阿奎那从综合的立场，以基督教的道德理想为灵魂，通过诠释亚里士多德的伦理学结构和内容，建构了一种新的思辨神学伦理体系，这是经院哲学系统内基督教伦理的最高成就与最完备的形态。它为上帝存在进行道德论证；确定了上帝是智、善、爱统一的完满的存在，在此基础上具体规定了善与恶的本质及其联系；以人的理性是上帝的理性的不完善阶段，综合希腊美德观念和教父美德体系，把德性分为人德和神德，或人学德性与神学德性，提出了一个包括柏拉图的四德、亚里士多德的理智美德和伦理美德以及教父道德哲学的主要美德在内的一个综合的神学美德体系，其中基本的美德有谨慎、正义、节制与坚韧，它们是以理性为标准的意志习惯。谨慎是意志对理智的服从，正义是依理性认识的秩序，节制是理性对感性的压抑，坚韧是理性感性的加强。"从四主德的主体来看，能够使那种在本质上就是理性的能力臻于完美的，就是审慎的德性；而能够使那些分有理性而成为理性的能力臻于完善的，则有三个主德，这就是能够使意志臻于完美的正义、能够使凡俗的欲望臻于完美的自制、能够使易激的欲望臻于完美的刚毅。"②托马斯在

---

① 强调信仰的理性论证。
② 《神学大全》，2集，上部，61题，1条。Anton C. Pegis edited, Basic Writings of Staint Thomas Aquinas, Vol. Two—I, Random House, Inc., 1945, p. 213。

《神学大全》第二部分中还提出了信(信仰)、望(希望)与爱(敬爱)三大神学的主要德性,因为它们的对象都是上帝,能引导人们正确无误地趋向于上帝,并且只有上帝使人具有这些德性,只有神性的启示才能使人认知这些德性。托马斯的基督神学伦理学体系是中世纪经院哲学伦理学发展的最高成就,它代表了13世纪基督教会在获得对世俗王权的决定性胜利之后试图建立一个基督教一体化世界的基本构想。在这个无所不包的大规模的伦理学综合性的体系中,基督教思想找到了在上帝的预定和人的意志自由、信仰与理性、神恩与自然、人的活动的彼岸目的性和对尘世幸福的追求等一系列问题上的平衡点。

(二) 教会的伦理向度

从社会结构转型的特点看,基督教会的成功,意味着社会权力结构的根本性变化。古希腊及罗马的社会权力结构皆世俗的,其目的是对现存国家秩序的维持,故权力结构本身是以肯定世俗生命形态为目的的。但基督教会登上社会权力结构金字塔顶后,意味着各种世俗权力之上还有一种超世俗的权力机构,由于这种超世俗的权力机构直接关涉个人灵魂的得救,因此它本质上又是一种伦理化的超世俗权力机构,它从根本上是对世俗生命形态的否定。这就意味着它对以肯定生命为基调的古代美德伦理价值体系的颠覆。由此可见,基督教会伦理观是与希腊美德伦理的自然主义正好相反的超自然主义伦理观。

基督教伦理精神深源于西方文化的犹太—基督教传统中,这是一种与希腊城邦政治传统正相反的文化传统,基督教经典是基督教世界观特性的体现。其经典主要为记载耶稣及其门徒言行的《新约圣经》。它的本源性结构内容是其基督教经典——以犹太—希伯来民族和第一批世界性的基督教徒的历史性经验为内容,凝聚着西方民族最原初的宗教伦理情感。其中上帝是"独一无二"的最终裁判,圣经也对上帝及其目的的理解提供了趋向于特定判断的"方向"的基础。对人的状况和需要的理解,以及对于戒律、事件和人类关系的理解,提供了趋向于特定判断的

"方向"的基础。在这一方向上,许多复杂的程序和要求得到实践。查尔斯·L.坎墨援引比克和尼布尔的话讲道:全部基督教伦理观在一些重要方面根植于圣经,基督教的道德观念是对构成了基督教原始文献之内容的那些特殊的历史性经验的反思,"从这种观点看来,全部后来的基督教生活都只是这个对话体著述的继续,其中作为参照的东西必然总是趋向于在这个对话之前发生的事情,并且其中每一代人的起始之处,不是其前辈停止的地点,而是圣经结束的地方"。①

如此,基督教的伦理现实不同于古希腊。古希腊既是政治共同体也是道德共同体的城邦中"公民"有参与国家事务的义务,基督徒则是履行教会的规范时才是国家的公民和家族的成员,在国家中人们采取尘世手段、争辩尘世事情,而在基督教会中则是践行教规。原始基督徒只是作为流浪者或陌生人构成国家的一部分,甚至对是否成为国家成员并不感兴趣,他甚至毫无怨言地接受国家权力的要求和国家处给他的刑罚。道德则是基督徒在上帝面前应负的责任和义务。所以道德个人与上帝或基督教徒与耶稣的关系是基督教伦理的最本源伦理关系。耶稣或上帝是伦理实体精神的象征,个人终其一生的努力就是要能回归到上帝那里,得到救赎。

而后来基督教会逐渐世俗化,尤其转变成罗马国教后教会开始参与公共管理和国家政治事务。这就造成教权与王权之争。在此斗争过程中,基督教会越来越多地吸收了希腊哲学政治学的遗产,通过一系列规范来解决了个人道德与国家关系问题上的两难。

(三) 基督教伦理精神

基督教伦理精神可以从其结构组成及其构成要素来阐释。基督教伦理精神结构可以从基督教的公共生活和个人生活的维度进行分析探

---

① 比克和尼布尔语,转引自[美]查尔斯·L.坎墨:《基督教伦理学》,王苏平译,中国社会科学出版社1994年版,第49页。

讨。基督教会的公共生活由在信仰上平等的教徒构成，它将人们的公共生活领域缩小到确定仪式的共同践履。人们确信个人的行为有一位全知全能者监视，故他们并不关心如何在共同体生活或公共生活中表现卓越，而是关心如何遵照教会的教义规范和听从上帝的启示获得神恩。在伦理思维上，则是如何将上帝的启示传达给更多的信徒，教会的道德规范体系构成了基督教伦理思维的主题。教会确立道德标准的根据不在理性而在信仰。因此，教会的道德规范体系是建立在基督教的世界观基础上的。由于基督教世界观将现世形态的公共生活一概称之为"恶"，这就决定了基督教会的道德规范体系与希腊公民美德是相敌对的。

从基督教会中的个人生活来看，基督教会是上帝爱人类的见证，教徒通过教会来领受上帝至大无外的爱。基督教的爱是一种先于并高于理性的精神活动，它源于上帝对人类的爱。这种爱被称之为圣爱，它是神恩的源泉。在基督教看来，上帝作为圣爱的化身，是公正的、仁慈的、宽恕的、博爱的。作为一个教徒只有通过信仰才能在个人生活中通过追随耶稣完成自身的赎罪。故基督教会揭示的伦理价值首先是关涉个人生活的，并由此关涉整个人类。它要关心的是两类道德规范体系：一是"我应该做什么，我应该成为一个怎样的人"；二是"我们应该是一个怎样的民族、怎样的团体、怎样的社会"。原始基督教主要关注第一方面问题，随着基督教的成功，第二方面问题也渐成重点。而它所提出的解决问题的一系列规范中，信仰是解决这两类问题的关节点。而信仰则是一个个人生活领域的问题。为此，基督教伦理设定：一是末世论，从末世救赎的角度来界定伦理价值；二是谦卑与仁慈为其美德标准（而这一点在希腊人那里并不构成美德）；三是对一切理智美德和伦理美德予以否定，对学识科学或批判精神表示厌弃，因为它们是以人的傲慢和精神上的狂妄为前提的，它使我们无视上帝存在的伟大奥秘而背离了耶稣教导的真义。

基督伦理精神构成要素主要有以下几方面：(1) 上帝。唯一终极实在的上帝既是世界的创世本原（造物主），又是世界的价值本原（终极善)。基督教伦理是从上帝是善这一基本原理出发建构起来的,由上帝之善即爱得出赎罪的道德要求。这排除了将上帝看作与人类现象的世俗的生活无关的观点。上帝是三位一体的,意味着上帝可以将他的爱实现在充满罪恶和苦难的人间。由此,上帝被看作是公正、仁慈、宽恕和博爱的化身。世界本原和世界现象在三位一体结构中形成一个整体,这是基督教世界观的又一重要特性。(2)罪与赎罪。基督教将人类生活区分为现世形态和超验理想形态。现世形态特征是罪,其解释根源于"原罪",罪恶是人类的一种永恒的诱惑物。这也决定了基督教根本上就是一个赎罪的宗教,教徒们正是从世界的罪恶中来见证上帝存在的。(3)人。人是上帝按自己的形象创造的作品,因此他体现善的原则;但上帝又赋予人自由意志,这又使人僭越自身的权限而获罪,因此人又体现了罪的终极诱惑。这两重世界因素交织在人身上,使得人成为一种世界存在,人的得救在于人在历史性、世界性的历事中的赎罪。

在基督伦理世界特性中可以看到,人从本质上被看作是一个与自然肉体纠缠在一起的精神本性。宇宙万物的善、人类的感情、人类爱的能力的美皆为对抗那原始的罪。"上帝即是爱",上帝以其圣爱救赎人类。这就是基督教道德构成的核心信念,也是福音书的精神实质。上帝的爱是纯全至大无所不能无所不知的爱,它使罪人成为圣徒,使魔鬼成为天使。耶稣被钉十字架的事件是上帝"圣爱"行为的见证,它指引尘世赎罪之人的解救之路。人的爱靠了上帝之爱指引而能超越私人领域、种族、性别、团体的障碍而爱人,并体现对宗教的忠诚。基督教爱的精神既肯定人类爱和以人间的爱忠于圣爱的神圣价值,又指出一切狭隘的自我中心的、民族中心的爱和忠诚的危险。

基督教爱的精神与中国儒家仁爱有着根本的区别。中国儒家的"仁爱"以"推己及人"的忠恕原则为基础,基督教的爱则是以圣爱为理想。前者是有等差有缘由之爱,后者则是无等差无缘由之爱。因此,在基督教传统中,人们对特定个人和团体的忠诚和爱永远不能成为人们价值和意义的核心。正是由于这一点,坎墨指出:"基督教伦理学的一项任务就是,要促进我们的社会制度具有这样的结构和特征:让我们以使我们特定的爱和忠诚有益于宇宙万物整体的方式来适当地施行爱心,并且光荣地完成我们的忠诚。这一任务的完成需要如下的条件:我们要反对那种将我们特定的爱和忠诚作为价值中心,并以此作为衡量一切的标准的自然倾向。"①

基督伦理精神的价值设定就是:上帝圣爱之下,个人对上帝的责任优于对国家的责任。其美德要求主要地就不是放在个体与他人或国家的关系行为来诠释,而是放在心灵本身的品质来界定;古希腊人的"优秀""卓越"等词被改造成了一种神学上的人对上帝的责任或义务:恭颂、敬畏、仁慈、信仰、爱和希望等,现在这些变成了美德。基督徒仍生活在尘世中,那么他是否还应承担其对尘世社会的责任?这就涉及到信念共同体与世俗共同体各自的性质及其相互关系问题。4世纪初开始的禁欲运动和修道院制度,实际上说明了基督教伦理美德实现途径,即肉体乃灵魂的敌人,一切肉体的欲望和感情都应当无情地予以摧毁,最可靠的解救方法是隐居或在寺院生活,借以摆脱尘世及其种种诱惑,摒弃一切社会交际和社会责任。

因此,基督教的正义则是指符合上帝的神圣律法之"义",这不同于古希腊人源于"应得"的理想分配的"正义"——主要由理性统率激情和欲望的和谐秩序之义。基督教的正义实现的是"罪—赎罪"的神学景观中的爱的至善论,是为实现信仰统一;而古希腊则是为实现世俗城邦的秩序,是为实现理性的统一。基督教的幸福观如福音所告诉人们的那样,人不是从现世善功中求得幸福,而是在信仰基督的实践中由"来世获回报"。它虽也是至福的,但它指向来世,而不同于希腊人的现世可求。

中世纪基督伦理精神建构过程中,基督教思想家总是在其他教派或社会的各种质疑中诠释其伦理精神,发展其伦理规范体系的。由此它从一个受迫害的"异端"发展成为社会统一的意识形态。基督教会以坚定

---

① [美]查尔斯·L. 坎墨:《基督教伦理学》,王苏平译,中国社会科学出版社1994年版,第88页。

不移的努力逐步发展成为一种统一的组织,趁政治生活崩溃之机,以坚强的和自信的唯一权威出现,基督教伦理精神提供给世人精神皈依的家园;在罗马衰亡时期的普遍混乱中,基督教伦理规范代表着社会秩序内在要求,基督教会由此维系着社会秩序;在蛮族入侵造成的文化的普遍衰退中,基督教伦理精神的诠释使其又成为古典文化的传承者与卫护者,代表了当时最文明的力量。从社会的脉络来分析,基督教会因其伦理精神为世人所认同,形成一个建立在一种教义上的社会组织,是一种全新的、完全依人们共有的价值而建立的信念的共同体。这种共同体不仅是所有基督徒的价值皈依,而且因其宗教信仰和生活方式而提高其社会地位。这是个体伦理世界的建构获得,也是社会伦理世界建构的体现。

这样看来,基督伦理一方面开启了一种新型的人类精神系统,与希腊伦理精神相比,该系统将美德的范围缩小到最低限度,从一种独特的宗教的世界性经验中确立了道德规范原则,进而以其伦理化的宗教经典和信仰、以其赎罪世界观特性为基础建构了以爱的精神为总体特征的本源性伦理精神结构;另一方面,它从论证教会的权威权力的维度,发展出基督教伦理意识形态构架的功能。这两重因素的对立同一构成了整个中世纪或者说基督教世纪宗教伦理精神的根本特征。

(四)基督教伦理世界的解构

基督伦理精神发生在罗马统治者迫害和压制下,以一种殉道精神、末世论模式和赎罪福音的形式而发展起来,并扩展了影响力。但当基督教教会成为欧洲统一的权力权威时,基督伦理世界成为神学意识形态,具有道德话语的双重影响力——天国的和尘世的。这双重影响力的制衡并不牢固,尤其随着基督教主们追求俗世利益而消解着超验世界道德规范时,当世俗王权转而培植扶持新兴工商业市民利益的时候,基督教伦理精神的解构也就成为必然。人们伦理精神的落实不再是以回到信仰共同体的宗教生活为旨归,而是面向更加广阔的世俗社会政治经济生活。基督教道德的独占性精神霸权终结了,伦理精神建构的中心转换了。这不是一般的转换,是整个西方文化的现代性转换。

这个解构过程正如田海平教授所指出的①,它体现在以下几方面:一是基督教伦理精神的意识形态构架自我颠覆。这是以经院哲学的解体为标志的,此时基督教伦理不再具有构造欧洲基督教世界一体化的力量。二是伴随着这种意识形态诠释性结构的解构,在基督教世界遭受压制的世俗文化、哲学、科学的复兴。三是基督教教会在新时代的冲击下、在重重危机中实行的自身改革。这里,首先是将基督伦理去中心化。晚期经院哲学对正统基督教神学的叛离,极端唯名论的兴盛和异端的兴盛,世俗文化和道德政治生活由原来的非中心变成现在的中心。而古代文化的复兴②则打破了基督教伦理的大一统模式,中世纪追求同一或统一的伦理精神旨趣被消解了,基督教伦理诠释者调和或综合的一系列两难从统一体③分解出来,各自回向其本源。

如果这些还只是理论思潮或意识形态方面的解构的话,"十字军骑士团""宗教裁判所"则是在现实世界中体现基督教已违背了其信仰的实质,从而也本质上消解了基督教伦理精神。"十字军骑士团"虽然东征对象指向的是伊斯兰教和东方教会,但屡次东征导致的后果是以"圣战"的名义实行的嗜血和掠夺,这与基督教信仰的伦理精神的本质大相径庭,也是对基督教伦理精神实质的摧毁。"宗教裁判所"表面上是为了维护信仰的纯洁正统,但实质上是为教皇专制主义充当"打手"和"帮凶",当它为了"捍卫"所谓正统的教义而处决各种异端思想家的时候,它事实上就是丧失了基督教本源的伦理精神。这两者中,前者打击各种世俗领域的异教势力,后者是为打击各种信仰领域的异教势力。而这种打击异端的事实也是因为基督教教会在中世纪构造的统一,实质上是极不牢固的,它本身包含了各种异己因素。这些"自己的他者"起来反对自己就导

---

① 田海平:《西方伦理精神》,东南大学出版社 1998 年版,第 254 页。
② 即文艺复兴。
③ 由教会的权威权力的理论话语模式构成的统一体。

致了它的解构的出现①。这表现在：

（1）爱的理念被转换。作为基督教伦理统一性的基础，集中体现在爱的理念之中。这种超自然的爱的律令被转换为世俗的、感性的、自然的人性之爱；资产阶级博爱理想代替了中世纪教会的圣爱理想。

（2）基督教会的团体精神被个人主义所代替。随着上帝的人类精神化和文化的世俗化，追求个性解放和人的尊严、人的自由的个人主义的人道主义或个体主义代替了基督教伦理的集体主义或团体精神；基于人性假定的个人主义的责任观代替了基于基督教集体意识的责任共负的责任观。

（3）基督教会的文化世界主义被民族国家的文化民族主义代替。基督教会以宗教组织机构建立了高于皇权的欧洲统一意识形态，随着民族国家的兴起，文化的民族主义唯我独尊动摇了基督教道德意识的世界一统。

（4）随着工商经济的发展，政治经济的契约团体代替了责任共负的生活集体和等级划分。

（5）自由主义的市民资本主义的经济道德观代替了专制主义的教会利益至上的经济道德观。

三、契约"伦理世界"

（一）契约文明及其"世界"

契约，英文为contract，指几个人（至少两人以上）或几个方面（至少两方以上）之间达成或签订的行为协议。中文又将其译为合同，因此这是一个多学科广泛使用的概念。按照何怀宏先生的看法②，西方历史上至少出现了四种契约概念：（1）作为经济法律概念的契约，这主要见之于

---

① 参田海平：《西方伦理精神》，东南大学出版社1998年版，第254—255页。
② 何怀宏：《契约伦理与社会正义》，中国人民大学出版社1993年版，第12页。

罗马法;(2)作为宗教神学概念的契约,这主要见之于《圣经》;(3)作为社会政治概念的契约,这主要见之于中世纪末的反暴君派理论家霍布斯、洛克、卢梭等人的著作,其更早的发展还可见之于古希腊罗马思想家;(4)作为道德哲学概念的契约,这主要见之于罗尔斯,而康德则可以说是其先驱。其实,在这几种契约的概念中,经济领域的契约涵义是最根本的、最原始的,其他含义是从这一最初含义发展而来的。因为契约是商品交换的产物,双方因商事或民事关系形成买卖契约、租赁契约、雇用契约、借贷契约、保管契约、合伙契约等契约关系。契约关系成为商品经济社会的基本关系,成熟的商品经济即市场经济是一种普遍化的契约经济,在契约关系网络制约下必然形成契约化的社会秩序。就契约的基本含义来说,它至少包括以下几个方面的内容:契约意味两个以上的人与人之间的交往,契约意味着要做什么或不做什么,契约意味着某种程度上的共识或合意,契约还意味着由于主体间因允诺而产生的某种义务和责任。

许多学者将西方市场经济所构造的契约化社会称为契约社会,把与此相适应的社会制度伦理称为契约伦理。英国著名法学家梅英在《古代法》等著作中考察了契约的起源和发展,强调契约的出现是人类社会进步的标志,他把社会进步过程看作是一个"从身份到契约"的运动过程。原始社会共同体是家庭的集合,原始法的实体即宗法,是以家族而非个人为本位的。其权力特征即父权制,社会成员以身份的宗法关系为伦理秩序。随着家族依附的渐渐消灭以及代之而起的个体独立性增长,社会秩序以个体间的自由"合意"、"约定"而维系。梅因认为这是历史的进步,"巨大的道德进步",因为它意味着公正的基本原理[①]。社会契约的思想在17、18世纪经"启蒙运动"成为占主导地位的社会政治思想,成为社会革命或改革的重要指导思想,使人逐步摆脱了"服从领主"的"人的依赖关系",成为自由平等的"契约意志"发展的关系。

---

① [英]梅因:《古代法》,沈景一译,商务印书馆1959年版,第96页。

契约思想传统在西方格外强烈,深刻影响着西方文明的发展。西方契约思想起源于古希腊时期。由于希腊人很早就跨海迁移,原有的血缘关系被打乱了,血缘关系在古希腊城邦制度中已经基本解体。从此,古希腊城邦国家在其政治体制上便摆脱了血缘基础,转而以社会契约为基础。苏格拉底和柏拉图虽然还没有明确提到"契约",但都致力于寻求社会正义的绝对合理性。苏格拉底则是最早从契约的角度论证道德责任的思想家,他被不公正地判处死刑后羁于狱中,学生助其逃离时,他认为:自己几十年居住在雅典并享受国家法律带来的种种好处,这就实际上是与国家订有一种约定,默认了国家的法律,那么自己就有责任虔诚地遵守城邦的秩序和法律。现在人们根据法律判处自己死刑时,我怎么能离开它呢?我不能当法律给我好处时就尊重它,判我死刑时就违背它,这就是对自己的自由意志的否定,也破坏了人格的统一性原理。古希腊智者派和古希腊晚期的唯物主义哲学家伊壁鸠鲁就以契约来解释法的起源,成为古代社会契约论的先驱。但是,在古希腊哲学中,契约思想还处于萌芽状态,契约与伦理还没有结合到一起。契约与伦理的结合发端于古罗马时期,经过中世纪至近代这一漫长的历史时期才渐渐生成。人们以"自然法"为契约依据,对社会制度起源和原则的解释、对正义的内容及标准进行相应论证,契约和伦理的结合相继产生了统治契约论和社会契约论。

何怀宏先生在《契约伦理与社会正义》中分析认为,统治契约论是契约和伦理结合的第一个产儿①。这种契约是假定在国家已经存在的情况下,在统治者和被统治者之间订立一种契约,旨在规定统治者的权力范围和被统治者的义务范围(服从范围),它确定两者的关系和统治的条款,被统治者允诺服从统治者,而统治者答应给予他们有保障的好政府。统治契约论还没有摆脱君权神授说,认为契约是以神的意志为基础的。11世纪的麦勒戈德(Manegold)认为人民对一个被仇恨控制了的君主是

---

① 何怀宏:《契约伦理与社会正义》,中国人民大学出版社1993年版,第40—50页。

可以取消原先对他服从的誓言的。他们没有服从一个疯狂者的义务。统治契约论的典型代表一般以为是16世纪的法国反暴君派。他们认为,君主与人民双方为自己的权利和责任订立契约。人民要服从君主,但这种服从是有条件的,必须以国王进行完善而公正的统治为条件。这一思想的积极意义在于,它强调责任不能用强制来解释,服从的根据不是因不得不服从。这样,责任就是自律而非外烁的。在此,契约思想与民众权利的理论联系起来,为后来以人权为基本特征的社会契约论做了思想上的准备。

到17世纪初,契约思想已相当深入人心,甚至国王也深受影响。1609年英王詹姆士一世一段在议会发表的演说发人深思:"国王以一种双重的誓言来约束自己遵守他的王国的根本法律:一方面是默契的,即既然作为一个国王,就必须保护他的王国的人民和法律;另一方面是在加冕时用誓言明白地表明的。因此在一个安定的王国内,每一个有道德的国王都必须遵守他根据他的法律与人民订立的契约,并在这个基础上按照上帝在洪水之后与挪亚订结的契约来组织他的政府。"①这里的关键在于统治者本人认识到必须守约的责任及其意义。

统治契约论考虑到政治联系中的统治者与被统治者及其政治制度中人的德性问题,而社会契约论则进一步考虑到制度本身的伦理问题,从而使契约思想进入社会正义领域,形成了真正的契约伦理。霍布斯、洛克、卢梭、康德等人的社会契约论都主张,人类历史有一个从自然状态过渡到社会契约的过程②。他们以基于理性准则③或道德情感④的自然法作为契约的基础⑤,认为国家及其所调控的社会秩序是人们订立契约的产物。

---

① [英]洛克:《政府论》(下篇),叶启芳、瞿菊农译,商务印书馆1983年版,第122页。
② 尽管他们对自然状态的描述和社会契约的理解有差别。
③ 如霍布斯、洛克。
④ 如卢梭、康德。
⑤ 这种自然法实质上是体现契约伦理精神的道德法。

霍布斯认为,自爱作为一切行为的基础,契约就是权利的互相让渡,道德上的一个结果在于个人对众人有着不可推卸的责任。契约是产生社会状态(国家)的必经之路,每个人都把众人与自身作为契约对象。必须建立一种能抵御外来侵略和制止相互侵害、指导人们谋求共同利益的共同权力,把大家的意志化为一个意志的多人组成的集体来代表大家,这便是利维坦。如此统一在一个人格中的一群人即国家。这样,国家按约建立,承当这一人格的人即为主权者,它是最高的权力,不可反抗和推翻。根据主权者人数的多寡,国家可分为君主制和贵族制、民主制。他维护绝对君主制——这与其时代英国内乱战争不断有关,他因此认为即使最坏的君主制也胜过无政府的自然状态,和平与稳定即是其最高的价值目标。当然,霍布斯由于对人性的过分看低及其专制主义的倾向,受到的批评颇多。但他对人与他人、社会的关系及相关的道德责任的思考较之以往的理论有其特殊的意义,他的思想体系成为西方伦理学近代化的主要标志。自此以后,伦理思想方法论的问题、使用的方法、发展的方向,都出现了新的气象,人们对伦理世界的认识也有根本的转向。这在洛克、卢梭的思想中得到了充分的体现。

洛克也认为契约就是个人与个人的约定,只是一个社会的建立,必须经过全体个人的同意,并且建立之后要遵循少数服从多数的原则。因为人的自然自由不受人间任何上级权力的约束、不处在人们的意志或立法权之下;而在社会状态下,人的自由则不同,它必须受一定的必然性所限制,人们对幸福的追求,必须以遵守大家共同合意的道德和法律为前提。"当每个人与其他人同意建立一个由一个政府统辖的国家的时候,他使自己的这个社会的每一成员有服从大多数的决定和取决于大多数的义务;否则他和其他人结合成一个社会而订立的那个原始契约便毫无意义。"[1]当每个人与其他人同意建立由政府统辖的国家(君主立宪政体)时,每个个人就在一切关系中服从于一个表现整体力量的关系,这就是

---

[1] [英]洛克:《政府论》(下篇),叶启芳、瞿菊农译,商务印书馆1983年版,第74页。

个人对国家或大多数人的责任,这个责任对每个人都有约束力。在《政府论》中洛克一方面强调政府作为人民的委托人必须守约尽责任,同时又强调人们必须履行一些公共责任,否则,人们缔约而成的社会便不可能和谐长久。

卢梭认为,无论是霍布斯的"战争状态说",还是洛克的"和平美好论",统统都是用社会人的眼光去虚构远古,极为肤浅荒谬。他把人们自爱、自保与怜悯心作为自然状态中的两个基本原理。自爱表现一个人对自己的关系,最基本的表现就是关心和保存自己的生命,因此,人的第一责任就是应当关心自己的生命。私有制产生以后,自爱往往会变成自私,故要采取必要手段防止人心堕落。仁爱则是个人利益与他人利益、公共利益关系的要求,如此才能得到良心的安宁和幸福。从自爱到仁爱的发展,就是把个人利益与他人利益、公共利益结合起来的过程,人们的道德责任正是产生于这一结合过程中。卢梭以"公共人格"、"公意"说明和强调公共利益和整体利益,倡导民主共和政体。他认为,自觉的人会把公共利益、公众的幸福作为行动的动机,可以为公共利益而牺牲个人利益,履行其社会义务与道德责任。卢梭建构的社会契约论的伦理意义就是确立了以公共利益为社会标准,并以按照这样标准建立的社会秩序为善。

霍布斯、洛克、卢梭作为社会契约论的主要代表,他们理论的出发点都是个体的人,首先强调个体自由和个人利益,但如果仅仅停留于此,便不可避免地导致相对主义和无政府主义或种种困难。因而个体须经由契约而结成社会,而要使社会生活得以和谐,又必须将个人主义同普遍的法则、普遍的道德统一起来;倘若没有具有普遍的约束力的法则,契约便难以维系。因此,在社会契约论那里,个人主义是其出发点,而结论则具有普遍主义的性质。从霍布斯经洛克到卢梭,这种普遍主义的倾向越来越明显和突出。这对于近代西方社会公民观念与道德的形成有着直接影响,可以肯定地说,普遍主义的道德原则对于契约关系下人们公共道德责任观的形成具有决定性的意义。

他们虽然没有明确和系统地阐述各自国家政体所应遵循的伦理原则,但通过他们对自然法和所赞许的社会制度的描述和设计中可看出隐含的价值导向、社会正义原则:生命、自由、平等,并且内在地含有一个比一个更优先的逻辑次序,只有基本上满足了前一个才能满足后一个,而前一个又应当是向后一个开放的。这种社会伦理实体原则的逻辑不仅和它在契约理论中出现的次序一致,也大致和人类社会发展的历史相符。这种历史证据与逻辑的追问,就把我们引向了康德。康德认为:一条戒律若被认为是道德的,也就是作为约束的根据,它一定要具有绝对的必然性。康德认为,只有循理性而非经验去追寻正义原则的根据,这些原则才具有绝对必然性。作为制度伦理的生命、自由和平等原则是可以依据普遍的绝对命令得到证明的,而它们本身也是一种绝对命令。因此,正如何怀宏先生所言:"在康德与以往的道德理论家之间有一鲜明的分野:在康德哲学之前的道德理论,它们或者是经验的、感性的、后天的、现象的,从而也是相对的,或者虽是依据理性,但仍然是目的论的。这样,从它们那里就都只能给出他律的道德原则,给出假言命令。康德的道德哲学在他看来则是依据先天理性的,道义论的,责任论的,自律的,给出的原则是绝对的道德命令。"①

从19世纪初期开始,以边沁、密尔为代表的功利主义取代社会契约论成为政治哲学、法哲学的思想基础和最贴近市场经济的伦理学派。20世纪,美国著名哲学家、伦理学家罗尔斯因不满功利主义,而在他的名著《正义论》中继承和发展了以霍布斯、洛克、卢梭、康德为代表的社会契约论的思想传统,使之上升到一个更高的抽象水平。罗尔斯的正义论是契约伦理的进一步展开,他提出了"作为公平的正义"(justice as fairness)理论。契约伦理是作为确立社会基本正义结构的方法而被选择的,但其论证又远远超出了方法论本身,在新的伦理层面上深化了契约伦理思想的现代意蕴及其价值。以往的道德理论,不管是以霍布斯、洛克、卢梭及

---

① 何怀宏:《契约伦理与社会正义》,中国人民大学出版社1993年版,第100页。

康德为代表的社会契约论者,还是以边沁、密尔为代表的功利主义及博弈论者,都是以"理性人假设"为前提的。罗尔斯提出了"道德人假设"(moral person)。为了论证体系的完整,罗尔斯又提出了"原初状态"(original position)和"无知之幕"(veil of ignorance)的假设性前提概念。所谓"原初状态"是指"一种其间所达到的任何契约都是公平的状态,是一种各方在其中都是作为道德人的平等代表、选择的结果不受偶然因素或社会力量的相对平衡所决定的状态"。① "原初状态"中的人所作的选择又是在"无知之幕"后面进行的。"原初状态"中的各方除了有关社会理论的一般知识外,不知道任何有关个人和所处社会的特殊信息,各方理性的恰当选择就会依据最大最小化规则(maximin rule),即选择那种最坏结果相比于其他选择对象的最坏结果来说是最好结果的选择对象。这一规则的设定有力地排除了功利主义在产生最大利益总额(或平均数)的前提下,允许侵犯一部分人的平等和自由的可能性。罗尔斯认为,在仅仅"有自己的目的"的理性人之间,只能产生利益冲突;而在同时"具有一种正义感能力的"道德人之间,便会产生利益的一致。他们各自都在追求利益的最大化,但也对一种有效率的稳固的社会合作具有共同的期望,这样就形成了一个"组织良好的社会"(well ordered society)的理性前提和基础。他说:"一个社会,当他不仅被设计的旨在推进它的成员的利益,而且也较有效的受着一种公开的正义观时,它就是组织良好的社会,在那里:(1)每个人都接受、也知道别人接受同样的正义原则;(2)基本的社会制度普遍的满足、也普遍的为人所知道的满足这些原则。"② 这种道德人的理性共识,又集中反映在他们对于基本善的认同上。

罗尔斯认为正义的社会制度应当是:第一,社会中的每个人都拥有平等的自由权利。第二,社会的和经济的不平等安排应当是:(1)最有利于那些处于社会最不利地位的人(即弱势群体);(2)社会所提供的一切

---

① [美]约翰·罗尔斯:《正义论》,何怀宏等译,中国社会科学出版社1998年版,第12页。
② [美]约翰·罗尔斯:《正义论》,何怀宏等译,中国社会科学出版社1998年版,第80页。

职位和机会应对所有人开放。这就是罗尔斯所提出的两个正义原则。对于这两个正义原则,各方的选择又将是通过"词典式序列"(lexical order)排放过渡到两个优先原则,即平等原则优先于自由原则,机会的公正平等优先于差别原则等。在他看来,正当要优先于善,因为从形式、程序——内容、实质这一序列来考虑问题,前者比后者更容易得到满足,如平等自由要比平等收入容易满足,机会平等要比财富平等更容易得到满足。罗尔斯就是想通过这样的制度设计,防止功利主义者以最大多数人的利益为由侵犯少数人,特别是弱势群体利益的可能性。因为最不利者或最少受惠者利益的满足,是促成社会和谐的根本保证。因此,罗尔斯对于社会契约论的选择不仅是一种方法论的借鉴,而且有着对契约论传统的实质性继承,这也使他能够将康德的基本道德原则(律令)转化为一套基本的社会制度原则,由此完成了从道德规范自律理念向社会伦理制度的实践约束的现代性转向,从而实现了对古典功利主义目的论及社会道义论的扬弃和超越。

当然,罗尔斯的正义理论也受到了麦金太尔、诺奇克、哈贝马斯等人的攻击。其矛头大都指向契约论的前提,即关于"原初状态""无知之幕"等的设定问题。我们认为,罗尔斯这种"向一种有几何学全部严密性的道德几何学"的努力,具有十分重要的理论与现实意义,虽然是"退而求其次"的方法,但依然体现了其科学理性的精神:(1)恢复到罗尔斯理论设计的初衷加以分析,所谓"原初状态"和"无知之幕",只不过是一种理论科学方法设定的应用而已,不具有完整意义上的历史真实性。这种设定,犹如牛顿力学第一定律的理想环境一样,虽然难以满足,但是由它推导出的结论,却对现实有巨大的作用和参考价值。(2)透过《正义论》方法论选择的表象,罗尔斯的契约伦理内蕴着许多现实的关怀,即现代社会是一个多元社会,平等的基本自由权利是我们的时代精神,如何保持社会基本制度设计为社会的每个成员所接受,已经成为当代伦理学包括政治学等共同面对的一大难题。事实上,现代社会决策领域中许多难以解决的问题,除了问题自身,恐怕其症结就在于决策者们特殊的身份限制了他们判断时的公平与正义。显然,在良序社会中,与其陷入权重冲突、议而不决,不如将其置于"原初状态"或"无知之幕"的屏蔽状况下,可能更有利于多方意愿的达成,也更有利于社会稳定与和谐。

(二)契约的伦理意蕴

契约思想深刻影响着西方传统文化,并成为其伦理精神的重要元素。"契约"虽原初是在经济法律领域中使用,但它作为最初一些哲学家对社会伦理原则精神的思考到近代能够发展成为系统性的政治、社会理论,其内在的伦理意蕴可以概括为以下几个方面:

1. 人性基础

契约伦理将人性奠基于自利人、理性人的基础上。人是自利的人,在经济交换领域,契约主体之所以签订契约,就是为了满足自己的某种需要或者获得某种利益。如果没有这种目的,他就不可能要去签订契约。近代社会契约理论也是同样以此假设为前提的。人性自利这一假定也是西方伦理传统的重要内容之一。早在古希腊时期,人的利己性思想就显现于智者学派的"享乐主义"以及伊壁鸠鲁的"快乐主义"。他们从人的感性经验出发探讨人类的伦理生活。文艺复兴以后,大量人道主义者(人文主义者)从人的自然本性出发,倡导人是自然产物,七情六欲即人的本性的人性理论。此后经过17世纪的英国经验论、18世纪的法国唯物主义和19世纪的英国功利主义,直到费尔巴哈的人本主义哲学,他们对人的自利性这一点上基本都持有相同的观点。从霍布斯到洛克、爱尔维修等都认为人的本性就是趋乐避害,求乐避苦[①]。费尔巴哈从生物学角度也说明人的利己本性。他认为人与一切生物一样是为维持人的生存的一切需要的总和,一切利己行为只是人生存的必然需要,并强调"这种利己主义和我的头一样是这样密切地依附着我,以至如果不杀

---

① 周辅成编:《西方伦理学名著选辑》,商务印书馆1996年版,第661—735页。

害我,是不可能使它脱离我的"①。正是在假设人性自利的前提下,说明自爱、自私是人永恒不变的本性,为此要构建其社会契约理论。

西方哲学家们认为,人不仅是自利的,而且是理性的,人与人形成的一种契约关系本质上是社会关系的反映。人不是一种孤立的存在,而是凝聚着各种社会关系的矛盾统一体。通过契约解决人类自身的内部矛盾,解决个人与外界的矛盾,成为个体自由发展的一种理性选择。正如黑格尔所言"人们缔结契约关系,进行赠与、交换、交易等等,系出于理性的必然","就人的意志说,导致人去缔结契约的毕竟是自在的理性,即自由人格的实在的理念"②。契约关系被看作法律关系,"其自身纯粹是理性的,这种作为制定法律的理性能力的意志(根据自由的概念和撇开种种经验条件),表明这种占有是理智的或理性的占有"③。这种理性人假设是西方理性主义伦理传统的体现,从苏格拉底、柏拉图经笛卡尔、斯宾诺莎,直到康德、黑格尔,他们从人类的理性本质来寻求普遍伦理生活基础。古希腊的苏格拉底就认为,人的本性,就在于人的灵魂有理性,因而"美德即知识",人根据知识,遵循理智,便能够自制做好事情,即实现善。柏拉图认为,人的灵魂是由三个部分构成的,这就是理性、意志和情欲,其中理性是灵魂中最优秀的部分,它统率和指导灵魂的其他部分。斯宾诺莎认为人的理性就是对利和害的权衡、比较,并选择较大之利或较小之害。运用理性能力、理性思维方式,根据价值重轻次序评价,处于社会中的人们可以达成共识,形成契约,遵约而行,创造出个人利益和社会正义和谐的社会。

2. 个体本位

与传统中国对家族集团的重视形成映照的是在契约的形成中,个人本位的伦理得到充分的表现。"在古典罗马契约法和普通法的契约法中,个人主义都占有统治地位"。梅因在《古代法》中写道:"所有进步社

---

① [德]路德维希·费尔巴哈:《费尔巴哈哲学著作选集》,荣震华等译,商务印书馆1984年版,第565页。
② [德]黑格尔:《法哲学原理》,范扬、张企泰译,商务印书馆1982年版,第30页。
③ [德]康德:《法的形而上学原理》,沈叔平译,商务印书馆1991年版,第90页。

会的运动在有一点上是一致的。在运动发展的过程中,其特点是家族依附的逐步消失以及代之而起的个人义务的增长,'个人'不断地代替了'家庭'成为民事法律考虑的单位。……用以代替的关系就是契约。"[①]关注个体,强调个体价值可以追溯至古希腊的伊壁鸠鲁的哲学思考之中。但是个人主义的真正兴起,却是文艺复兴和宗教改革之后的事情。霍布斯、洛克、卢梭等广为人知的社会契约均以单个的人为逻辑起点,极力张扬个体价值为自己的理论使命。虽然近代资本主义商品契约关系不断扩展也激发着个体本位的伦理意识,但没有对个人主义或者说个体本位伦理的深刻理解,商品经济就不可能顺畅地运行。契约除了指向尊重人的生命、保障人的生存这一基本前提外,还包括契约主体间的自由合意、平等互利、诚信履约等基本要求,这些正是商品经济内在伦理秩序要求的体现。但这种个体本位的伦理世界如黑格尔所说的"原子主义",必然根本上不能解决个体与类、特殊性与普遍性的辩证法关系,从而使伦理世界陷入内在分裂的痛苦境地。

3. 意志自由

商品交换的主体身份平等,它排斥任何宗法的、行政的和其他社会特权,根据等价交换原则和供求状况进行交易。契约主体是以经济人的角色进入市场的,经济人作为契约主体,既不是无私奉献,也不能极端利己,而是平等互利。契约主体间的自由合意是契约关系的本质属性。契约主体是复数,契约的签订是协商一致的结果,是当事人双方或多方意志的契合。契约中对权利和义务的规定是双方或多方都同意的,充分体现了对各方自由意志的尊重。契约主体意志自由,即保证契约行为是当事人作为权利主体的自愿选择,是契约订立和发生效力的决定性条件。契约社会的契约自由首先体现在人人都有订立契约的自由,订约主体不是身份特殊的少数人的特权,而是人人都具有的不可剥夺的权利。契约自由还体现在缔约的自由选择上,包括缔约与否的自由、选择缔约方的

[①] [英]梅因:《古代法》,沈景一译,商务印书馆1959年版,第96页。

自由、决定缔约内容的自由和选择缔约方式的自由及契约主体发出要约和做出承诺的自由等。契约平等首先是指契约主体在缔结契约和履行契约过程中在法律上一律平等。缔结契约是契约主体的权利的相互转让,履行契约是契约主体应当承担的义务和责任。契约主体相互转让的权利和相应承担的义务是互为条件的,由此实现契约主体间的平等互利。这种平等互利还体现为契约主体之间的公平竞争。市场经济必然是竞争经济,竞争导致优胜劣汰,给市场主体以巨大的压力和动力。但竞争必须公平地进行。公平竞争是契约经济正常运行的必要条件,竞争主体可以通过缔约制定共同遵守的"游戏规则",机会均等地进入和退出市场。

4. 独立与自主

契约首先是一关系范畴,它指的是关系双方以独立人的身份所达到的一种约定关系。双方是一相对独立而又平等的个体(包括相对独立的组织和个人)。因为协议本身就隐涵着达成协议之前的意见是分离的或歧意的,契约双方有自己独立的理性、欲望和要求。契约双方当事人在相互关系上应当具有充分的独立性,他们应当在财产、行为及其他方面互不依赖。正如黑格尔所说:"契约关系起着中介作用,使在绝对区分中的独立所有人达到意志统一。"①在商品交换关系中,被交换的商品自然特性以及交换者的特殊需要,这一自然差别形成了交换关系当事人的平等关系的客观基础。这就是说,被交换的商品的不同的使用价值丝毫无损于个体的社会平等,相反地,它们的自然差别成为人们平等的基础。以契约为基础而形成的商品经济允许每个个体自由地进入、自由地选择角色,承认并且保护每个人的正当权益,甚至鼓励个体为争取自身更大的利益去努力而且高效地工作。它欣赏个人的独立自主精神,它给予个性发展和多元选择以广泛的生存空间。于是个人不仅在道德上是自足的,其人格在法律上也是独立的。从更深层次的思想渊源上来说,即使

---

① [德]黑格尔:《法哲学原理》,范扬、张企泰译,商务印书馆1982年版,第81页。

在中世纪人与神的关系中,所有的人都是一样的人,世俗视野中的等级观念隐退了,上帝面前人人平等。任何人触犯了法律都应该一视同仁受到制裁,因为世俗法是以神圣法为根据的,世俗法的正义性体现着神圣法的不可侵犯性。而以经济领域中的契约实践为源头、以社会契约理论为社会合理性基础的近现代正义原则也内含着对个人人格的尊重和对个人资格权利、价值、能力的承认,这实质是对个人独立、自主、自由的主体性地位的充分肯定。

西方文化中的契约伦理主要体现于资本主义发展起来的市民社会领域。契约本身即是商品交换过程中双方因商事或民事关系形成的买卖、租赁或雇用、借贷、合伙等关系。它本质上并不能自然形成伦理实体。因为契约本质上仅是特殊意志之间在利益一致基础上形成的共识;而当利益实现后,契约便自然解体。由此可见,市场经济中的主体显然不是家庭自然伦理实体或宗教伦理实体中的"成员",也不是国家政治伦理实体中的"公民"。在市民社会中,"个别的人,作为这种国家的市民来说,就是私人,他们都把本身利益作为自己的目的"。"市民社会是个人私利的战场,是一切人反对一切人的战场,同样,高层社会也是私人利益跟特殊公共事务冲突的舞台,并且是它们二者共同跟国家的最高观点和制度冲突的舞台。"①市民社会充斥的便是个人利益追求的平等、自由、自主,这种自由精神的本性通过什么形式达到伦理的普遍性?

黑格尔认为,市民社会的伦理实体达到了它的无限形式,但这个"达到了它的无限的形式"的伦理实体具有一个辩证的环节:一是无限区分,直至个体内心的存在,尤其是个体内心的利益冲动;二是在教养中的含有和达到的普遍性的形式。前者强调和保持个体的单一性,使市民社会成为"个人私利的战场";后者扬弃个体的单一性,使之具有普遍性即社会性。市民社会中的个体需要只有通过他人中介,或通过普遍形式的中

---

① [德]黑格尔:《法哲学原理》,范扬、张企泰译,商务印书馆1982年版,第309页。

介才能获得自身的满足①。这就形成了契约伦理的内在特质:目的的个体性与形式的普遍性。如何扬弃契约仅仅外在的必然性、内在的偶然性以及任性,提升个体达到普遍性?黑格尔的理论是"理性的目的乃在于除去自然的质朴性,其中一部分是消极的无我性,另一部分是知识和意志的朴素性,即精神所潜在的直接性和单一性,而且首先使精神的这个外在性获得适合于它的合理性,即普遍性的形式或理智性。只有这样,精神才会在这种纯粹外在性本身中感觉自己安若家居"②。笔者认为,契约伦理本质上构建的是"原子"世界的伦理,只有通过教养和教育,扬弃契约伦理中的个体自利性和自然的直接性,实现财富的公共性本质基础上达到普遍和自由。

四、西方"伦理世界"的文化条件

文化是历史的积淀。作为文化灵魂的"伦理世界"与其文化的特质自然密切相关。说到西方文化的特质及其发展,人们总会追溯到古希腊文明,近现代西方人也无法释怀对其的感念,奉它为西方文明之根。希腊是欧洲文明的发源地和摇篮。古希腊文明以其特异的风采与卓越的成就,令欧洲及至整个西方社会谈到文明发展时都会"言必称希腊"。文明的起源那里就蕴含了文明发展的路径及其伦理品质。西方伦理精神直接或间接地就是脱胎于所谓的"希腊文明"。希腊原始社会向文明社会过渡时,其独特的自然环境产生的地缘文化、工商业生活方式中形成的理性精神、地域性国家中城邦民主法治等,使西方文化设计的伦理世界坐标系有三个基本的文化要素——个体理性,以建立强大的自我;社会的民主与法制,以作为社会公正的保障;上帝的终极关怀,以解决个人

---

① 黑格尔认为:市民社会"需要的体系"通过司法、同业公会和警察等形式维持社会的普遍性的实现。参《法哲学原理》第二章"市民社会",范扬、张企泰译,商务印书馆1982年版,第196—252页。
② [德]黑格尔:《法哲学原理》,范扬、张企泰译,商务印书馆1982年版,第202页。

最终的安身立命的矛盾。

(一) 地缘文化

每个民族兴起之初的有助其发展的环境都影响了他们以后的一切。钱穆先生曾言:"各地文化精神之不同,穷其根源,最先还是由于自然环境之区别,而影响其生活方式。再由生活方式影响到文化精神。人类文化从源头处看,大致不外三型:一游牧文化,二农耕文化,三商业文化。游牧文化发源在高寒的草原地带,农耕文化发源在河流灌溉的平原,商业文化发源在滨海地带以及近海之岛屿。"① 古希腊就属钱先生所指的第三种,其文明特点与其地缘环境密切相关。

古希腊并不是一个统一的国家,而是一个地理和文化概念。它位于地中海东部,以爱琴海地区为中心,包括希腊半岛、爱琴海上各岛屿和小亚细亚沿海地区,其边缘延伸到黑海沿岸和意大利南部及西西里岛等地区。希腊半岛多山且山势陡峭,没有大平原,山地占80%,耕地约占20%到30%。连绵不断的群山把陆地分隔成零星小块。只有中部的帖萨利平原、西南的美塞尼亚平原和克里特岛与西西里岛上有不大的平原,其余的耕地多为狭小的一片。没有农业灌溉和商贸交通的大河,只有在山区和丘陵地带适宜栽培葡萄和橄榄。

不仅地理环境不适宜农业,而且气候条件也不利于农业生产。这里处于北纬30度到40度之间,处在副热带高气压带和西风带交替控制之中,春夏季来自地中海南岸的撒哈拉沙漠上空的干热空气控制,高温干旱,植物、动物抑或人类都难以忍受。秋分后,西风带控制了地中海及其南北两岸,西风带来大西洋洋面的暖湿气流给地中海带来较多的降水,气候变得温和湿润。地中海地区降雨分布不均深深影响了希腊地区农业的生产,"当冬天植物休眠时,雨量充沛,而植物生长需要水分时,降雨却消失了。和其他植物一样,小麦必须加紧成熟。气候并未减轻人类的

---

① 钱穆:《中国文化史导论》,上海三联书店1988版,第2页。

痛苦：全部劳动都在酷暑中完成，却往往收成不佳"①。每年的降水量不稳定，农业生产很不稳定，时好时坏，经常造成农业歉收。号称"希腊的学校"的雅典，其地力所产甚至不能养家糊口。"据统计，公元前5世纪，雅典在最好的年份生产粮食总计不过45万麦斗，而当时雅典所需粮食应为198万麦斗，自产量仅为需求量的1/4。"②

这样的地缘环境决定了古希腊农业不占重要地位，也无法形成像中国等地域辽阔、土壤肥沃与水利条件便利的东方农业国家合作治水、"千耦齐耘"的劳动场面，这里个体耕作为主，有较多独立性，缺少东方农业社会的组织性和对权威的依附性。因为农业生产特别是水利灌溉往往几十、几百甚至成千上万人在一起集体合作劳动，在大规模的合作中，强调合作把握命运，形成一种重视集体合作、依赖组织生产的领袖权威的意识，而不是以自我为中心、强调个人价值。希腊农业生产的不发达，大多城邦粮食不能自足而需要依赖贸易买进。散布在爱琴海上的星罗棋布的岛屿和沿岸城邦往往可以依靠面向海洋的优势发展捕渔业提供食物。而当时的渔业也是孤立的个体或单个家庭的独立自由的生产活动，彼此缺少合作与共同利益，这样的生活方式养成了希腊人独立自由的个人主义思想意识，并且必然会影响到希腊人的政治思维方式。

古希腊自然环境对农业不利，但三面环海，且海岸线曲折悠长，长达一万多公里，形成许多天然良港，几乎所有的城邦距离海洋的距离都不超过40公里。爱琴海上大大小小有483个岛屿，而且相距不远，为航海技术尚处于初级阶段的古代航海者提供了永不消逝的航标，星罗棋布的岛屿又能及时给予航海者补给和欣慰。因与大西洋之间相隔直布罗陀海峡，故大西洋在此无法掀起巨浪。因此，地中海在大多数时间里总是平静温和地利于航行。这些得天独厚的条件为希腊人发展海上贸易提

---

① ［法］费尔南·布罗代尔：《地中海考古——史前史和古代史》，蒋明炜、吕华等译，社会科学文献出版社2005年版，第11页。
② 尚烨：《古希腊地理环境与其文化特色》，载《内蒙古师范大学学报（哲学社会科学版）》2000年第5期。

供了方便,他们四出经商,其足迹遍及地中海沿岸许多地方,如北非、意大利等。"商人不像土地占有者那样被拴在某个固定的地方,他们与其说是本地的公民,不如说是世界的公民。……他们不停地旅行,他们有许多机会认识到他们的故乡并不是整个世界,其他地方拥有的财富是他们坐在家里想象不到的,他们还认识到,当牛做马,或者每星期日卑躬屈膝地向领主纳贡绝不是什么幸福。完全可以理解,这些人一回到故土,就特别忍受不了他们的同胞未能完全摆脱的那种奴隶般地俯首听命的情景。他们希望自由的生活,对领主的崇敬感再也不能支撑他们当奴隶了,因为他们曾在异族中间生活过,所以再也没有这种感情了;他们昂首阔步,因为他们已经不习惯于点头哈腰了。"①以利已主义为基础的工商业的活动培育了希腊人的平等独立理性、竞争意识、自由精神。这些精神品质必然也影响到他们的政治理念。

希腊地区自然环境还有一个突出特征即其各地区版图很零碎,这使其难以形成一个统一的政治中心。海洋上岛屿星罗棋布显得分散,大陆半岛也被纵横交错的山川分割成一块块小的区域。尽管希腊半岛上绵延的山脉最高没有超过1万英尺的,但由于山势陡峭,很难翻越,不少地区彼此隔绝,形成了一个个地理上相互隔绝的小单位。"希腊国土的块状分布,平原面积的狭小(不足面积的20%),以及这些天然国土数量之多事先给各种小块政治单元的形成创造了必要条件。"②这样,古希腊地区没有形成统一的政治中心,而是形成了许多以一个城市或城堡为中心、包括附近数公里以内的若干村落便组成的城邦国家。这些城邦国家一般领土不过50—100平方公里之间,公民人数在625—1 250人之间。总人口一般在数千人,达到数万的并不多,其面积均在步行可覆盖的范围。最大的城邦斯巴达的面积也只8 400平方公里,人口约40万,另一个大的城邦雅典也不超过2 400平方公里。"正是四分五裂的地缘分布

---

① 启良:《西方文化概论》,花城出版社2000年版,第24页。
② [法]费尔南·布罗代尔:《地中海考古——史前史和古代史》,蒋明炜、吕华等译,社会科学文献出版社2005年版,第199—200页。

和差异极大的地形、地貌,使希腊人长期以来习惯于城邦制的小国寡民的政治格局,甚至养成了城邦崇拜情节,以至于当建立大型政治共同体的任务被提到历史的日程上来时,他们根本不可能表现出建立并维系一个大型政治共同体的愿望和能力。"①小国寡民的特点也有利于全体公民大会的召开,使雅典式的直接民主成为可能。城邦不大,由边境到城中,可步行而至。一个政治事件就可牵涉到城邦中许多人的利益,故"当雅典西端的普尼克斯(Pnyx)山顶上升起通知召开人民议会的黑烟时,城邦农民便拄起拐杖,徒步走向邻近的雅典城去履行自己的公民职责"②。希腊的公民大会就是在露天广场举行。人们聚集于此,褒贬民主政治,评论人物,发表自己的政治见解。这极大地推动了民主政治和自由精神的发展。

因商贸的流动性,移民的不断增加,社会成员的流动性也使城邦居民的社会关系不像建立在血缘基础上的农业文明中那样长期稳定,甚至亲情关系也冷漠,人们更多地是关注自己的利益,因社会事务而决定自己的价值选择,更没有传统的社会权威意识。城邦居民之间血缘关系的松散或丧失,社会关系建立在契约、法律之上。这里要获得城邦公民资格倒是按地缘条件来划分③。而航海业和商业的发展也增强了人们勇于开拓、乐于求索的民族性格。

由此可见,古希腊的地缘—自然环境条件影响了其居民的经济生产的活动方式,进而影响了其社会政治模式及其文化心理的设计与选择。大规模的商业活动、社会成员的流动性,使其原有氏族社会的血缘纽带丧失,社会传统的权威或人身依附关系被打破,彰显的是个体的独立、平等、自由精神,形成独有的城邦民主政治,面对人生的困惑则寻求神话世界的解脱,这样的社会结构形成了古希腊理性主体、民主法治社会保障、诸神或上帝终极关怀的伦理文化类型。

---

① 阮炜:《地缘文明》,上海三联书店2006年版,第54页。
② 阮炜:《地缘文明》,上海三联书店2006年版,第199—200页。
③ 当然地缘条件下这也只有自由民或奴隶主贵族才可获得。

(二) 理性精神

理性,在认识论中,一般指人的概念、判断、推理等思维形式和思维活动的能力,它使人能够透过事物的表面现象看到事物的本质、事物的内部联系、事物的规律性。它也指人们处理问题按照事物发展的规律和自然进化原则来考虑的态度,考虑问题、处理事情不凭感觉冲动做事情。

古希腊伦理世界构成中的理性精神,其形成也是与城邦的社会结构及其政体有关。一方面城邦社会成员结构就是使每个公民成为自己的主人,这种自主权乃至思想言论的自由使每个公民对待生活始终是批判的、审视的。人在这里便是被看作是能对问题进行理性回答的理性存在物。知识和美德被看作是一个东西。这就使希腊伦理精神中,"智慧"、"知识"和"理性"活动也是根本的。另一方面决定城邦的一切重大事务都是通过某种开展的演说和辩论来决定的,既然理性的、规则的言说论辩力是通向政治权力的道路,那么公民就要学会思辨、逻辑,要能认识事物的本质及其相关联系,并通过理性调节和控制人的欲望和行为。在古希腊,只有具备理性讨论公共利益能力的人才适合成为公民。

前文已述,这种理性精神使城邦的伦理向度表现了极不同于中国伦理的"内圣外王"之向度,希腊人希望通过美德过上"善的生活",过一种"能反思的生活"。这种反思的或审视的、批判的生活态度是保证内心正义的基础。苏格拉底强调个人内心的正义,也是要靠理性来增加勇气、控制情欲的同时形成人格的和谐。柏拉图的《理想国》倡导人们以理念的沉静代替情欲的沉醉,最高的道德理想就是个人特别发展其理性,以此获得灵魂的升华、与理念世界的至善合一。也就是说,从生活意义的维度看理性精神是城邦重要的美德。正如韦尔南指出的:理性主义精神注重对问题进行理性的思考,促进了西方民族科学精神的生长及自然科学的发展①。如前文所述：发现并把理性应用于对自然和社会结构的研究是希腊精神的伟大成就,这种理性思维传统也成为西方哲学伦理学的传统。

由此可见,古希腊伦理世界中的理性精神包涵着相当丰富的内涵。这种个体理性精神在城邦伦理意识中就形成相应的德性,如公正、平等、节制、勇敢等。它还可以延伸出相应的价值体系,包括有：追求真理、崇尚科学；提倡实事求是、一切从实际出发的现实主义态度；推崇自主、自觉、敬业、进取的价值观；追求实际的成效与利益；提倡法治,等等。

虽然后来随着古希腊的消亡进入基督教垄断的中世纪,人们似乎把情感给予了上帝,但经院哲学的全部任务似乎都可归结为用那没有诗意的理智来制服世俗的情感。这种理性也为近代西方哲学奠定了基础。康德的《纯粹理性批判》、黑格尔的《法哲学原理》及《精神现象学》中的"绝对理念"更是将西方的理性主义推到高峰。但到近现代西方流行的个人主义其实也就是这种理性精神在商品化社会演变的结果。个人主义内蕴的理性与古希腊城邦城邦至上的理性意识已不一样,虽然也同样要维护个体权益,但它的个体本位更凸显个体的地位与作用,个人在社会生活中具有重要的意义,其伦理价值取向便是对个体利益与权利的维护及追求。至此,这种理性精神原本在城邦中的伦理意识是"以国代家"、"实体"性的伦理思维方式,而至近现代资本主义市场经济后则演变为个人主义伦理意识,伦理思维方式则演变为"原子"式。

(三) 民主法治

民主,这个令人神往的词语从两千五百年前古希腊的文明中持续不断地发展而来,传播到了每个大陆并成了人类的一个重要组成部分。民主的含义众多,但在现代宪政理论中,民主的基本含义是政治事务中最

---

① [法]让·皮埃尔·韦尔南:《希腊思想的起源》,秦海鹰译,生活·读书·新知三联书店1997年版,第37页。

基本的权利应属于人民；而在古希腊则是指每个公民有对城邦的话语权及对城邦的职责与义务。法治含义也是多重的。它首先是一种观念，一种意识，一种视法为社会最高权威的理念和文化。其次，它是一种价值的体现。法治不但要求一个社会遵从具有普遍性特征的法，而且还要求这种被普遍遵从的法必须是好法、良法、善法。再次，法治是一种以"法的统治"为特征的社会统治方式和治理方式，它并不排斥社会道德等对人们内心的影响和外在行为的自我约束，但它排斥以人为轴心的统治方式，它奉行"人变道不变"的哲学原则。

古希腊社会生活的公开性决定了城邦的社会秩序追求公正，而且事实上原属于军事贵族和祭司贵族的精神世界现在向越来越多的人甚至平民开放；城邦公民地位平等，在讨论城邦事务时公民有平等的话语权。整个城邦公民之间以平衡为法则、不再是服从和等级关系，而是相互可逆的平等关系，这些都体现在城邦的"法治""官制"和"公民军制"中①。这些是追求社会公正的实现保障。这样的文明起源也蕴育了西方传统文化中平等民主为内在原理、法制为外在保障机制的伦理世界。这里的法制其实不仅是指法律制度体系，更重要的是指依法治国或"法治"（而非"人治"）的原则。这也是学界一般以为的西方法治主义传统②的渊源所在。

西方历史上的法治观念源于梭伦变法，至亚里士多德时已经基本理论化。古希腊时代的民主法制文明由其城邦制可见一斑。"城邦是所有有自由身份的成员作为公民加入的那种共同体。"③政治中，一切公共事务都经由对谈和论辩来决定。公民的政治生活通常就在广场进行，而有关公民的行为准则（包括道德要求）也只有在城邦的公共领域中才能被证明有效。对于古希腊人来说，"城邦的一般含义就是为了要维持自给

---

① 顾准：《顾准文集》，陈敏之编，贵州人民出版社1994年版，第70页。
② 也有称此为法律文明。
③ ［德］哈贝马斯：《在事实与规范之间》，章世骏译，生活·读书·新知三联书店2003年版，第117页。

生活而具有足够人数的一个公民集团"①。公民以城邦的存在为条件，公民身份就意味着对城邦的职责和义务。

与民主相联的法治内在蕴含的实际上是以人为主体的伦理精神的现实保障基础。人为主体，人成为自己的主人，这是贯彻人类文明史发展始终的主题。英国当代著名学者阿伦·布洛克曾说："古希腊思想最吸引人的地方之一是，它是以人为中心，而不是以上帝为中心的。"②早在公元前5世纪，以普罗泰戈拉为代表的古希腊智者学派，开始改变自然哲学家注重研究事物的客观性和"神"的本性，而将人的活动和创造性，人的认识和活动的社会意义、性质置于视野之外的研究方向，从对自然和"神"的研究转向对人和社会的研究，他意识到人本身的力量并提出了"人是万物的尺度"这一著名的命题③。这一命题，把人从自然界、动物界分离出来，把人看作万物的核心和衡量万物的标准，无疑是对人的尊重和地位的提升。这种提升在现实的保障是什么？普罗泰戈拉提出政体、法律、道德的约定论（相对于贵族的"自然论"）来说明深层的人与人平等理论，而这种平等的实现可以通过民主制的法律来保障。"普罗泰戈拉主张，在政治方面，所谓正义与非正义，荣誉和可耻，事实上是法律使然的，是各个城邦自己这样看的。""凡一国视为公平正义者，只要信以为然，那就是公平正义的。"④他认为，政体、法律和道德都不是自然的，也不是神意的产物，而是人为约定的。因此，它们的约束力只是相对的，只有当它们对社会和约定它们的人有好处的时候，它们才能存在，才是良好的；当它们对人没有好处和用处的时候应该予以废弃。所以，绝对不变的政体、法律、道德、宗教等等都是不存在的。人们只能说，在某种情况下，一种政体、法律和道德是好是坏，或者是适宜还是不适宜。因而公民可以根据自己的需要和意志来废除传统的法律、道德，制定合乎自己利

---

① 包利民：《生命与逻各辑——希腊伦理思想史》，东方出版社1996年版，第91页。
② [英]阿伦·布洛克：《西方人文主义传统》，生活·读书·新知三联书店1997年版，第14页。
③ 参北京大学哲学系编：《古希腊罗马哲学》，生活·读书·新知三联书店1957年版，第138页。
④ 叶秀山、傅乐安编：《西方著名哲学家评传》(1)，山东人民出版社1984年版，第434页。

益的法律、道德。也就是说,法律、道德的存废都应当以"人"为其衡量"尺度"。从人的需要出发,以普罗泰戈拉为代表的智者们提出了法律正义和平等的要求。他们认为,法律必须是大家同意的,是正义的准则和善恶的标准。他们还以人性相同为依据扩展了平等外延,把平等推及到所有人,将平等理解为所有人在社会现实中应有的。这可以引出更深刻的思想及至社会变革:当时的政治和法律制度是人为的,是人们彼此约定的,并没有什么自然的根据,因而贵族的统治秩序是可以改变的,民主制可以代替贵族制。

如果说普罗泰戈拉的观点是从常识惯例方式表达的,而苏格拉底则以理性批判的方式建立理性的法制观,并以他自己生命的代价成为雅典公民守法的典范。美德就是意味着在实践中具备合理性精神。这种合理性在希腊人看来,就是不仅要遵守法律,而且要尊重法律。法律公民大会所议定的,是城邦维系的方式,也是公民生存的根基。作为政治共同体的城邦及其成员公民当然要在实践中体现公正。也就在这个意义上,苏格拉底的死亡有着独特的伦理意义与悲剧色彩。正如黑格尔所指出的:苏格拉底面临"两种公正相互对立地出现——并不是好像只有一个是公正的,另一个是不公正的,而是两个都是公正的,它们互相抵触,一个消灭在另一个上面;两个都归于失败,而两个彼此为对方说明存在的理由"①。这两个"公正"观念中,他作为一个道德个人,至死不渝地捍卫着自己的道德原则和道德理想,他是有道德的,这种道德性深深地印在他同社会公开冲突的一生中;他作为一个城邦的公民,同样至死不渝地捍卫着城邦的法律,承认社会及其法律的至高无上性,甚至认为服从法庭的错误决定也比自己的生命重要。他的死的全部道德意义就在这种悲剧性的冲突中:他以死捍卫了个人坚持自己内在的道德原则的正当性,同时也捍卫了城邦法律对个人而言的绝对权威。虽然他的命运是悲剧性的,但他对死亡的选择却正是"他的事业的最伟大的凯歌,是他一生

---

① [德]黑格尔:《哲学史讲演录》(第2卷),贺麟译,商务印书馆1997年版,第106页。

无尚的成功,是哲学和这位哲学家的礼赞"①。

目睹老师苏格拉底生死的柏拉图继承了老师的思想,致力于建构伦理性的"理想国"。它以人的利益和幸福为最终目的,先后提出两种治国方略即贤人之治和法律之治。他先是根据人的德性,提出哲学家治国的方略。但到晚年,由于哲学家治国的方略失败而逐渐产生法律治国的念头。他在此时的一封书信中说:"不要让西西里或任何其他城市服从人类的主子(虽然这样的服从是我的学说),而要服从法律。服从对主子和臣民都是不利的,对他们本身、对他们子孙后代统统是不利的。"②在《法律篇》中,柏拉图不仅主张恢复法律头等重要的地位,而且又重新构想一个"第二等好的理想国",即法治国家的蓝图。他开始关注希腊政治的现实,认为在哲学家那样智慧的国王不能出现的时代,法律是上帝借以传达其命令的声音,任何城邦都应受法律的支配,而不应受某一统治者或特殊利益集团的支配。如果有超越法律的绝对权力存在,无论是对权力者还是权力的服从者都只能带来祸患。同时,他不再依据人的德性,而是从人性出发,认为没有法律,人类就和"野蛮的动物"没有什么区别,因此法律应当凌驾于国家的一切官吏和公民之上,一切政治和社会活动都应当遵从法律。他强调,"在一切科学中,最能使人完善并且使他们感兴趣的就是法律科学"③。柏拉图之所以转向法律科学,也是意识到伦理世界的建构没有法制的保障则只是乌托邦而已。

古希腊时期形成的理性传统在中世纪很快就被神性所取代。中世纪是以神性取代人性的神治主义笼罩着欧洲大陆,神是世界的主宰,人是没有任何独立性的躯壳。就其现实的人的生活而言,人的自由几乎被完全剥夺,封建等级制度与基督教神学的相互结合,使人的独立、尊严及自由遭受了普遍的压抑与否定,导致神治主义和人治主义泛滥。中世纪的欧洲不是没有法制,事实上没有民主的法制是违背人性伦理精神的。

---

① [德]策勒尔:《古希腊哲学史纲》,翁绍军译,上海人民出版社2007年版,第113页。
② [古希腊]柏拉图:《理想国》,郭斌和、张竹明译,商务印书馆1995年版,第97页。
③ [苏]涅尔谢相茨:《古希腊政治学说》,蔡拓译,商务印书馆1991年版,第151页。

于是以反对神性、用"人道"来反对"神道",提倡"个性解放""个人幸福",肯定"人的尊严",肯定人的智慧、知识和力量能揭示宇宙的秘密,并为人类谋取福利,反对封建束缚与宗教的禁欲主义的文艺复兴运动揭开了人类解放运动的序幕。而现代商品经济的迅速发展也激发了人们对自由、民主权利的追求。而以此为思想先导的资产阶级革命建立了民主宪政的资产阶级国家。市民社会获得了独立活动和发展的领域,形成了市民社会独特的思想和行为的准则和方式。契约自由、主体平等、诚实信用、权利和利益本位作为市民社会最重要的社会伦理精神要获得合法的社会保障必然以法律形式确立下来。

随着资本主义商品经济以及与之相应的自由、平等、人权等思想的发展,法治的观念开始广泛传播,并在宪法和其他法律中得到明确肯定和宣布。当时英国著名的思想家洛克的自由、权利、平等的人文思想为此提供了理论依据。他的思想不仅在英国的法治原则、制度中得到充分的体现,而且对其他西方国家法治价值目标的确立都产生了深远的影响。在洛克看来,自由权利永远高于法律。正是为了实现自由,法律的价值才能充分体现出来,法律的地位才显得尤为重要。既然自由是人类的崇高理想,法律又以保障自由为目的,那么"政府的所有的一切权力既然只是为社会谋福利,因而不应是专断的和凭一时高兴,而是应该根据既定的和公布的法律来行使"①。因此,法律对权利的制约具有正当性,法治的建构具有必然性。

由此,法制为西方伦理世界提供了形式合理化的保障,而法治理念则是伦理世界现实运动中的精神保障基础。这里要注意区别的有两点:

一是东西方法制的差别。西方传统文化中的法制是指古希腊、古罗马时代的西方古典法制理论。虽然两者用词一致,但存在确定性的差别。西方古典法制理论是以民主社会为基础,以简单商品经济为依托,以公民权利平等为追求,以"权利法"为核心,公民以遵从法律和正义为

---

① [英]洛克:《政府论》(下篇),叶企芳、瞿菊农译,商务印书馆1964年版,第85—86页。

信仰，是依法治国的原生态的法治社会模式。中国传统文化中的"法制"则依托专制社会，以农业自然经济为基础，这就决定其法律不可能表达权利平等的内容，只能以"严刑峻法"为统治社会的国策，虽有成文法，具有了"法制"的某种法律形式，但这只能表现为"人治"之下的法制基础上的"以法治国"的社会治理模式而已。或者说传统中国的政治法律观在西方现代民主法治观下往往被评价是"法制"，而非"法治"，究其缘由乃是传统法律并未体现西方人有关人民主权、以法律保障平等自由的理念。

二是正确认识民主与法治的内在辩证统一关系。民主与法治的终极目标是一致的，它们彼此相辅相成。"法治将民主制度化、法律化，为民主创造一个可操作的、稳定的运行和发展空间，把民主容易偏向激情的特性引导到理性的轨道，为民主的健康发展保驾护航；民主为法治注入新的内容和动力，使法治为保护人权、自由，促进人的幸福生活服务。"①"在典型的现代民主社会中，民主是法治不可分割的一部分。法治支持民主，民主也兼容法治。法治通过对一切私人的、公共的权力施以必要的法律限制，从而保障了基本人权，支持了民主秩序。"②

但它们在现实中的运用却不一定时时合拍甚至会互相矛盾。民主社会也并不一定都是法治社会，如二战后一些国家模拟西方模式，建立起多党制、议会民主的国家，大国如俄罗斯，小国如阿尔巴尼亚、卢旺达，民主不仅没能给他们带来秩序安宁，相反却是官员腐败、治安恶化、社会秩序滑向崩溃，人民生命财产安全都无法得到保障，法律反被束之高阁。也有法治社会并不一定都是民主社会。正如李光耀在 2001 年 3 月 1 日英国《金融时报》中所总结的经验："我不认为通往民主的道路只有一条，也不认为只有一种民主。"新加坡法度严谨，在西方人眼里是个严刑峻法的威权国家，但其经济成就无法否认，社会稳定，人民生活幸福，并且逐

---

① 张春生、阿喜：《再谈法治与民主的关系》，载《河北法学》2001 年第 2 期。
② 刘军宁：《从法治国到法治——政治中国》，今日中国出版社 1998 版，第 259 页。

步发展出了自己的民主选举制度。当然,毕竟它们之间不是截然对立的,因为终极目标一致,二者在一定条件下则是可以统一的,如新加坡就逐渐发展了民主制度。这种统一也正是现代法治所追求的目标。这个目标与伦理世界的文明发展无疑是一致的。

(四)上帝的终极关怀

1. 终极关怀及其存在的必然性

终极关怀源于人存在的有限性而又企盼无限的超越性本质,它是人类超越有限追求无限以达到永恒的一种精神渴望。人作为自然存在物,是有限的,但人不同于自然物的存在在于它不是自在地而是自为地存在。正如马克思所言:世界上最蹩脚的建筑师也比能建造那么精密巢穴的蜜蜂来得高明。其原因就在于蜜蜂只是自在地完成其本能,而建筑师在建筑以前已构思好建筑草图。人的自然生存是有限的,自我能力也是有限的,人的社会性存在也是有限的,但因其灵长思维而是无限的。这种无限既体现在人类的代代传承发展绵延可达到无限,更重要的是体现在人在精神理念上克服自然生命的暂时性,按照某种价值理念追求精神生命或灵魂的永恒性;而人在认识到自己的诸多不足或能力缺陷等有限性的同时也有完善自我的精神追求和实践努力。人对社会性存在的有限性也有着精神性超越,那就是对社会未来理想状态的追求。动物的生命过程只是物欲的满足过程,是听命于时间的吞没过程,谈不上什么意义之寄托。人却是意识到自我存在的存在,是要赋予生命以超越物欲的意义和价值,从而超拔万物成为自己的主宰、体验到不同于有限物欲的精神愉悦和幸福。人类这些对有限性的超越及对无限性的追求是人类达到永恒的一种精神渴望,也是作为万物之灵长的哲学智慧,体现了人对生命本源及生死之价值意义的终极性思考,作为人类精神生活的最高寄托,也是个体最终的安身立命的精神家园。这种最高寄托或精神家园就是人类的终极关怀,也是伦理世界的价值意义所在。

不同的文化基因蕴育了不同的借以表达终极关怀的形式。张岱年先生指出:古今中外的终极关怀有三种类型:1)皈依上帝的终极关怀;2)返归本原的终极关怀;3)发扬人生之道的终极关怀。[①] 皈依上帝的终极关怀就是把宗教信仰作为基础,以上帝为最后的精神寄托。以臆想的彼岸世界、冥冥之中的上帝希冀彼岸世界的灵光,将现实世界的有限性、生存的价值意义完全托附于上帝,通过卑微的忏悔、获得如耶稣基督的一种新的生命意义,以成为全能的上帝仆从的方式获得无限与永生。返归本原的终极关怀就是追溯世界本原,以抽象的道来代替虚拟的上帝作为人类精神生活的最高寄托,确立善恶的价值指向,建构理性世界以观照现实世界的方式来消除有限与无限的矛盾。如黑格尔的"绝对精神",中国传统文化中的道家之"道"、儒家之"天理"。发扬人生之道的终极关怀则是追求人生至善,追求天人合一、内圣外王乃至为万世开太平成为精神世界的真正依托。这三种类型的终极关怀对解释人生的有限与无限之矛盾、生死之矛盾提供的解决方式在不同历史阶段或某种程度上都是有效的,都在追索人生最高价值的过程中以不同的方式实现了生命的超越,但无疑也都是抽象的。

终极关怀指出了人类从有限走向无限的路径,把相对提升为绝对,把有极幻化为无极。尽管终极关怀的寄托类型各异,但共同的是它们都以承认一绝对存在或终极真理的存在为前提,都有一以贯之的思想灵魂与恒定的价值追求,由此才产生神圣感,产生对其情感的依赖、意志坚定的虔诚。所以一般来讲,它有如下几个特点:1)非现实性。终极关怀立足于有限的人生或社会,有现实性的依据,但却是超越有限现实性的价值预设,具有可无限接近却并不意味着可完全对象化或现实化。它是以理想这一特殊的方式关注着有遗憾的现实的同时却追望着人类的至真、至善、至美所在。2)目标的超越性。终极关怀指向生命的信仰,具有超越当下、超越小我而指向大我的品格。它的目标形式多样,虽也有功利性动因,但并不直接指向眼前的物欲满足,而是超脱眼前的、可变的有限

---

① 参张岱年:《中国哲学关于终极关怀的思考》,载《社会科学战线》1993年第3期。

功利,追求长远的、恒定的、可以永恒荣光的目标,体现人精神归皈依于此的荣耀感、幸福感。3)情感性。终极关怀体现着人类对生命的感悟的同时,滋润着人的情感世界。虽然有些终极关怀形式是力求可实证性的知识和理性考量基础,但它总内涵着强烈的情感色彩,有着人们基于生活体验的情感共鸣,并因其超越性寄托而激起人们对它的崇敬膜拜之情结,乃至成为人们的终生信仰并献身于斯。

2. 西方"伦理世界"的终极关怀

西方传统文化中的古希腊文明提供了城邦国家的理性精神、民主追求、法律意识,同时由于血缘关系的破除与淡化,城邦人精神结构中缺少超越性的情怀,生命的情感也缺乏滋生、发展的土壤与必要性;加之战争或城邦的动荡,生命指向无限的超越之安顿无以寄托,于是通过创造出各种虚幻的神灵、虚构的神话世界,在人神关系中寻找温馨与慰藉。这种神的世界或终极关怀的世界建构的完成则是源于希伯来文明的渗透。

希伯来文明诞生于今天被称为巴勒斯坦的地域,在古代这块地方称为迦南。希伯来人是当今犹太人的祖先。其早期历史唯一凭据是《旧约全书》。这部犹太人的经典中有许多未经证实的传说和史实交织混杂,还有些神话色彩。约在公元前1200至400年间,希伯来人创立了一种宗教——犹太教(基督教的雏形)。这个民族在历史上屡遭失国、奴役和屈辱,虽然古代世界中不少民族因遭外族入侵而解体、烟消云散,但由于这个民族的文明已渗透进其生活方式并成为其精神源泉,具有终极关怀的犹太民族子民虽散落在世界各地,却仍然保持着自己独特的存在,他们的文明在世界各地仍然散播并主导着人们的物质和精神生活。它在顽强地、坚韧地支持自身民族的存续和发展同时,也影响着其他民族的文明。这种内在绵延力其实就是这个民族伦理精神的力量。希伯来人创立的犹太教对于早期的基督教和伊斯兰教的形成,有着重大影响,因此,至今人们把希伯来文明作为西欧文明的来源之一。

希腊城邦随着马其顿亚历山大的征服而告结束。罗马帝国建立后,由于罗马帝国精神本身的解体以及社会从根本上放弃了希腊人的美德追求,于是,一方面是统治者因感受享乐存在的空虚而在道德上反省的需要,另一方面是下层人民绝望生活境况中渴望得救的普遍情绪,它们共同推动了罗马对基督教的认可,并使其成为官方宗教。基督的天堂就成了现世人们的精神家园,上帝就是人们心中全知全能的至高之神。"人人爱上帝,上帝爱大家","上帝面前人人平等",庇护人类的、慈爱的父亲般的上帝便成了人们安身立命的的终极关怀。

按照马克思的理论,宗教是被压迫生灵的叹息,是无情世界的感情,是人们在各种自然的与超自然的力量面前感到渺小的无可奈何的思想感情的产物。它是自然压迫与社会压迫所产生的一种特殊的情感,在某种意义上也是人性软弱、力量弱小的体现。但从文化设计角度看,它又是安顿人生情感的产物。文学或艺术虽都可以渲泄及陶冶人的情感,但如何滋润、规范、引导人们的情感则是伦理或宗教才能完成的。宗教为人的精神世界建立起神灵的虚幻偶像,寄托出人类全部的希望,并在宗教的神圣与崇高中让人得到一切的满足和快乐。这种宗教情感上不可究诘的力量具有冥顽性,它以精神上的神圣性、力量上的不可战胜性,可以令其信徒在宗教旗帜下丧失理性、进行各种战争。

基督教是西方宗教文化中的主体,它的主观情感基础是源于《圣经》中的"罪感":人类祖先亚当、夏娃在伊甸园偷吃了智慧果,违反了天规,被上帝罚到人间赎罪。由此人类本身原是有罪的。人的精神生活就是从上帝出发,通过赎罪与劳作,净化自己的灵魂,最后回到上帝的怀抱。赎罪是经常向上帝在人间的代表——神父忏悔,检讨自己的行为,并按上帝的旨意而行动。这种忏悔有反省的意义,但又不同于自省。因为自省是主观内在的自我审视、自我决意。而忏悔的对象则是面对上帝,审视与被审视者有内外之别。对于个体来说忏悔的目的是能自我得救,而自省则是为了自我的完善与超越。当然,忏悔也会给人一种向善的压力及动力,从而成为西方文化中个体修养与自我完善的一个重要途径。

西方宗教的忏悔对象由于不是直接面对上帝,而是面对上帝的使者——神父或牧师,这也往往会产生内容与形式的分离。因为神父和牧师的品德直接影响着忏悔人对品德修养的意志。而当基督教成为中世纪垄断性的意识形态时,出于意识形态的需要,基督教演变为经院哲学,教义成为教会的教条。教会的神职人员一方面宣布自己是上帝的仆人,遵循着禁欲主义规范,另一方面又是世俗权威权力的主宰,主教们则是王族和总督。在传布福音的过程中,他们很多人关心的是自己的领地、权力和财富,而让灵魂得救退居其次。这种两面性的道德生活,使得基督教伦理在现实中愈益成为空洞的说教或伪善的形式。这可能使人们忏悔归忏悔,行动归行动,互不干涉,甚至认为,不管干了什么不德之事,只要忏悔了便能得救。因而忏悔成为一种自我解脱的途径。

尽管如此,西方的宗教情感对人的行为起着巨大的引导与规范作用。上帝虽虚幻无形,但它的无时不在、无所不在、无所不能使任何人的一思一念一行都逃脱不了它的洞察,人在那里感受的是强大的他律,于是只有老老实实的赎罪才能最终获得上帝的宽恕,才能进入来世的天堂而不是受罚的地狱。而这个天堂才是自己安身立命的基地。

由于上帝的神圣性、绝对性,西方宗教情感中必然导致的是命定论:弱小之个体一切只能听从上帝安排,在"丧失自己中获得自己"。既如此,它又使人获得一种开脱,个体尽可以勇敢地有所为,而不必在必然的命定中诚惶诚恐:因为上帝早就将一切都预先安排好了。于是宗教也真正成为人的心理的、精神的、情感的支柱。人们从命运的必然中也看到了这种必然性之下的高度自由。甚至像对神话中的"杀父娶母"这种在中国文化中看来是大逆不道的乱伦行为也能泰然观之:因为这是命运的安排,个体责任也就化为乌有,行为的善恶也就丧失殆尽。既然命运决定一切,相应地就滋生的是对上帝、对命运的虔诚之情。于是,人们对宗教只能信仰,不可反思。从这个意义上来看,西方对宗教的虔诚又不是虚伪的,而是发自内心的。如果说有虚伪的一面,那只是因宗教情感的内在原理与固有内涵本身的虚幻;另外,也不可否认现实中教权、王权借神权大肆敛财或为统治需要的宗教压迫的虚伪性。人们反对的是成为垄断意识形态的或"实定性宗教"教权的专制。

黑格尔认为,实定性宗教的最大特点在于,它把僵死的宗教信条由外在的权威强加于人们。薛华先生也认为[①]:基督教就是这样一种实定性宗教,它把人性内在向善的终极关怀的道德律当作某种被给定的东西强加于人们。这从根本上违反了道德规律,因为道德规律的本质在于,它们是由人们自己即道德主体本身所制定的。所以,当文艺复兴试图为世俗王权建立独立的主权国家,为觉醒成长中的资产者市民阶级的自我意识反对封建教会权力主宰下的专制主义和封建王权主宰下的专制主义时,并不意味着废除了西方文化内在的宗教情结,只不过它使人在政治上从宗教中解放出来,并使宗教从公法的范围转移到了私法范围。人们从此不仅在思想中,而且在现实生活中,都过着双重生活——天国的生活和尘世的生活。前者内蕴宗教情结,后者则是主权国家、市民社会的生活。前者是上帝的终极关怀,后者是世俗的工具理性。

综上所述,终极关怀不仅在西方传统文化的设计中是一基本的文化要素,而且在西方文明走向现代化的过程中,它依旧是伦理世界不可缺少的关键要素。至于这个终极关怀的具体内容及其表达方式则会随着时代变迁、社会发展而不断地发展、完善,就像基督教伦理对古希腊神话美德伦理的替换、新教伦理对中世纪基督教伦理的改造一样。终极关怀甚至必须既要继续适应现代化又要继续承担着从超越的层面批判现代化的使命。根据人们的实践需要,在科学与信仰的统一中挖掘人的慰藉力量与生存意义;在工具理性与价值理性统一的基础上,寻求社会发展与人的发展的协调性,保证人在这种统一中提升精神境界;在真善美统一的前提下,为人类指出走向自由全面发展的理性通道,为现代世界的整合、维系,也为现代世界的发展提供了价值资源。

(五) 原子"世界"

西方的现代化是一个世俗化的过程。文艺复兴的思想解放运动帮

---

① 有关薛华先生这方面的论述可参其著:《青年黑格尔对基督教的批判——论基督教的实定性》,中国社会科学出版社1980年版。

人们从神话、宗教和英雄崇拜中解放出来,以为自由、理性、进步、富强这些世俗价值本身就意味着终极意义,于是将自己的终极关怀寄托于此。随着资产阶级建立起"自由、民主"的宪政国家,科技的进步带来生产力巨大发展,人们甚至认为:人的理性才是无所不能、主宰一切的,理性作为一切行为选择的根据或权威,取代了神学世界中的上帝。由此理性批判的利剑也指向了一切神圣的领域,甚至尼采呼唤"上帝死了"。现代化使人们进入了一个自由的时代。

西方现代化的进程潜在于资本主义市场经济、市民社会发展过程之中。市民社会本质上是以个别的人为其主体,"每个人都以自身为目的,其他一切在他看来都是虚无"①。洛克等人对这种社会形态提出"自然状态"的假说,从道德上对市场提出规范要求,"从法本身来理解法的关系"。黑格尔深刻地把握了现代社会与传统社会的根本区别及其本质特征,他指出市民社会的两个原则:一是"具体的人作为特殊的人本身就是目的";二是"每一个特殊的人都是通过他人的中介,同时也是无条件地通过普遍性的形式的中介,而肯定自己并得到满足"。②"需要的体系"成为其核心领域:一方面是个体自身的需要,另一方面是如果不通过他人、不能取得普遍性形式、满足他人福利,或者说如果个体不能将其私人活动转化为社会的活动,他就不可能获得自己的需要,为此独立的个人之间承认的契约关系就成为市民基本关系现实化的必然。契约制度及国家法律的外在保障就成为社会维系的基础,"利己的目的,就在宏观世界受普遍性制约的现实中建立起在一切方面相互倚赖的制度"③。

契约体现了独立自主、理性、自由平等,但契约活动最终的依据又是个人对自己特殊利益的追求。通过这种特殊性的追求所实现的普遍利益和普遍联系却并非建立于理性基础之上,而只是建立于个人的"任性"和主观偏好之上,所以,契约的"理性"本质上并不能体现真正的普遍性。

---

① [德]黑格尔:《法哲学原理》,范扬、张企泰译,商务印书馆 1982 年版,第 197 页。
② [德]黑格尔:《法哲学原理》,范扬、张企泰译,商务印书馆 1982 年版,第 197 页。
③ [德]黑格尔:《法哲学原理》,范扬、张企泰译,商务印书馆 1982 年版,第 198 页。

而且这种主观"任性"的需要一旦获得满足,契约也就自然解体。随着新需要的产生,又会产生新的契约。所以,这种主观需要或"任性"基础上的契约并不可能真正让人达到自由。这样一个从个体特殊性出发的世界,黑格尔称之为"原子"的世界,面临着深刻的伦理危机。人的欲望是无止境的,不能理性地获知物质欲望的满足对自己的真正意义,"需要的体系"中的"需要"就会变成人类堕落的根源,人就会被异化为欲望或"财富"的奴隶,荒淫与贫困一并出现,呈现"生理上和伦理上蜕化的景象"。①

在这样一个"作为各种需要的整体以及自然必然性与任性的混合体"的社会中,人摆脱了神的羁绊,人的主体性被高扬到无以复加的程度,人的欲望、理性和创造性成几何级数膨胀。然而,所谓的自由发展到了极致,反而会陷入不自由的境地。人的理性认识愈是深入,就愈是发现理性本身的局限,而理性无法填补的认识空间就只能由对终极价值的信仰予以填补。德国哲学家康德试图建构理性王国《纯粹理性批判》,但在《实践理性批判》中他又不得不将上帝请入,作为"不朽"的依托。作为近代哲学的集大成者,黑格尔建构了庞大的哲学体系,终也是以上帝的"绝对精神"作为皈依。因为人们愈益感到世俗利益扩展的这些价值本身并不能构成人类真正的终极关怀或一个完整的意义世界。正如存在主义神学家蒂里希所说,像这些自称无限而并不具备无限性的有限事物(例如某国家或者某一种成就),是不可能超越于主客体图式之外的,尽管信者把它当作主体,它仍然是个客体,对它们的信仰只是一种偶像崇拜,只是将次要的、有限的实体提升到终极地位,而非真正的终极关怀。田立克先生指出:当人们一旦领悟到世俗领域的有限意义时,就会重新回到神圣的领域,并在此基础上重建自己的终极关怀②。所以,托克维尔也指出:"你对天主、对自己的灵魂、对造物主和自己同类应负的各种义务,都渴望形成一种确定不移的观念。因为如对这些基本问题持有怀疑

---

① [德]黑格尔:《法哲学原理》,范扬、张企泰译,商务印书馆1982年版,第199页。
② [德]保罗·田立克(Paul Tillich):《信仰的动力》,鲁燕萍译,台北桂冠图书股份有限公司1994年版,参序言第2页。

态度就将使自己的行动听凭偶然因素的支配，也可以说是任其混乱和无力。""人要是没有信仰，就必然受人奴役；而要想有自由，就必须信奉宗教。"①由此可见，对终极价值的信仰是内心自由的重要资源之一，失去了终极关怀，也就失去了内心的自由，这就是原子"世界"的伦理悲剧。

在西方现代化早期，中世纪的经院哲学形态的基督教教权随着资产阶级民族主权国家的建立已被推翻，基督教试图通过路德、加尔文实现宗教改革。新教直接从中世纪的基督教神学转换而来，但与中世纪神学不同，新教已经与世俗世界沟通，一方面适应现代化，为理性、自由、法治诸现代化要求提供价值上的合法性，另一方面又超越现代化，为社会的未来发展提供批判性源头，这也正是现代社会终极关怀系统区别于前现代社会终极关怀的基本特征。路德或加尔文为代表的新教伦理，也就从实质上完成了基督教伦理的现代性转换，这一转换将基督教伦理（新教伦理）变成了资本主义精神的内核。

第一个层次，从外在层面，将基督教伦理转变为一种适合市民资产阶级以赢利欲和工作欲为原点的"天职观""命定说"和理性主义的市民伦理意识。马克斯·韦伯强调作为天职的工作欲，新教加尔文宗教伦理是其最有力的支撑。他指出，新教伦理代表了一种世俗化和理性化的市民伦理精神，成为现代人的职业伦理观念的始作俑者，它把完成世俗事务的义务和盈利赚钱当作一种合理的伦理原则，又当作荣誉上帝的神圣义务，这实质上是把价值理性和工具理性在新教伦理这里结合起来了，整个现代化进程皆有赖于这种"结合"。"同天主教的态度相比，宗教改革本身的后果只是有组织的从事一项职业的世俗受到越来越高的道德重视、越来越多的教会许可。"②这是新教伦理为世俗活动的道德辩护的最重要的后果之一。基督教伦理通过这一转换成了市民资产阶级道德合理性的一个非常重要的伦理基础。

---

① [法]托克维尔：《论美国的民主》，董果良译，商务印书馆1997年版，第537、539页。
② [德]韦伯：《新教伦理与资本主义精神》，于晓、陈维纲等译，生活·读书·新知三联书店1987年版，第61页。

第二个层次，从内在层面将基督教伦理转换为一种资产阶级的市民美德。传统基督教的超自然主义美德（恭顺、仁慈、敬畏、希望、信、爱等）被转变成了一种自然主义的入世美德——这就是体现在现代市民那里的特殊"处世原则"，主要表现为信用、勤俭和禁欲等。这些新型市民资产者之实干精神的主要美德，作为一种入世禁欲主义，是从基督教伦理传统的宗教禁欲主义转换而来的，它们构成了早期资产阶级市民在精神上、伦理上和生物学（掠夺性）上积极进取充满活力的因素。

第三个层次，是从一种精神性本原的角度将以"爱"为原理的基督教伦理意识转变为以"怨恨"为原理的小市民道德。宗教改革转换出来的新教伦理和人文主义文艺复兴以来的世俗市民道德形成了一个一体两面的关系。它们在对基本人性的把握上各自以自己的方式破除了中世纪基督教的神性化模式。加尔文教派和路德教派在神学框架下为世俗活动进行道德辩护，使一切市民生活领域中的利己主义、个人主义都具有了合法性，一切基于人性的需要也具有合理性，这恰恰是人文主义文艺复兴所要宣扬的主题。从这样一种精神性本原的伦理意识结构性转换出发，必然涉及到人与人之间的关系在市民资产阶级时代以什么为基点才能建立起来的问题。而该问题实质上是资本主义社会市民伦理精神建构的基点是什么的问题。

私有制的现代西方社会，市场经济社会的"经济人"的基本特质：一是"自利"①；二是"理性行为"②；三是增进社会公共利益③。这里的理性与增进公共福利的特质本质上又是建立在个体自利基础上的，所以现代西方社会的法治只是形式的契约，是个体自利的制度保障。"民主、博爱、自由"形式上得到了实现，契约伦理的个人主义本质使人们也纷纷跳出了"伦"的约束。这样的"原子"世界究竟呈现出什么样的自由、法治或理性？

---

① 即追求自身利益是其根本动机所在。
② 即通过合理行为追求利益的最大化。
③ 这里是指建立在良好制度保障基础上使个人利益最大化的同时也卓有成效地增进公共利益。
参见杨春学：《经济人与社会秩序分析》，上海三联书店1998年版，第11—12页。

自由，是现代社会的标识。随着启蒙运动中理性的高扬，宗教的权威日见式微，资产阶级革命打破了封建王权与教权的专制，人解除了社会约束以及思想精神的枷锁，人变得越来越自由。但这种自由实质上只是成为人们追求功利的自由。宗教和玄学因科技兴盛而式微，艺术与市场合流而沦为娱乐产业。因为上帝不在了，一切都成为可能，自然不再受神的庇佑，传统不再受天理保护，各种禁忌的破除动摇了整个人类社会秩序和内心秩序的基础。人们在此却反而陷入要"逃离自由"的困境。因为完整意义上的自由不仅包括外在自由，还包括内心自由，一个人要达到内心自由的境界，实现真正的意志自律、理性自决，必须具有经过内心自觉体认的信念，有充足的"支援意识"。倘若没有这些自觉，表面看起来似乎很自由，实际上恰恰为"匿名的权威"所摆布，成为最不自由的"舆论奴隶"。失却了终极关怀，无所信仰，在价值世界中陷入了虚无的境地。一旦不再相信绝对律令的存在，就只能听任自己受偶然性的摆布，被世俗和时尚牵着鼻子走。失去了终极关怀，也就失去了内心自由。

法治是实现社会一体化、维护社会秩序的有力保障。在西方传统文化中，无论是自然法理论还是宗教理论渊源，人们之所以普遍守法，与其说是怕惩罚，倒不如说认可这些法代表着普遍的律令，反映了上帝的意志；人的基本权利是天赋的，不证自明的，也就是说，法的合法性在于它与终极价值的关联，在于人对终极价值的普遍认同。另一方面，与法共同承担社会整合功能的道德规范的合法性，也同样渊源自宗教信仰。正如托克维尔所说："教条性信仰，因时代不同而有多有少。这种信仰的产生方式不尽相同，而且它们的形式和对象也可能改变。但是，教条性信仰，即人们不加论证而接受的某种信念，是人们无法使其不存在的。……如果每个人都力图各自形成自己的观点，并独自沿着自己开辟的道路去寻求真理，则决不会有很多人肯于团结在一个共同的信仰之下。"①现代社会的整合纽带是由法与道德来维系的，它们背后的价值资

---

① [法]托克维尔：《论美国的民主》，董果良译，商务印书馆1997年版，第524页。

源都来自同一个终极存在,倘若这一终极价值日益受到亵渎,社会就不复有共同的终极信仰,所有的法律规范与道德体系都将无所依托,无所凭借,最终会失却宗教赋予它们的神圣性和合法性。

理性,文艺复兴、启蒙运动以来就被认为是万能的。然而,理性自身是否承受得了理性的批判?世界的终极原因果真能被受因果律支配的科学理性所破译?理性的本质是批判怀疑,但怀疑推向极致会导致普遍的虚无感,甚至怀疑理性本身。西方现代社会的"理性"本质上来源于工业革命、科技发展意义上引出的工具理性,它指涉对象本身不具有自足性。而现代理性主义哲学中的理性又大多是重视客观自然世界认识,而与感性生命、生活世界相脱离的的"纯粹理性",它强调世界的内在必然性、秩序性、稳固性,却忽视了世界的偶然无序性及其丰富的生活内涵,最终也只是以形式的理性、空洞的极权遮蔽了人感性丰富的生活世界,成为理性的非理性化存在。

传统伦理世界异化为物化世界,主体沉沦于"契约"为纽带的市民社会的欲望之海中,个体尽情地享受"自由"的同时,也不得不独品人际冷漠的苦果。伦理本质上是一种普遍性、实体感,一个只为自己的人,他就只是一个幽灵,因为他没有一个实体的关怀与"伦理世界"的归属。黑格尔认为,"原子"世界①的伦理危机就根源于"以单个的人为基础的"原子式的思维方式进行的社会伦理设计。伦理世界"实体的形式里面是具有充实的内容的",而"现在这充实的内容是完全自由散漫、杂乱无章……因此个人的这种空虚的一,就其实在性而言,乃是一种偶然的特定存在,一种无本质的运动或行动,它不会持续存在的"。"伦理性的法律所具有的权威是无限崇高的"②,这样一个法权维系的伦理"世界"里,个人的独立性实际上是"纯粹而空虚的一的那个自我意识"③,或者是极其表面地、支离破碎地体现着合理性,或者说只是在"偶然性的外观"中体现合理性而已。

---

① 从实体出发还是从原子出发,这是黑格尔指出的两种伦理的把握方式之一。他批评"原子"这种把握方式"没有精神"。参见黑格尔:《法哲学原理》,商务印书馆,1982年版,第173页。
② [德]黑格尔:《精神现象学》,贺麟、王玖兴译,商务印书馆1983年版,第35页。
③ [德]黑格尔:《精神现象学》,贺麟、王玖兴译,商务印书馆1983年版,第35页。

第四章 黑格尔的"伦理世界"

　　面对现代社会的历史转型,东西方文化的"伦理世界"之历史形态中都深蕴着"异化"危机。启蒙运动以来,古典哲学大师们为此提出了各种道德理论。探寻相应的思想资源,黑格尔在人类思想史上第一次提出并阐述了现代社会"伦理世界"概念,并以此求解本民族国家的统一与复兴路径。"伦理世界"概念源于黑格尔的《精神现象学》,其意蕴却贯通于其整个哲学体系之中。黑格尔终身致力于构建庞大的精神哲学体系,他完成的第一部专著《精神现象学》提出此概念,并详述了"伦理世界"自我意识精神的辩证发展过程;他完成的最后一部专著《法哲学原理》中展现了"伦理世界"自我意志的辩证发展过程,阐发了"伦理世界"的体系形态。作为伟大的哲学家,他突破了西方一般的观念对象化的思维方式,以一圈连着一圈的"正反合"、"否定之否定"原则,第一次在如此广阔的社会领域中和如此幽深的精神发展史中以辩证逻辑的力量、以看似玄虚实则严谨的理论透入生存脉络和时代视域,在诗与思的某种交织中开出哲理新境,追寻一种现实的充满生命力的"伦理世界"。虽然其后人们对其理论中的唯心主义等不足之处非议很多,但也诚如其所言:凡合乎理性的必是现实的。面对现代社会的伦理危机,黑格尔"伦理世界"的思想资源所蕴涵的巨大理论价值和强烈的现实意义也正在日益呈现出来。

一、"伦理世界"的理念

黑格尔(G..W.F.Hegel)(1770—1831)出生于德国符腾堡公园的首府斯图加特市一个税务局书记官的家庭,在斯图加特完成中学学业后到图宾根神学院完成硕士学历,专门学神学三年。但对正统基督教条及学院神学课程不满,认为新宗教要有普遍理性基础,又要用幻想、情感来弥补单纯的理性之不足,激发人的道德情感,与民众生活相结合。1801年谋得耶拿大学讲师职位后,黑格尔开始了其精神哲学体系的建构。1806年《精神现象学》出版。1813年《逻辑科学》出版、1817年《哲学百科全书》出版。1818年登柏林大学讲坛,1820年出版《法哲学原理》。1829年任柏林大学校长,1831年11月14日因患霍乱病不幸逝世。其后,他的学生与朋友编辑出版了《黑格尔全集》。黑格尔在《哲学百科全书》中将其宏大的精神哲学体系分为三个部分:主观精神、客观精神、绝对精神。在黑格尔那里,精神是伦理世界的生命和现实性,是自在自为的理性,其本质是发展。黑格尔并没有任何重要著作使用过"伦理学"或"道德学"之名。他早期写过《伦理体系》,但没有完成也没有出版,直到19世纪末即1893年由莫里特(Mollat)首次出版[①]。即便如此,谁也不得不承认他对伦理学的阐述是如此地透彻,其独创性也至今引人争议。在他的许多著作中,如《精神哲学》《法哲学原理》《哲学史讲演录》等,都直接或间接地具有伦理学意义。他关于伦理问题的论述散见于关于心理学、经济学、法学、美学、宗教学等之中。相较而言,《法哲学原理》和《精神现象学》是比较集中体现其伦理思想体系、展现其"伦理世界"的著作。

《精神现象学》是黑格尔出版的第一部伟大著作,也是黑格尔哲学体系的诞生地。黑格尔原本将著作分上、下卷,副标题为"科学的体系,第一部",想将它作为整个哲学体系的第一部分或者导论。但正值拿破仑

---

① 参见侯成亚等编译:《张颐论黑格尔》导论,四川大学出版社2000年版,第11页。

攻陷耶拿,而出版商又急于了结合同,于是黑格尔在战火中匆匆成书。所以,《精神现象学》既是独立的专著,又是整个哲学体系的概论,同时,它本身还是整个体系的导论或序言。也就是说,这部《精神现象学》要把一般的人引向哲学的殿堂,是一个走进哲学的引导。因为精神现象是每个人心中都有的,因此每个人从内心出发都可以一步步被引到黑格尔的《逻辑学》中去,以此作为《逻辑学》的先导。但后来出版的《哲学全书》中的《精神现象学》成了"主观精神"的第二个环节,而且内容被压缩了,只包含"意识"和"自我意识"的部分,共四个章节。而其他的部分则是放在《哲学全书》的其他地方加以发挥的,比如说理性、宗教、伦理和法律就是放在心理学、客观精神和绝对精神等部分中加以发挥和拓展的。所以《精神现象学》的内容其实就是整个黑格尔《精神哲学》的内容,但本身却被压缩为主观精神的一个环节。

《法哲学原理》是一部系统论述伦理学及其实践哲学的专著。在1818年到1819年间的学生运动中,黑格尔既同情学生,又不赞成学生的过激行动,加上普鲁士王国改革步伐的倒退,他于是逐渐把自己的精力集中到学术研究上来,但他的学术研究仍蕴藏着改革进步的动力,《法哲学原理》就是在这种历史背景和心情下撰写的。黑格尔的《哲学百科全书》中的精神哲学就有法哲学的内容,但篇幅很小,《法哲学原理》一书大大扩大了它的分量,这是他从早期起就一直对政治、伦理道德、经济、社会历史等问题的关心和研究的理论总结,是黑格尔系统论述自己的实践哲学的一部专著[①],也是黑格尔晚年在柏林任教期间所正式出版的唯一著作。

黑格尔在《精神现象学》中展示了精神的自由意识发展步骤,展示了它从最低级的感性确定性到最高级的绝对知识的解放和升华的道路。"伦理世界"是《精神现象学》中的重要范畴,是精神的家园、精神成长的

---

① 参见张世英:《自我实现的历程——解读黑格尔精神现象学》,山东人民出版社2001年版,第21页。

基地。精神是伦理世界的本质,是自由的实体,是道德的自我意识与伦理的客观意志的合一,伦理就是自由的实体性体现。尚未外显的内在精神一旦呈现为已经发展成具体存在的实体,就在这一概念里展开了一个伦理世界。伦理世界是个体与实体内在统一的世界,精神在这种统一过程中由自在走向自为;伦理世界也相应地从自然的伦理世界经过教化的伦理世界,再向否定之否定的自在自为的道德世界前行。而在《法哲学原理》里,黑格尔则展示了精神的自由意志发展的辩证过程,即自由意志对"抽象法"或"形式法"的否定,使意志自由获得主观现实性即"道德",但"道德"只是主观法,其中存在主观性与客观性、个体性与社会性的尖锐对立,因而它所形成的善良意志、良心很可能处于作恶的边缘上,只有到达"伦理"阶段,才能既扬弃法的抽象性,又扬弃法的主观性,达到普遍意志和个人意志的统一即"伦理"。"伦理"的现实形态即家庭伦理世界、市民社会、国家。在这些现实形态的伦理世界中,各个个体的本质与普遍性本质达到统一。家庭是自然的普遍性,市民社会是形式的普遍性,国家是实质的普遍性。个体在促进自身目的的同时也促进了普遍物,这个普遍物的客观载体即国家。国家是个体独立性和普遍实体性在其中完成巨大统一的伦理和精神。国家也是家庭和市民社会的真实基础,它作为结果而在哲学概念的进程中显现出来,是伦理理念的现实,是作为显示出来的、自知的实体性意志的伦理精神,是绝对自在自为的理性的东西,是实体性意志的东西,它在被提升到普遍性的特殊自我意识中具有这种现实性。个体内在的道德自我意识透过客观的伦理意志的扬弃,形成了合理的社会生活秩序,也就是个体意识和整体意识在国家这一现实的有机的精神和全体中达到了和解,客观伦理和主观伦理上升为绝对伦理,内容和形式得以统一,自由得以实现出来。由此,绝对伦理将突破客观精神的防线继续向绝对精神进发。

(一) 自然的世界

  黑格尔认为,"伦理世界"最初是个体与实体直接自在统一的自然伦理世界,这体现于家庭或像古希腊城邦那样的民族国家之中。在这个世界中,个体没有充分发展,淹没于实体性之中,体现为无意识的、直接的伦理内容。黑格尔通过对家庭的解析来阐发自然神律的伦理世界内涵及其特点。家庭建立的是"天然的伦理的共体或社会性",它一方面是无意识的,另一方面也同样含有自我意识的环节,即家庭的伦理自我意识,或称家庭的守护神,凝聚它的精神是"爱",它的伦理规律是神律。从意识发展的阶段性看,家庭"尚属无意识的、尚属内在的概念,与概念的有意识的现实相对立"①。这个有概念的有意识的现实存在即民族现实。

家庭的伦理规定性为直接的存在,其成员间自然关联,这种关联并非个别的现实间的直接关系,而是"设定为个别的家庭成员对其作为实体的家庭整体之间的关系,这样,个别家庭成员的行动和现实才能以家庭为其目的和内容"②。这种行动只关涉这个整体,这样个体意识到自己是在这个统一体中,由此自己不是一个独立的人,而是其中的一个成员。家庭成员间无论是行为者本人或行为所关涉的对方,不是以一种偶然性出现,就像偶然帮助了某人一件事,或紧急时机拯救了整个个体那样的一种援助,而是关涉到整个的个体,或者说关涉到血缘亲属的整个存在,关涉到其本身就是普遍物的那种个体;而且这种行为是一种日常的普遍的现实。这种现实不涉及公民,因此公民不属于家庭。如果个别家庭成员以个人为目的而不是以家庭为目的,不是从家庭这个整体来做整体思维、从家庭本身的存在及其价值来考虑家庭伦理进行行为选择,那他就不是家庭成员。现代家庭建立时如果只从经济、法律意义上考虑而没有精神上的粘合,则家庭伦理就失却了。这样的家庭只是一个同居的单位,它与市民社会性的群体没有任何区别。家庭精神的丧失是家庭瓦解的根源。这也是导致现代家庭不稳定的根本原因所在。

在家庭这个伦理世界中存在着夫妻间、父母与子女间、兄弟姐妹间

---

① [德]黑格尔:《精神现象学》(下卷),贺麟、王玖兴译,商务印书馆1983年版,第8页。
② [德]黑格尔:《精神现象学》(下卷),贺麟、王玖兴译,商务印书馆1983年版,第9页。

的关系。夫与妻的关系"是一个意识承认自己即在另一个意识之中的直接的自我认识和对这种相互承认的认识"①。这个自我认识是自然的,不是伦理的,故只是精神的意象和表象,不是现实的精神本身。意象与表象一般是在不同于他自身的他物中得到它的现实;而夫妻关系则是在其子女中得到它的现实;子女是一种他物,夫妻关系本身就是因此关系而得以形成,并又在子女的成长独立中归于消逝。这种生成、消逝世代如此,其持续存在就表现在"民族"之中。夫妻之间的相互怜爱混杂着自然的联系与情感,其维系也不自我返回、并不实现自身。

父母与子女是相互怜爱的。父母对子女慈爱,意识到夫妻是以子女为其现实之证的,子女成长为自为存在,不再返回家庭,子女就成为一种异己的现实,一种独自的现实。而子女对父母的孝敬则是出于相反的情感:子女在家庭中的"孝"则是对自己处于这样一种生命共同体中的敬重,对自己生命源头的敬重。他们看到自己是在父母的年老体衰中成长起来的,他们之所以能达到自为的存在与自己的自我意识,还是因为他们与父母的分离才实现的。他们与父母的联系因此分离而趋于枯萎。

兄弟与姐妹之间的关系:一种彼此毫无混淆的关系,同出于一个血缘,却又在这个血缘关系中平衡又安静。他们相互之间不相欲求,彼此各为一个自由的个体性。黑格尔特别指出,女性是家庭的守护神。女性对伦理有高度预感,家庭是女性"自在存在着的、内含着的本质"②,女性是"建立在一种母性的一般情感和意识基础上"的,她看到父母的日渐衰老而意识自己的自为存在。③ 母亲与妻子,女性的伦理关系一部分是以属于快感的某种自然东西为其个别性,保持着直接的自然性;一部分则是始终保有直接的普遍性,对"欲求的个别性始终保有外来物的地位"。姐妹对兄弟的义务乃是最高的义务。因为兄弟的丧亡对其来说是不可

---

① [德]黑格尔:《法哲学原理》,范扬、张企泰译,商务印书馆1982年版,参见第183页。
② [德]黑格尔:《精神现象学》(下卷),贺麟、王玖兴译,商务印书馆1983年版,第14页。
③ [德]黑格尔:《精神现象学》(下卷),贺麟、王玖兴译,商务印书馆1983年版,参见第14—15页。

弥补的①。而男性,黑格尔认为,他是公民,是"拥有普遍性的那种有自我意识的力量"②,他以此为资本替自己谋取欲求的权利,同时对此欲求又保持自己的自由。

  黑格尔认为,"个别的人作为个体而达到的这种普遍性,是纯粹存在,是死亡;这是直接的自然的变化结果,不是出自于一种意识的行动"③。家庭成员的义务就是把这种意识的行动添加进去,使其最后成为普遍性的存在。这种存在不仅只属于自然,也不只是一种非理性的存在,而是一种由行动创造出来的、使意识的权利通过此行动得到确认。存在者的行动本身是在伦理共体的范围之内,并且以伦理共体为目的;死亡是自然的否定,但也是个体作为存在者的行为扬弃存在者而使之成为自为的存在。由于个体的生命结束,死者成了无理性的个体,是一种空的个别性,只是一种被动的为他的存在,完全听任低级的无理性的个体性和抽象物质的力量所支配。个体作为存在的直接性形式,它"本身没有任何安慰与和解,本质上它必须借助于一种现实的和外在的行为才能得到一点慰藉"④。这种外在的行为只能由其血亲关系来帮助完成。家庭通过一定的仪式将死者安葬于家族墓地,把亲属安排到大地的怀抱,将"毫无力量的和个别的纯粹的个别性上升为普遍的个体性"⑤,使死者免受自然屈辱性的支配,代之以其理性的行动,使死了的亲属最终也成为一个共体的成员。这就是神的规律,或神的规律对一个体肯定的伦理行为。人的规律都是要"通过使个体超越于他作为现实的个体所隶属的那个自然共体的约束",而神的规律则是要通过让家庭成员死后回归家庭实现该成员实体性的现实性,由此达到人、家庭实体与民族实体的平衡。

---

① 这源于索克福勒斯在悲剧《安提戈尼》中一段话:"一个丈夫死了,可以再嫁一个;一个儿子死了,别人可以让我再生一个;但我不能希望再有一个兄弟降生人世。"
② [德]黑格尔:《精神现象学》(下卷),贺麟、王玖兴译,商务印书馆1983年版,第18页。
③ [德]黑格尔:《精神现象学》(下卷),贺麟、王玖兴译,商务印书馆1983年版,第30页。
④ [德]黑格尔:《精神现象学》(下卷),贺麟、王玖兴译,商务印书馆1983年版,第11页。
⑤ [德]黑格尔:《精神现象学》(下卷),贺麟、王玖兴译,商务印书馆1983年版,第12页。

个体脱离家庭走向社会，自我意识就在民族国家中获得确定性，就遵循人的规律。它以民族为精神实体，以政府为其现实的最高组织形式。自我意识的确定性是在整个民族中，其真理性体现在"一种实际存在着的和有效准的精神中"。这种精神即有着共同本质规定的"在实际存在着的意识的复多性中实现了的绝对精神；这个规定下的绝对精神，即是公共本质（或共体）"。① "这种精神可以称之为人的规律，因为它本质上是对其自身有所意识的现实。在普遍性的形式下，它是众所熟知的规律和现成存在的伦常习俗。"② 伦理实体在这种规定下成了一个现实的实体，即民族。这个民族实体是在实际存在着的意识的复多性之中，即每个人的个体意识之中实现了的普遍精神或绝对精神。人既有特殊性又有普遍性，普遍性即我们的公共本质，亦称共体。民族是伦理的实体，伦理是民族的精神。国家是一个在政治制度当中存在的实体，个体在国家中以其国籍为凭证或依据。但民族则是在精神中（而不是在制度中）存在的实体。公民意识不是指国家国籍意识的存在，而是民族精神的理性化表现。"在个别性的形式下，它是一般的个体对其自身所具有的现实确定性，而就它之为一个单一的个体性对其自身的确定性而言，它乃是政府。"③ 政府是民族的政治代表，是维护民族生存发展的最高组织形式，民族因此形式而成为一个现实的个体。

　　民族国家这个共体如何整合？黑格尔认为要遵循两个原则：制度原则和否定性原则。一方面是将自己"组织为有关个人所有权和个人独立性的制度，有关人身法权和物权的制度，另一方面又把首先是追求个人目的——获得和享受——的各式劳动划分为各行业自己的组合，使它们各自独立"④。通过制度，使复杂多样的个体及其社群组织有序起来；通过否定，即通过战争震动共体内部，使其在危机忧患中感到整体统一的

---

① ［德］黑格尔：《精神现象学》（下卷），贺麟、王玖兴译，商务印书馆1983年版，第6—7页。
② ［德］黑格尔：《精神现象学》（下卷），贺麟、王玖兴译，商务印书馆1983年版，第7页。
③ ［德］黑格尔：《精神现象学》（下卷），贺麟、王玖兴译，商务印书馆1983年版，第7页。
④ ［德］黑格尔：《精神现象学》（下卷），贺麟、王玖兴译，商务印书馆1983年版，第13页。

必要与意义,从而避免个体片面追求自身利益而陷入孤立、脱离整体,使其为保卫共体牺牲中获得整体的自我意识,而不致堕落为自然的存在。而这种否定性环节也使个体意识到自身赖以保存的力量与权力所在。

黑格尔认为,人律与神律都不能独立自足或单独自在自为。其中人的规律行动时要从神的规律出发,有意识的要从无意识的出发,间接的是从直接的出发,无意识的、直接的伦理内容通过有意识的行为得到实现,它通过意识而成为特定存在,成为有效的活动。人的规律又最终回归于神的规律。家庭、民族两大伦理要素在两大规律的支配下运行,延绵不断,形成无限的整体。家庭或民族都是有普遍性伦理本质的伦理世界,都是作为普遍意识的实体,又各是个别意识的实体。黑格尔还提到:个体享受快乐是在家庭之中,而快乐的消逝则是在民族国家中,意识自己是其民族(国家)中的公民,为国献身、为国奋斗。后者是自我意识公认的普遍秩序,个体在此放弃个体性,将个体与实体、单一物与普遍物相统一,作为一个民族成员、民族公民的奉献牺牲,即为德行。通过德行将共体自我意识所企求的目的实现出来,或将共体的本质显现为现实存在着的现实。黑格尔认为,德行的享受就是放弃自己的个体性过这种普遍性的生活。由于这样一种"健康理性",共体或整体才能获得一个稳定的平衡,而整体中的每一部分都是一个"自得自如的精神"①。而且家庭毕竟是无意识的实体性,个体如果不能作为公民而只涉及其血缘亲属、家庭,他就仅仅是"一个非现实的无实体的阴影"②。

(二) 教化的世界

黑格尔认为,在自然伦理世界中,个体与伦理实体(家庭和民族)构成直接的统一体,但个体又是自为的存在,它使这个实体普遍物内在分

---

① [德]黑格尔:《精神现象学》(下卷),贺麟、王玖兴译,商务印书馆1983年版,第18页。
② [德]黑格尔:《精神现象学》(下卷),贺麟、王玖兴译,商务印书馆1983年版,第10页。对此贺麟先生还注释说明,"黑格尔认为活着的时候,个体属于城邦(国家)更多于属于家庭;死了的时候它才是重新回到家庭。"

裂成无限众多的、一律平等的个体原子。一方面，伦理实体作为肯定的普遍物就在于其内容的"不容触犯"，作为个别性的人只有在作为其实体成员时才有效准，才能摆脱其非现实性而成为现实的。另一方面，个体的现实性也恰恰在于他是一否定的普遍的自我，是有"个人人格"的。当初在伦理世界中是单一或统一的东西，现在以分化发展了的形式出现了，也就是异化了。

在原初的伦理世界中，个体是没有自我意识的，但现在的诸个体开始有它的自我意识了，这种状态中的个体就更加有效准，它们"都按它们的自为存在各算是一个（有自我的）主体和实体"①，伦理实体消解成诸平等的个人或单个的原子。一个以实体为本位的社会转变成了以个体为本位的社会，世界以平等原则将多样性的个体组织起来。这样，伦理实体由"真实的（客观的）精神"，倒退为一种"对自身的确定性"。"真实的"是指自然的、本然的精神。法律是以对个体性的存在以及以对个体性存在的确证为前提的，强调平等的原则，确认的不是实体性、整体性，而是个体性。异化的伦理世界处于法权状态。法权状态就是通过形式的普遍原则（法律和制度）将这原子世界组织起来。这种形式普遍性的外化即国家权力与财富。

"异化了的精神的世界分裂为两个世界。第一个是现实的世界或精神自己异化而成的世界，而另一个则是精神于超越了第一个世界后在纯粹意识的以太中建立起来的世界。"②前者是由启蒙而形成的以个人为效准的世界，也即世俗世界；后者则是信仰的世界。个体首先是俗世社会中的人，但个体又具有试图超越世俗而追求普遍性本质的能力。前者使实体的人变成一个现实的人，后者则要使个体理性回归本质。这里伦理本质与个体性之间的矛盾是通过伦理行为实现否定、实现和谐③。

---

① ［德］黑格尔：《精神现象学》（下卷），贺麟、王玖兴译，商务印书馆1983年版，参见第33页。
② 参见［德］黑格尔：《精神现象学》（下卷），贺麟、王玖兴译，商务印书馆1983年版，第41页。
③ 黑格尔认为，也恰恰是伦理行为使人体会到伦理的悲怆情愫。《精神现象学》（下卷），贺麟、王玖兴译，商务印书馆1983年版，第23—27页。

黑格尔认为,自我意识在异化的伦理世界是通过"教化"再达到真理性的认识。教化是个体"赖以取得客观效准和现实性的手段",故"个体的教化乃是实体本身的本质性环节"①,而且有多少教化,就有多少现实性和力量。自我意识通过教化这一中介过程使自己变成符合于普遍性的东西,实现本质的回归或向普遍的对象性本质发展,向现实世界转化。

"教化"对个体来说有两方面:(1)"教化是将实体在思维中的普遍性向现实性的直接过渡"。"个体的教化则是实体本身的本质性环节"。实体"借助于这个简单的灵魂,自在存在才得以成为被承认的东西、成为特定存在。因此,个体性的自身教化运动直接就是它向普遍的对象性本质的发展,也就是说,就是它向现实世界的转化"。②

(2)现实世界虽是通过个体性而形成的,在自我意识看来却是一种直接异化了的东西,而且对自我意识来说它有确定不移的现实性。自我意识尽管确信这个世界是它自己的实体,却同时又必须去控制这个世界;它所以能有统治这个世界的力量,是因为它进行了自我教化,从这一方面来看,教化的意思显然就是自我意识在它本有的性格和才能的力量所许可的范围内把自己变化得符合于现实。"在这里,表面看来好像是个体的暴力在压制着实体从而消灭着实体,实际上个体的暴力也就是实体赖以实现的东西。因为,个体的力量在于它把自己变化得符合于实体,也就是说,它把自己从其自身中外化出来,从而使自己成为对象性的存在着的实体。因此,个体的教化和个体自己的现实性,即是实体本身的实现。"③

法权状态的抽象普遍性的外化形式即国家权力与财富。黑格尔将"教化"通过三阶段来说明。第一阶段:善与恶;国家权力与财富;第二阶段:自为意识的判断即高贵意识还是卑贱意识;第三阶段:服务和建议,即我与国家权力、公共财富达到统一,我为国家权力服务,为公共财富服

---

① 参[德]黑格尔:《精神现象学》(下卷),贺麟、王玖兴译,商务印书馆1983年版,第42页。
② [德]黑格尔:《精神现象学》(下卷),贺麟、王玖兴译,商务印书馆1983年版,第43页。
③ [德]黑格尔:《精神现象学》(下卷),贺麟、王玖兴译,商务印书馆1983年版,第44页。

务,这叫服务的英雄主义。

善与恶在现实的意识中都表现为对象性的环节:一种本质是国家权力,另一种本质是财富。

政府就是国家权力的自我或主体。没有一个政府,国家权力就不能成为一个个体性的存在,不能成为个体性和实体性相统一的那样一种存在。反过来说,以个体性的方式体现出来的实体性称之为主体。主体的本质是实体,是普遍,而不是个体,它只是用个体的形式表达出来。作为个体的个人就是通过教化超越个体又超越实体而成为一个主体。高贵意识之所以高贵就在于它意识到了这个实体,思维自己的本质或者决定自己。"财富虽是被动的或虚无的东西,但它也同样是普遍的精神的本质,它既因一切人的行动和劳动而不断地形成,又因一切人的享受或消费而重新消失。在财富的享受中,个体性固然成了自为的或者说个别的,但这个享受本身却是普遍的行动的一个结果,而且反过来,又是促成普遍行动和大家享受的原因。现实的东西完全具有这样的精神意义:它直接地是普遍的。"①人们一般会以为财富的享受行为是自私自利的,但个人在享受时也在促使一切人都得到享受,就像一个人劳动时,"他既为他自己劳动也是为一切人劳动,而且一切人也都为他而劳动。因此,一个人的自为的存在本来即是普遍的,自私自利只不过是想象的东西;这种想象并不能把自己所设想的东西真正实现出来,即是说,并不能真实地做出某种只于自己有利的而不促进一切人的福利的事情"②。黑格尔在此深刻揭示了财富的公共本质,认为自私是荒谬的。

自我意识在这两种精神力量(国家权力与财富)中认识到它自己的实体、内容和目的;它在这两种精神力量中直观到它的双重本质:一种自在、一种自为,但作为精神同时又是一否定的统一体。而善与恶的真实性标准,不在于客观本质本身究竟直接是同一还是不同一;不在于它们

---

① [德]黑格尔:《精神现象学》(下卷),贺麟、王玖兴译,商务印书馆1983年版,第46页。
② [德]黑格尔:《精神现象学》(下卷),贺麟、王玖兴译,商务印书馆1983年版,第47页。

空间是抽象的自在存在还是抽象的自为存在,而在于它们与精神是否同一还是不同一,精神是否与其关联着、自在存在又自为存在。国家权力对个体来讲是一种压迫性的本质、坏的东西、恶;而"财富是提供着普遍的享受,它牺牲自己,使一切人都能意识他们的自我,它自在地即是普遍的善行,如果说在某种情况下它并未实现某一件善举,并未满足每一个需要,那么这只是一种偶然,无损于它的本质;它的普遍的必然的本质在于:将自己分配给一切个人,做一个千手的施予者"①。

意识采取了不同的方式对待现实本质,这两种方式的判断各有自己的同一和不同一。认定国家权力和财富都与自己同一的意识乃高贵的意识。它认为这种权力即它自己的简单的本质及其具体实现,并对它不惟内心忠诚,实际上也听从驱使,百依百顺。看到财富与自己有关系的本质性东西(自为存在),把财富视为和自己有关系的本质性东西,并把自己享受其实惠的那种财富视为是施予者,衷心感激。将它们视为与自己不同一那种意识即卑贱意识:视国家的统治力量为压迫和束缚自为存在的一条锁链,因仇视统治者,平日阳奉阴违随时准备爆发叛乱。卑贱意识借助于财富而得以享受其自己的自为存在,但他同样把财富视为与它自己不同一的东西,即是说,因为它从自己的持存的本质出发来考察,发现财富与自己不同一:既然财富只使它意识到它的个别性和享受的变灭性,使它既贪爱财富又鄙视财富,那么随着享受消逝,随着日益损耗中的财富的消逝,它认为它与富人的关系也已消逝。②

国家权力虽还没成为一个自我(或主体),仅是普遍的实体,但高贵意识却已意识到这普遍实体为自己的本质,为自己的目的和绝对内容,而以否定态度对待其特殊内容和特定存在,并使它们归于消逝。高贵意识是服务的英雄主义:这种行为普遍而牺牲个别存在,从而使普遍得到特定存在;这种人格放弃自己的占有与享受,其行为和它的现实性都是

---

① [德]黑格尔:《精神现象学》(下卷),贺麟、王玖兴译,商务印书馆1983年版,第49页。
② 参见[德]黑格尔:《精神现象学》(下卷),贺麟、王玖兴译,商务印书馆1983年版,第51页。

为了现存权力的利益。"通过这个运动,普遍就变得跟特定存在一般地结合起来了,正如特定存在着的意识之通过这个外化而把自己教化、形成为本质性一样。特定存在着的意识在服务中异化了自身,而它所异化的乃是它那沉浸于特定存在中的意识;但那自身异化的存在乃是自在存在;它通过这个教化形成过程于是就获得它自己以及别人对它的尊重。"①但国家权力却通过这个运动由被思维的普遍变成现实的权力。国家权力所以能获得这种现实的服从,是由于自我意识判断其为本质并作了自我牺牲,使这本质与自我[或自我意识]互相结合的行动产生双重的现实:"使自我意识本身成为了真正的现实,并使国家权力成了真正的有效准的东西。"②

通过这异化,国家权力还不具自我意识,有效准的只是其法律或自在存在,还无其特殊意志;因服务意识还没外化其纯粹自我从而赋予国家权力以精神,以它的存在使国家权力取得生命;它为国家权力所牺牲的只是它的特定存在而不是它的自在存在。国家权力不是君主个人的而是本质性的意志,且臣属的重要也只在于它这样取得的荣誉之中,即只在于他按照本质表达了普遍意见而不在于他以感恩之情表达了个体性;国家权力的个人意志此时还没有形成起来。虽然这种自我意识同个人意志有关联,其语言毕竟具有建议性质,是他为了普遍利益而提出来的建议。这样高贵意识中普遍本质与个体自我力求达到同一性,这种方式或高贵意识的自我意识的特征,即服务与建议。而卑贱意识本来不追求统一。

高贵意识扬弃了个体存在以后所表现的服从或服务由不声不响的服务英雄主义发展为阿谀的英雄主义。因为它要自身反思从而由自在存在的普遍势力变成自为自在的,使之取得自我意识的个别性。黑格尔提倡君主制,所以他由此提出了"通过这个过程,国家权力所内含的精

---

① 参见[德]黑格尔:《精神现象学》(下卷),贺麟、王玖兴译,商务印书馆1983年版,第52—53页。
② 参见[德]黑格尔:《精神现象学》(下卷),贺麟、王玖兴译,商务印书馆1983年版,第53页。

神"就是"具威权无限的君主"。阿谀的语言"把这种权力抬高使之达到纯粹的普遍性"以使其获得"纯粹自身同一性"的或"精神"的特定存在：语言（形式）。至于为何以"君主"个体表达，则是由它作为普遍权力在现实中定在的一个"姓名"（代名词），也通过"君主"这个特殊的个别人作为普遍权力的自知，而贵族们也明确他们所乐意效力于国家权力的具体对象①，而君主自身也以此区别于个体原子式存在的一切人②，也没有任何东西与其相等的，他自身也不复是一个纯粹的个别人，而是普遍性的定在、国家权力的定在。阿谀的（或赞美的）语言就是讲这种个体与公共权利的那样一种同一性，使"个别的现实的自我意识由于这样确信无疑地知道自己即至高权力"③。这是高贵意识牺牲自身而努力维持国家权力才能实现的，或者说国家权力只有在这样的高贵意识中才能真正行动起来。高贵意识的这种自为存在也使国家权力扬弃了其抽象的自在的或惰性的本质，成为精神的国家权力。

黑格尔认为，国家权力按其概念说是变成财富。这样"通过权力之所以赖以成为权力的那种尊敬和服务向它的反面亦即向权力的外化过渡"。这样，"国家权力的意志"实际上是独特的自我，"通过对高贵意识的抛弃"，"变成一种屈服于任何更强有力的意志之前的、完全的个别性和偶然性"④。

高贵意识曾把自己规定为与普遍权力保有一致关系，但其真实性也由此⑤获得自为的存在，并实际上扬弃和摧毁着普遍实体。精神由此在现实中出现了内在的不一致：一方面高贵意识享受着荣誉，保留着自己的意志；另一方面，它放弃意志的同时又异化着其内在本性，使它自己与

---

① 这是黑格尔时代的政治体制选择意向反映。
② 原子是不能将自身的本质向别人作任何传达的。
③ 这个权力是以自己为中心点的，很多分散的自我（原子式个体）中心点都放弃了对其自身的确信而集结到他这边来。
④ 这样，作为普遍性的"自我"（国家权力）也就成"空的姓名"。参见黑格尔：《精神现象学》（下卷），贺麟、王玖兴译，商务印书馆1983年版，第58页。
⑤ 为这样的国家权力服务过程中舍弃自己的人格的同时获得自为的存在。

自己达到最大的不一致,它事实上制服和占有着普遍实体,造成普遍实体同它自己的完全不一致。从辩证的角度看,这种方式也消解了卑贱意识。①

财富对于意识来说固然是一种已屈从于意识的普遍物,按照黑格尔的辩证之逻辑,它本身还要返回自身。"财富不是国家权力的无自我的普遍物,或不是精神的无机而素朴的自然";就国家权力本身即财富来讲,财富本身是自为的,"是个体自己的享受中所实现的无本质的自身返回"②。因此,财富本身取得生命。这种取得生命的自身返回中变成本质的存在,这样,它就在其本身之中具有其精神。

高贵意识本身就是异化了的自我,"是它必须从某一别的坚固的自为存在那里接受过来的东西"。由此,事实上它"对自己所怀抱的确信作为确定性来说是最没有本质的东西,看出它的纯粹人格是完全没有人格东西。因此它的感激精神既是出于这种最沉重的背离抛弃的情感,又是出于最深刻的激怒叛逆的心理。"③——纯粹的自我见到自己以外的支离破碎,一切一致的同一的东西解体,一切称为规律、善良和公正的东西归于瓦解崩溃,绝对的本质是非本质,纯粹的我本身绝对分裂。它所赖以有加紧于卑贱意识的那种区别从其精神中消逝。财富的精神本来是无本质的自在存在,作为被分配给人的东西在它的主顾享用中扬弃个别性又获得自为存在,它"以为给人一顿饱餐就赢得了一个异己的自我,从而使这个异己的自我的最内在的本质虚心下气俯首贴耳,于是产生出傲慢放肆的态度",它以为由此消解了一切同一性,感觉"一切实体都消逝得荡然无存","仅存的只是一种卑鄙下流的事物,一种喜笑怒骂的游戏,一种随心所欲的发作",成为精神丧失后遗留下来的躯壳。④ 黑格尔以"表

---

① 或者说卑贱与高贵其实本质有异,形式却一样:使普遍权力受制于自为存在。参见黑格尔:《精神现象学》(下卷),贺麟、王玖兴译,商务印书馆1983年版,第61页。
② [德]黑格尔:《精神现象学》(下卷),贺麟、王玖兴译,商务印书馆1983年版,第61页。
③ [德]黑格尔:《精神现象学》(下卷),贺麟、王玖兴译,商务印书馆1983年版,第62页。
④ [德]黑格尔:《精神现象学》(下卷),贺麟、王玖兴译,商务印书馆1983年版,第63页。

示分裂的语言"表达教化世界中精神的这种辩证及其机智。人总是在不断的否定中前行。只是这否定之中也有着其统一性或同一性,这种同一性本身其实也在随着时势不停地应变着——顺应当下普遍性的本质。"邦有道,贫且贱焉,耻也;邦无道,富且贵焉,耻也。"①孔子所言与此有异曲同工之妙。黑格尔由此也揭示教化的虚假性。

教化的虚假是指君主占有了国家权力,占有了财富,使普遍性成为了"我"或表达为:我就是普遍,我就是上帝,我就是实体;使个人成了一种普遍,如皇室即国家。这样伦理就虚化了,个人的精神就是整个的实体的精神,形成现实的虚伪。

一切事物的虚妄性是自己固有的虚妄性或它本身的虚妄——自为存在着的我知道议论一切,"机智地从其矛盾中说出种种坚固的现实本质以及判断所设定的种种坚固的规定来,而这种矛盾就是它们的真理"。②——从形式方面看,它知道一切皆自身异化的存在:想望中的目的是与真理分离了的;冠冕堂皇的理由总与真实本意和真正的事情和意图分离了的。自我可以从本身包含着的不一致与矛盾性方面善于去作判断,却丧失了把握的能力。权力和财富是两个现实的普遍承认的力量。自我的两个最高努力目的,自我知道它通过自己的舍弃和牺牲把自己教养形成为普遍的东西,进而占有普遍性,并且由于占有了普遍性就具有普遍效准。但自我占有了权力和财富,反倒成为支配权力和财富的力量。自我这样既占有它们又超脱于它们,则是用充满精神的机智的语言来表述其内容,表达其整体的真理性所在。在这样的语言中体现其精神的、真正的普遍有效的自我所在③。

这样的"语言"是从现实跨入纯粹意识即"纯粹识见"。纯粹识见的传播即启蒙。自身异化的精神以教化世界当作它的特定存在;教化世界

---

① 《论语·泰伯》。
② [德]黑格尔:《精神现象学》(下卷),贺麟、王玖兴译,商务印书馆1983年版,第69页。
③ 这个意义上看,伦理学通过语言才能使自然状态变成现实。黑格尔将"语言"作为精神现象学的一个环节是其认识的深刻性体现。

的彼岸则是纯粹意识或思维（非现实世界），其元素即思维。信仰就是从现实世界那里返回到纯粹意识中来的。信仰的对象是上升了的普遍的世界。信仰是一种普遍，但它又是一个实在世界，它是"上升为普遍的实在的世界"①。黑格尔在此揭示了现实中的信仰即宗教的本质：它是迷信、偏见和谬误的大杂烩，是教士阶层的自私与垄断，甚至与政治国家联合来愚弄一般群众，实现其太平无事的统治，满足其专断与私欲。

纯粹识见在信仰内生存并发展，使信仰内含的思想被唤醒，理性的成长推倒了信仰。当中世纪用纯粹识见来论证上帝的时候，它就已吞下了一颗苦果；而当它意识到它吞下了一颗苦果时却为时已晚了，迷信的瓦解已不可阻挡了。这个意义上，"纯粹识见是信仰当中的内在的否定因素，是自身反思或自我意识这样的环节"②，纯粹识见对信仰进行反思，反思人的自我意识。纯粹识见的启蒙首先是对宗教信仰对象的颠倒，其次是对它的解构。

教化王国或现实世界中，意识有两种形式：启蒙与信仰。启蒙对信仰的颠倒是对信仰崇拜对象的解构与颠倒。从信仰把握的对象上看，它本质上是内含着思维的（自为的）绝对本质、既神又圣的精神，但信仰将自己的绝对本质拟人化，搞成对象性的和可以表象的东西了，如拟人化的"神像"，这使信仰看来一如石头或别的人有限时间里的感性事物。从信仰确定的仪式看，虽然其本质也是纯粹意识，但它以某种感性确定性（如"神像"）为中介，并通过感性确定性（如宗教仪式）表现。启蒙由此表面现象认为信仰只是一种关于偶然事物的偶然知识。从合目的性看，启蒙认为像中世纪的清教徒为信仰放弃个体享乐、放弃财产、摆脱个别性（主体性），超越自然必然性，这是"既不公正而又不合目的的"③。实际上，它否定自己摆脱了个别性目的的那种意图，最终使信仰空无内容。合目的性、有用是启蒙的基本概念。中世纪时以信仰压制启蒙、压制纯

---

① ［德］黑格尔：《精神现象学》（下卷），贺麟、王玖兴译，商务印书馆1983年版，第75页。
② ［德］黑格尔：《精神现象学》（下卷），贺麟、王玖兴译，商务印书馆1983年版，第101页。
③ ［德］黑格尔：《精神现象学》（下卷），贺麟、王玖兴译，商务印书馆1983年版，第103页。

粹知识,启蒙以人世的权利反对信仰及坚持自己的真理、鄙视及消解信仰的权利,颠倒或改变不平等的权利。而近代启蒙又过度消解了信仰。现代人的精神由此变得祛魅、没有信仰。

意识在有用性中获得自我与普遍的统一,则"我"就成为对普遍福利有用的那样一种存在。当我要使自己有用的时候,我也要获得自我与普遍的统一、我要成为一个对普遍性和公共福利有用的存在。于是,个别性就在有用性中与普遍性达到统一,并成为具有普遍意义的存在,或超越了自己的个别性。个人本质上也就成为为他的存在(不是为己的),或为"公"的存在,达到个体性统一于实体性当中、个体性与实体性的统一。这样的意识就不是启蒙的个别性,也不是信仰的抽象,而是自知自明的意识或自知自为的精神存在,也可以说是达到了绝对自由,在功利世界中达到了绝对自由。

"普遍的东西要想成为一个行动,它就必须把自己集结起来,形成个体性那样的单一性,并且将一个个别的自我意识安置于领导地位",这样形成了实体性的个体。这样普遍的意志就在"一个单一性的自我之中,才是一种现实的意志"①。相对被安置于领导地位的个体来说,其他个别体的自我意识就会被排除于这个行动整体之外,而只是局部地参与这种整体个体性了。于是,这种代表普遍自由的整体个体性就有可能做的只是否定性的行动,甚至"制造毁灭的狂暴"②。这样的整体个体性就如政府,"政府,作为从一个点出发的一种愿望和实现(活动),它同时也愿意并实现着一种特定的意旨和行为。它于是一方面排除其余的个体,使之不得参与它自己的行动,另一方面,把自己构成为这样一种政府:其本身是一特定意志,从而与普遍意志相对立;因此,它完全没有别的选择,而只能把自己呈现为一种派别"③。这样,政府只不过是"胜利了的那一

---

① [德]黑格尔:《精神现象学》(下卷),贺麟、王玖兴译,商务印书馆1983年版,第119—120页。
② [德]黑格尔:《精神现象学》(下卷),贺麟、王玖兴译,商务印书馆1983年版,第118页。
③ [德]黑格尔:《精神现象学》(下卷),贺麟、王玖兴译,商务印书馆1983年版,第119—120页。

派"。也因它只是其中一派,就意味着它倾覆的必然性①。但普遍意志只能保持自己于政府中来体现自己的现实性。而政府会为自己的意图而干脆地把个人消除掉②。

这样看来,一方面人是有绝对自由的,即通过启蒙达到一种普遍意识。但另一方面,这个抽象普遍意识是确定不安的,甚至是恐怖的。怎样消除这种不安或恐怖呢?黑格尔认为,那就是回到人自身,与人重新结合,人对其自身确定,即变成道德。这样教化世界走向道德世界,在道德世界中确立精神自由,确立它的普遍性、现实性。精神回到人自身,就变成了道德王国。

(三) 道德的世界

黑格尔在道德王国里设定了两个公设:第一个公设是道德与客观自然的和谐,这是世界的终极目的;第二个公设是道德与感性意志的和谐,这是自我意识本身的终极目的。第一个公设是在自在存在形式下的和谐,第二个公设是在自为存在的形式下的和谐。把这两个设想出来的终极目的联结起来的那个中项,则是现实行为的运动本身。

黑格尔首先假定了道德意识一般。这道德意识一般是现实的和能动的,它在它的现实和行动中履行着义务,它把义务当成本质。"但同时,这道德意识也假定着自然的自由,换句话说,它从经验中知道,自然对于它之意识到它的现实与自然的现实的统一性与否是漠不关心的,并且知道,自然也许让它幸福也许不让它幸福。"③这种情况下,道德的意识只能见到有采取行动的动机,却不一定因采取了行动而获得实现的幸福和分得完成实践所应得的享受。道德意识因此可抱怨它本身与特定存在之间存在的这种不相对应和不公正的情况。在这种不公正的情况下,

---

① 除非它消除自己的派别性而能真正地代表全体"普遍性"。
② 而这对于普遍意志来说实际上是一种罪过。
③ [德]黑格尔:《精神现象学》(下卷),贺麟、王玖兴译,商务印书馆1983年版,第126页。

道德意识只可具有它作为纯粹义务的对象,却看不到它的对象和它实现了的自我或自身,也即德福不一致。

但"道德意识决不能放弃幸福,决不能把幸福这个环节从它的绝对目的中排除掉"①。"享受"虽然不直接包含于"义务"的道德概念中,却包含于作为一种实现的道德概念中。因为履行义务即是纯粹的道德行为,也是体现了的个体性。"纯粹义务"的目的本质上有必要包含着这个别的自我意识。这就提出义务与自然或道德与幸福之间的和谐问题。所以,黑格尔在道德王国里设定了道德与幸福之间的和谐。这种设定不是属于偶然意识的表象的东西,而是包含在道德概念本身之中的东西,其真正内容就是纯粹意识与个别意识的统一。这种统一是作为目的的内容(即幸福),它不仅是一种愿望,还是理性的一种现实要求。

黑格尔认为,自然即在道德意识本身之中自在地和谐存在,个体自我必须在行动中实现这种和谐。但道德的完成是可以推之于无限的;相对于道德意识的纯粹义务而言,感性只具有否定的意义,或只是一种与其不符合不一致的东西。个体至多只是达到某种自身确定性的和谐,相对于可"推之于无限渺茫的辽远"的道德目标,道德规范的完成就成了一种应该完成了的,但又永远有待完成的任务。但在实际行动中,意识是把自己当作一种完全个别的意识;它是针对着现实本身,并以现实为目的②。义务一般于是落到这现实意识以外的另一本质③中。行动着的意识,因为它在实际行动着,于是只把(纯粹义务的)对方或他物看作是直接有效准的东西,因此纯粹义务将只是间接地被行为着的意识看作是神圣的。

这样一来,一方面,义务作为自在自为的神圣的东西,其效准性被设定于现实意识以外了。现实意识作为不完全的道德意识,从其知识方面

---

① [德]黑格尔:《精神现象学》(下卷),贺麟、王玖兴译,商务印书馆1983年版,参见第127页。
② 因为它盼望实际上有所完成。
③ 这另一本质即是纯粹义务的意识和神圣立法者。参见黑格尔:《精神现象学》(下卷),贺麟、王玖兴译,商务印书馆1983年版,第132页。

说,它知道自己的知识和信心是不完善的和偶然的;从其意愿方面说,它也知道自己的目的是受感性所影响的。由于它的价值不高的缘故,它就不能把幸福视为必然的,而只能视为一种偶然的东西,并且只能指望因恩赐而获得幸福。另一方面,尽管不完全的道德意识的现实是不完全的,但它的纯粹的意志和知识却是把义务当作本质,或者说它在思维中是完全的,是指向绝对本质。按照其应得的评价,这种不完全的道德意识应给予幸福。

如果说当初第一种公设只表示了道德与自然之间存在着的和谐,这里的自然是自我意识的否定物,是存在环节,那么第二种公设里,这种自在(和谐)则被设定为一种意识。这个意识成为一个世界主人和统治者,它使道德和幸福达成和谐,同时将诸义务作为复多的义务而加以神圣化①。虽然在纯粹的义务看来,特定的义务不能直接神圣化的,但为了实际行动(实际行动也是一种特定的东西)的缘故,特定义务既有必要也有必然超出此特定性而成为"另一种意识"——特定义务与纯粹义务的中介意识,这一中介意识是纯粹义务的意识和神圣立法者,也是特定义务所以能有效准的根据。在此基础上,道德自我意识或者纯粹义务与现实,这二者就统一起来了,统一于一个主体、统一于一个道德自我。或者说,在主体身上、在道德自我身上,达到了纯粹道德意识和现实之间的统一。当纯粹道德意识和现实统一起来的时候,就标志着一个主体建立起来了。这个时候,道德世界观就完成了。这也是自我道德世界观形成的基础。

黑格尔认为,良心就是一种道德世界观,是义务的现实,是对信念的承认、自觉和自身等同。普遍物有三种存在形态:在自然伦理世界当中,是实体性一般;在教化世界当中,是外在的客观存在;在道德当中,是认知着的思维的本质性,是绝对义务;而在良心当中,就是主体。在这里,个体变成了主体,主体等同于实体,实体即主体。良心

---

① [德]黑格尔:《精神现象学》(下卷),贺麟、王玖兴译,商务印书馆1983年版,第131页。

对义务的意识具有主观性,义务意识的效准在对义务的信念。在义务中有个别义务与普遍义务的对立,但良心不是对利益和义务的权衡,而是凭借直接性进行决定。良心是自身确定的精神,它保持自己与自在存在和自为存在的统一之中,它直接地符合于义务,是一种自身等同的意识。

  黑格尔同时指出:良心所表示的又只是一个人的自我,而不是一切自我意识的自我。它一旦诉诸行动的时候,它就是表现某个人良心的形式及其水平,表达的是一个特殊性,而不是一切人的自我;相应的有效性也不能表达普遍的自我意识;再者,良心是在个体性和普遍性、单一物和普遍物这些性质之间的直接统一,它只静观①而不是行动。它就只是一个优美的灵魂,它一行动就有罪过,它只能永远在主观世界中这样优美下去,而无力给自己以实体性。良心由此陷入了苦恼意识。只有到宗教当中,这两种我才能达到相互和解,精神达到我等于我的无间断的精神,这样我才能抛弃相互的对立,达到两种我相互承认,直接统一,完全外化,在对方中取得自身的确定性。黑格尔认为,这样一种统一的、无间断的精神就是绝对精神。良心的苦恼意识过渡到宗教阶段才能扬弃这种对立,达到这种和解或统一。

  至于宗教阶段要怎么样扬弃对立达到和解达到统一,黑格尔认为,宗教要经过三个阶段:自然宗教,预设宗教,天启宗教。自然宗教是东方宗教,预设宗教是希腊宗教,天启宗教就是基督教。自然宗教中单一性和普遍性的统一是在某种自然物中,是一种自在的存在。预设宗教是自为的存在,工匠把单一性和普遍性的同一变成艺术形象、艺术存在,从自在存在变成自为存在。例如佛像,它既是普遍物、理念的化身,但又具有某种个别性的形态,既是特殊的又是普遍的,在这个佛像中体现了单一

---

① 黑格尔认为,良心只是沉溺于判断和谈论而不表现为行动的道德意识或判断,深怕因实际行动和实际存在而玷污了自己内心的纯洁道德意识。它的空虚无力变成了一种不幸的苦恼,成为所谓的"优美灵魂",如同一缕烟雾,扩散于空气之中,最终逐渐熄灭、消逝得无影无踪。参见黑格尔:《精神现象学》(下卷),贺麟、王玖兴译,商务印书馆1983年版,第166—167页。

性和普遍性的统一。到了天启宗教，基督教就开始扬弃外在性，进入思想当中可以把握的普遍性。但在黑格尔看来，只有哲学才能达到真正的普遍性，才真正成为绝对知识。单一性和普遍性、人的个别性和普遍性同一的和解的知识，回到哲学概念本身；不是在某个艺术形象中，不是在信仰当中，而是在概念中达到统一、达到同一。黑格尔以唯心的形式，从精神的观念出发，最后又回到精神的概念中，在严谨而细密的哲学逻辑中完成了其伦理世界的辩证过程，也表达了特定时代背景中他内在向往的和谐伦理世界。

二、"伦理世界"的社会基础

理论是灰色的，实践之树常青。要深刻理解黑格尔"伦理世界"的本质、理解他对"伦理世界"的和谐与统一的向往，还需要了解其所生活的德意志国家历史背景，这是奠定其"伦理世界"的社会基础。

德意志是一个民族分合无定的国家。从古老的法兰克王国分离出来的德意志民族的神圣罗马帝国，是一个徒具虚名的统一体，最多的时候，全国有上千个邦国；最少的时候，也有几十个。经过几百年的艰苦奋斗，直至1871年实现了建国以来的首次民族大统一。黑格尔生活的时代德意志地区还是文化上、政治上和法律上都相互区别的众多实体组成，其中两股实力较强的是正在衰落的奥匈帝国的哈布斯堡王朝与正在崛起的普鲁士。法国革命为自由新世纪破晓。市民阶级提出废除教士和贵族的封建特权。他们要求参与政权。一些奥地利雅各宾党人甚至想组成一个政治组织，号召全德协同起义，响应法国革命，推翻德意志的封建割据统治。农民与封建主的人身和财产依附关系开始被打破，经济和平等要求逐渐出现，而统治者内部王室与贵族矛盾也颇多，贵族和特权阶级以"自由"为口号保卫自己的特权并且通过类似议会的等级会议与君主进行斗争。

与已经进行了工业革命，并建立了一整套现代国家机构与运行机制的英法相比,德国当属"低于历史水平"①。但自由解放与人的主体性思想却已是社会知识分子或农民寻求公正和各种利益平衡的主要思想依据。虽然德国知识分子也对法国革命的悲剧心存一定恐惧,但他们不泯革命的热情,提出了建立近代化宪政与代议制政府的要求,包括开明专制下的宪政思想,希望以此约束君主的权力,以保证公民基本权利、符合发展资本主义经济的需要。但法国大革命对君主制的颠覆和对社会秩序的破坏性使德意志统治者从18世纪末到19世纪初,始终对各种自由持怀疑和打压态度。

1805年—1807年的军事胜利使拿破仑占据和控制了德意志的大部分。为了给法国资产阶级社会在欧洲大陆上创造一个符合时代要求的适当环境,拿破仑在对德意志实行军事占领、政治统治和外交操纵的同时,按照法国的模式,强力推行资产阶级改革。他打击教会势力,取消教会特权,打破政教合一的传统观念,使教会失去作为与国家并列的公共权威的地位。在很多地方,赶走教会贵族和主教,解散修道院;废除什一税,没收教会财产;取消教会法庭;法律保护信仰自由,不同宗教者或无信仰宗教者,同享公民权。摒弃贵族的封建特权,建立个人在法律上的平等权利。清除封建等级,社会由僧侣、贵族和庶民等等级构成的理论让位于社会由法律上平等的个人构成的理论;贵族免于纳税、占据官职和控制军队的特权被剥夺了,各种职业和职位向有才能的人开放。废除农奴制,解除农民对地主的封建义务。农民由领主的臣民变成国家属下的人民,有职业、迁徙、婚姻和诉讼等自由。取消行会法规,普遍宣告人人享有劳动权,可以随意学习并加入任何行业。此外,还废弃国内关税,鼓励德意志境内的自由贸易;统一货币和度量衡。革除古老的典章制度,推行拿破仑法典。

由于不停顿的军事进逼和强大的反法力量的阻挠,拿破仑在德意志

---

① [德]黑格尔:《精神现象学》(上卷),贺麟、王玖兴译,商务印书馆1979年版,参译者导言,第5页。

的资产阶级改革缺乏统一的计划和坚定有力的实行。但此举毕竟对德意志的发展影响甚大。正是由于拿破仑猛烈荡涤着封建割据势力，扶植正在生长中的资本主义关系，才使德意志有了近代的工业，德意志资产阶级取得了相当的势力。所以，恩格斯说："德国资产阶级的创造者是拿破仑"，"他在德国是革命的代表，是革命原理的传播者，是旧的封建社会的摧毁人"。①

从1800年起，德意志掀起猛烈的民族运动。尽管这个时期的民族主义是保守主义和自由主义的混合，但目标是一致的：要求民族团结，反对异族压迫，恢复德意志的独立性。德国经济学家弗里德里希·李斯特（1789—1846）欢欣地写道："这是个'连体双胞胎'，彼此肢体相连，只有一个思想和一个感官，它们互相支持，追求一个伟大目标，即把德国各个部族联合成一个伟大、文明、富足、强大和不可侵犯的民族。"因此他又被后人赞为"使四分五裂的德意志统一起来的伟大先驱者"②。

但1815年成立的德意志联邦并不是切实意义上的国家实体，它仅仅虚构了一个统一的外貌，各邦仍保有绝对的独立性，内政外交自行其是，这导致了关税的纵横交错，税制繁多。当时的德意志联邦，从马格德堡到德累斯顿须过16道关卡，从汉堡经易北河到德累斯顿的货物须纳35次过境税。更有甚者，各邦（包括普鲁士）内部也存在严重的关税壁垒，直至1818年，普鲁士境内还保有60个税卡③。众多的关税无异于条条绳索，束缚着勃兴中的德意志资本主义经济。尽管联邦条例第19款规定各邦在贸易与交通方面要采取一致行动，然而囿于私利的大大小小邦国却迟迟未能就统一的经济政策、税收政策达成协议。在这种空前的民族分裂局面下，一个社会有秩序、中央有权威、政府有效率、军队有战力的普鲁士显得十分与众不同。正是普鲁士在短短百年内迅速崛起并

---

① [德]迪特尔·拉夫：《德意志史》，中文版由波恩Inter Nationes出版，1987年，第112—117页。
② [德]弗里德里斯·李斯特：《政治经济学的国民体系》，陈万煦译，商务印书馆1983年版，详参著者自序。
③ 孙炳辉、郑寅达：《德国史纲》，华东师范大学出版社1995年版，参见第85—86页。

完成了近代德国的统一,所以普鲁士有时就成为了德国人精神和文化的代名词。

由德意志的历史可以看出,黑格尔所谓的绝对精神、伦理世界建构实际上是渴望统一的德意志民族内在心声。这种国家民族的统一,不仅是外在形式的统一、共同体的制度认同,更重要的是有共同体意识、有内在民族精神的认同。黑格尔《法哲学原理》中对国家的探讨也是针对普鲁士而谈,为此,有人说黑格尔此著是为现存的普鲁士国家作辩护。但这现实的国家与他心目中的理想的国家还是有偏离,他要探讨的是一个国家应该怎么样或者说他设计的是理想国家。

当然,黑格尔伦理世界设计是基于对社会整体伦理缺失的忧患,不仅如此,其理论建树的努力还是建立在对当时启蒙思想的忧思基础上的。至19世纪初黑格尔写作《法哲学原理》时,西方以自由、理性和人的主体性为旗帜的启蒙运动已完成了现代化的思想准备。一统天下的基督教神学被去神化;科学技术的发展,尤其是天文学和生物学的重大发现与发展,使人们从神学的迷信中解放出来。这种解放同时也意味着人们信仰的逐渐破灭和心灵寄托的迷失。而一统天下的帝国崩溃、一统天下的信仰崩溃之时,社会结构的改革、传统阶级身份也在发生巨大变化,相应地,传统的伦理秩序与道德准则也面临严重挑战。独立的民族国家登上历史舞台时所奉行的理性主义、原子主义的个体主体性以纯粹抽象的个体权利和利益为基础,或以主观性的道德为准则,只是加剧了社会思想文化的多元化、无序化。纷乱中的社会更需要精神意识的认同和谐,才能实现真正的秩序和谐。而当时的启蒙运动所倡导的理性主义在黑格尔时代就开始被认识到它分裂了心灵和肉体、理性和情感、理性和想象力、思想和意义、欲望和谋划。如何解救这种"分裂"实现没有上帝的统一,成为当时学者的追求。康德提出了道德动机,认为道德律是理性世界的基本规律,理性世界是现象世界的后盾并与之对立。但康德道德世界的确立终究还是以"上帝不朽"为支撑。而从黑格尔的观点来看,道德律也是在客观世界中实现的。只有伦理世界才是一个民族的活生生的时代精神的体系。新型的社会文明必须有能现实化的普遍性(理性精神),有共同体的意识认同与制度建设。这才是黑格尔内在追求的伦理世界,才是真正的实现自由精神的社会。由此,黑格尔以"绝对精神"为目标,设计了伦理世界由自在向自为的演进历程。

三、"伦理世界"的体系

黑格尔认为,伦理世界的本质即共同体自在自为的精神。"精神就是自己支持自己的那种绝对实在的本质",是实体,是"普遍的、自身同一的、永恒不变的本质",是"一切个人行动的不可动摇和不可消除的根据地和出发点——而且是一切个人的目的和目标"①。伦理世界中自我与实体互相渗透、个体与类辩证统一。"活的伦理世界就是在其真理性中的精神"。贺麟先生为此注解:"在其真理性中"就是说在其客观性中②。客观的伦理世界生活由家庭、市民社会、国家组成。在伦理世界中,各个个体的本质与普遍性本质达到统一。家庭是自然的普遍性,市民社会是形式的普遍性,国家是实质的普遍性。伦理精神本质上是自由的实体性体现,通过伦理行为与自我环节这个实体的运动和灵魂,实现出其普遍本质。

(一) 家庭—自然普遍性的伦理世界

黑格尔认为,作为"天然的伦理的共体或社会性",家庭是靠爱结合起来的。所谓"爱",就是"意识到我和别一个人的统一"③,为此我抛弃自己的独立性,在与别人的统一中获得自我意识。当然,这种统一是建立在相互承认的基础上。如果不是相互承认的爱,这对个人来说,正如马克思所言:"即使不是最大的不幸,也是大不幸",或者这就不是真实

---

① [德]黑格尔:《精神现象学》(下卷),贺麟、王玖兴译,商务印书馆1983年版,第2页。
② [德]黑格尔:《精神现象学》(下卷),贺麟、王玖兴译,商务印书馆1983年版,第4页。
③ [德]黑格尔:《法哲学原理》,范扬、张企泰译,商务印书馆1982年版,参见第175页。

的爱。

爱是感觉,是具有自然形式的伦理。它有两个环节:首先,我认为我是独立、孤单的人,而我不愿意这样,因为这样我就是残缺不全的;其次,我在另一个人身上找到了自己的内容,获得了他人的承认;而这另一个人对我也是如此认同。爱是统一,但它却又是基于主观的东西的感觉,所以免不了任性的成份,而且这种主观性又不是理智所能解决的,譬如一方面的爱没有唤起另一方面的爱,虽然理智明确,而我却仍将它作为肯定的东西。要解决这样的矛盾,只能按其本性的东西从外在而不是从感觉的东西,即从伦理性的统一上解决这种统一问题。

家庭以爱为其规定性,所以个人在家庭中所谓的权利,就不可能是单一的个体主观任性,而只能根据"家庭统一体"来确认其所享有的权利或者说是家庭的权利。只有当家庭解体,个体实际上成为独立的人的时候,才以权利①的形式出现。从前他们在家庭中以之构成一个特定环节的东西,现在他们分别地只是从外部方面(财产、生活费、教育费等)来接受。

黑格尔认为,家庭是由以下三个方面完成起来的②:(一)婚姻,即家庭的概念在其直接阶段中所采取的形态;(二)家庭的财产和地产,即外在的定在,以及对这些财产的照料;(三)子女的教育和家庭的解体。

1. 婚姻

婚姻实质上是伦理关系,但它以自在的自然性别的统一为基础,所以它是直接地,并首先包括自然生活的实体性关系,这种统一只是纯粹外在的统一;但它包括了"类及其生命过程的现实"③,这种统一又在自我意识中转变为精神的统一,即自我意识的爱。黑格尔反对粗鲁地将婚姻

---

① 在黑格尔那里,这是作为市民社会成员或国家公民的特定单一性的抽象环节。
② [德]黑格尔:《法哲学原理》,范扬、张企泰译,商务印书馆1982年版,参见第176页。
③ [德]黑格尔:《法哲学原理》,范扬、张企泰译,商务印书馆1982年版,参见第177页。

作为"一种性的关系"或理解为仅是"民事契约"。前者仅从肉体方面将婚姻从自然属性来看,而后者是将婚姻降格作为双方任意地以个人为订约、互相利用的对象。黑格尔也反对将婚姻仅理解为爱的感觉。爱既是感觉,就带有其偶然性的内容,而伦理性的东西是必然性的真理,不应采取这样主观的、偶然的形态。"婚姻是具有法的意义的伦理性的爱",这样的限定就消除了"爱中一切倏忽即逝的、反复无常的和赤裸裸主观的因素"。①

婚姻的主观因素在很大程度上是因为"爱"这种感觉的偶然性,为了排除这种主观性,虽然现代人主张"主体性原则""婚姻自主自由",但在婚姻这个问题上不妨可以认同父母的考虑和安排或遵从"父母之命"。婚姻的客观因素则是当事人双方自愿同意组成为一个统一体,并为这个统一体抛弃自己自然的和单个的人格。虽然在这一意义上看,婚姻就形成了一个"围城",个体在这个统一体中失去了自由、"作茧自缚";但个体正是在这种统一体中走出个体主观性、偶然性而获得了"实体性的自我意识"②,并因此获得真正的解放。现代社会以性爱为主题的各种文艺作品中,将爱情描写为激情,婚姻因而成为建立在个体"偶然性"的感觉之上,那些主观情绪虽然对个人来说有意义或很重要,但实际上是有违其伦理本性的。现代的婚姻既不能如封建时代的"父母包办",也不能如现代时髦的"恋爱(情感)至上"而看不到其内在伦理的法的意义,爱情只能放在一个能组成伦理实体的特定个人身上。黑格尔强调家庭的建立应以爱为基础,又要排除爱的主观任意性,这一观点对当代有些迷乱的家庭观、爱情观当有直接的指导借鉴意义。

婚姻的伦理性在于婚姻双方都意识到彼此的统一是实体性的目的,就是"恩爱、信任和个人整个实存的共同性"。在婚姻中,情绪性的本性冲动降为自然环节的方式,"这个自然环节一旦得到满足就会消灭";只

---

① [德]黑格尔:《法哲学原理》,范扬、张企泰译,商务印书馆1982年版,参见第177页。
② [德]黑格尔:《法哲学原理》,范扬、张企泰译,商务印书馆1982年版,参见第177页。

有精神性的纽带才是其实体性的应有合法地位,只有它才能超脱激情和一时特殊偏好等偶然性,从而使家庭成为不可解散的伦理实体。黑格尔不反对离婚,因为婚姻中毕竟含有感觉的环节,因此可能会带来偶然性与不稳定性。为避免这种不稳定性,就必须立法:一方面使离异难以实现,另一方面也因此让人们慎重对待婚姻,并尽可能排除因一时的激情而破坏它的偶然性发生。黑格尔赞同一夫一妻制,反对"蓄妾"。因为婚姻中双方都是单个的人,是自在地排他的;而蓄妾则主要是为满足自然冲动而已,这实际上是将人降为自然性环节,是应引起羞怯的。

结婚要有一个外在制度性的程序或一定的仪式,由一定的组织或自治团体(教会则是另一规定)庄严地宣布建立婚姻这一伦理性结合,表示社会或自治团体等对它的相应承认或认可,由此双方构成正式婚姻和婚姻的现实。仪式进程过程中使用的语言则是精神的东西中"最富于精神的定在,从而使实体性的东西得以完成"①,它集中地体现了婚姻伦理性的本质内涵;那些感性的、属于自然生活的环节,则是一种属于伦理结合的外部定在的后果和偶性;而伦理结合的本质并非自然生活环节,而是双方的互爱互助。所以,这些形式不是多余的,更不是"民事命令"或"教会命令"的结果②,而是要以庄重的形式明示或确认婚姻是伦理性的东西,是凌驾于"感觉和特殊倾向等偶然的东西之上的",这就将婚姻体现于意识上、精神上的规定上升为"贞洁与端庄"。当事人的意识也从其自然性、主观性中提升为对实体性的思想,而不再保留这种任性,使自己在受家神的约束中服从实体性,也获得实体性。黑格尔重视婚姻的仪式形式但并不意味着他认同婚姻仪式的过于铺张浪费,以至太重形式反而丧失了爱的价值。

---

① [德]黑格尔:《法哲学原理》,范扬、张企泰译,商务印书馆1982年版,参见第180页。
② 如果这样理解,在黑格尔看来,这是对婚姻的污辱,"辱没了爱的情感",并作为一种异物破坏了这种结合的真挚性",是"厚颜无耻"的理智。参[德]黑格尔:《法哲学原理》,范扬、张企泰译,商务印书馆1982年版,参见第181页。

黑格尔认为,婚姻本质上是一夫一妻制。这是由人格的单一排他性与夫妻关系的直接性决定的。人格只能在他物中才能意识自己的权利,他物就必须"在这种同一中是原子式的单一性"。因此夫妻双方"只有从这种人格全心全意的相互委身中,才能产生婚姻关系的真理性和真挚性"。这种主体的自觉认识就是婚姻"实体性的主观形式"①。

2. 家庭财富

人格的定在通过"财富形式的所有物"表现。家庭作为人格来说,也在家庭财富中"具有它的外在实在性",并获得实体性的人格定在②。家庭财产是家庭中所有成员共享的。在家庭这样的伦理实体中,单个人的欲望私心变成对家庭实体的关怀和增益追求,由此个体由单一性走向了伦理性。在对外关系上,男子是家长,是法律上人格的代表。男子在外谋生,支配和管理家庭财产。当然,家庭成员享用财产时有时难免会与家长支配权发生冲突,所以家庭这种财产共有方式也会有"偶然性之弊"③。当夫妻关系由于自然死亡或离婚而消失时,就需要对夫妻共同财产加以限制协定,并对子女予以法律上的辅助安排。这也是对家庭成员能对此共同财产各能取得应有部分的保障性措施。

黑格尔还明确了家族与小家庭之间关系。子女长大通过自己的婚姻组成了新的家庭,这个家庭相对于它的宗族和家族来说,有自然血缘的关系,它们之间有着伦理性的爱,但它本身是"一个自为的独立体"。但在古罗马法中,在非严格的婚姻关系中的女方,与亲族的关系比与小家庭的关系还要紧密;封建法的时代,则重视家族甚于小家庭,尤其是只将男性算为家庭成员,并以整个大家族为主,至于新成立的小家庭同大家族相比则显得非常渺小。而到了黑格尔的时代,新的小家庭则是比血

---

① [德]黑格尔:《法哲学原理》,范扬、张企泰译,商务印书馆1982年版,参见第183页。
② [德]黑格尔:《法哲学原理》,范扬、张企泰译,商务印书馆1982年版,参见第185页。
③ 黑格尔不会料到多少年后出现的"AA制"家庭财产支配方式可以某种意义上缓解这种冲突。这种新方式的出现实际上也是女性地位提高的表现。参见[德]黑格尔:《法哲学原理》,范扬、张企泰译,商务印书馆1982年版,第185页。

亲关系的家族更为本质的东西。相对于封建大家庭,以夫妇与子女为核心的现代小家庭是家庭发展史上的根本变革。

3. 子女教育和家庭解体

婚姻以爱为基础,家庭以此真挚的情绪实现实体性的统一,但这种爱的感觉还不具备客观性,这种客观性只有在其子女身上才能获得,子女是夫妇爱的结晶或爱的客观化;是家庭自为存在的"实存和对象";在子女身上才能见到他们结合的整体。夫妇和子女就构成家庭这个实体的两个主体。夫妇相爱,子女得到父母的爱;对子女的爱就是对家庭实体性定在的爱护,夫妇双方从子女身上感受到夫妇之爱的客观化。家庭的统一,财产是其外在物,子女则是其精神的东西。子女是家庭传承的体现,每一代都会产生新家庭,再产生下一代,这样世世代代地无穷推进,这不是简单的自然性传承,而是"家神的简单精神在有限自然界中作为类而显示它存在的一种方式"①。

子女有被扶养和受教育的权利,父母有监护和教养的义务。其中的费用由家庭共同财产来负担。父母的义务是通过矫正子女任性的权利体现的。这种矫正带有"主观的、道德的性质",父母警戒子女受本性迷乱的欲望与纯粹感性的或本性的东西,将意志的普遍性陶铸到子女的意识与意志中,这一过程实际上就是灌输伦理原则、帮助子女社会化的过程。这种教化过程采取的是爱、信任与服从这一伦理心情基础上进行的,在幼年时代,尤其重要的是母亲将伦理的感觉在儿童心灵中培养起来。但这一教养过程不仅限于此,黑格尔还认为,要让子女从单一个体走向普遍实体,仅凭爱或主观的善的教育感化或一些理由与观念还不够,教育中要有纪律以警戒其"恣性任意"。如教育中对子女提出的要求时附加理由,没有这些理由子女就可以不从,这也会养成子女行为以其偏好为据的思维习惯,不利于其克服任性。在此,父母代表的是普遍的或本质的东西,子女就应该毫无疑义地服从父母。如果不培养这种服从

---

① [德]黑格尔:《法哲学原理》,范扬、张企泰译,商务印书馆1982年版,第187页。

感受,子女就易傲慢无礼、"唐突孟浪"①。

另一方面,子女自身出于进入成人世界的欲望与冲动,出于对自身现状不满的感觉,而感受到受教育的必要性。子女作为孩子,感受到父母的爱与信任,并"迎着独立自主前进"、日益壮大,最终将脱离父母独立于社会。在此,黑格尔提出反对教育学中游戏论的教育方式。这种教育理论以为儿童稚气,所以将真理的教育也以稚气的形态教于儿童,所谓"寓教于乐"。黑格尔认为,儿童满足于这种稚气状态就会远离精神世界本身的实体性,甚至产生自以为是的自负与虚无心。

父母对子女这种肯定性的教育中孕育了其否定性的一面,即子女达到超脱原有直接实体性的家庭,达到独立性的和自由的人格,从而也达到脱离家庭这一自然统一体的能力②。父母爱子女胜过子女对父母的爱,父母对子女的义务不是以子女对父母的服务为条件的,父母可以要求子女赡养自身或为自己服务,但仅以一般性的家庭照顾为基础,并也仅限于此。

家庭的解体有几种情况:一是离婚;二是父母的死亡③;三是子女的长大独立成为自由的人格,在法律上获得认可并有能力拥有自己的财产、组成自己的家庭。婚姻是具有法的意义的伦理性的爱为基础,所以婚姻的离异是不应该的,但毕竟婚姻依存的基础是主观的甚至是偶然的感觉,所以婚姻的离异也不是不可能的;但即便是离婚,也不能任性处置,而要由法院或教堂之类的"伦理性的权威来决定"。

家庭的解体带来家庭财产的继承问题。"这种继承就是要对自在的共同财产进行独特的占有"④。这种占有涉及到小家庭及亲族远房亲戚等。通常继承财产的是与死者最接近的人。为维持秩序,继承通常由实

---

① [德]黑格尔:《法哲学原理》,范扬、张企泰译,商务印书馆1982年版,参见188页。
② 这种子女与家庭的关系观点也是现代社会发展的结果。在罗马法中就规定子女从属于家庭(处于奴隶地位)。
③ 在黑格尔看来,父母尤其是父亲的死亡会意味着家庭解体的问题出现。
④ [德]黑格尔:《法哲学原理》,范扬、张企泰译,商务印书馆1982年版,第190页。

定法来规定。虽然这种规范忽视了家庭关系的伦理本性,但由于家庭的解体,个人的任性就得以自在自由,他或可按个体的偏好、目的来任意使用全部的财产;也可以将周围的社会市民朋友作为家人并在遗嘱中声明使其财产随意转承。如果社会承认个体有权任意订立遗嘱,就很容易引起卑鄙的钻营与同样卑鄙的顺从,使愚昧任性或奸诈狡猾获得机会和可能,很容易造成伦理关系的破坏。

家庭成员成为独立的法律上的人格这一原则,在家庭内部就出现了一种任性以及在自然继承人中间的差别。然而这种任性与差别应当受到严格的限制,以其对家庭财产的处置不破坏家庭的实体性为限,以免破坏家庭的基本关系。

4. 从家庭向市民社会的过渡

家庭解体,"自然而然地和本质地通过人格的原则分成多数家庭,这些家庭一般都以独立的具体的人自居,因而相互见外地对待着"。意识中最初的、神的义务的渊源是家庭的同一性,这也是个体普遍性最初的和本质的东西。另一方面,普遍性又是以独立性为其出发点,从家庭独立出来的个体所坚持的特殊性,其本质的规定依然是普遍物,仍受普遍性的支配。"家庭的扩大,作为它向另一个原则的过渡,在实存中,有时是家庭的平静扩大而成为民众,即民族,所以民族是出于共同的自然渊源的,有时分散的家庭团体通过霸道者的暴力或出于自愿而集合一起,自愿结合是由于相互钩系的需要和相互满足这些需要所引起的",这就是市民社会①。

(二) 市民社会——形式普遍性的伦理世界

市民社会是黑格尔理论逻辑上的家庭与国家之间的否定环节,处于"家庭和国家之间的差别的阶段"②,或在理论阐述上,它是国家之前。而

---

① [德]黑格尔:《法哲学原理》,范扬、张企泰译,商务印书馆1982年版,参见第196页。
② [德]黑格尔:《精神现象学》(下卷),贺麟、王玖兴译,商务印书馆1983年版,第197页。

在史实上，市民社会的形成比国家晚。这里要注意区分的是史实上所形成的"国家"是私有制社会以后建立起的国家，不同于黑格尔理念中的国家或他所设定的与家庭相区别的国家。黑格尔这里所讲的"市民社会"的概念其实是现代市场经济社会条件下形成的，所以，它在史实的形成上比国家要晚。市场经济虽然可以发展成世界性的，但其现实存在或为了巩固地存在，还是以国家为其前提的。市民社会在现代世界中形成，现代世界也"第一次使理念的一切规定各得其所"。许多现代的国家法学者都认为国家是由各个不同的个人组成的，国家是其统一的外在共同体。这个观点恰恰说明的是市民社会而不是国家本身。

黑格尔认为精神理念的每个分解环节或发展逻辑阶段都有其合理性合法性依据。市民社会有两个原则：一是每个具体的、特殊性人本身就是目的；二是每个具体做法的、特殊性的人都是以他人为中介，即通过普遍性的形式的中介，而肯定自己并得到满足。每个具体的人是"需要的整体""自然必然性和任性的混合体"，强调这本身就是目的，而且每个人都以自身为目的，这是市民社会的个体性原则；承认每个具体的、特殊的人，而且每个特殊性的人都与其他同样特殊性的人相关，如果不和他人发生关系，则他就不能达到自身的全部目的，因此，每个其他的特殊性的人也就成了达到自身目的的手段。而这种特殊目的通过这种与其他人的关系就"取得了普遍性的形式"，而且他本身目的的满足是通过"满足他人福利"中达到的①。在这个过程中，目的、手段其实也发生了颠倒，每个特殊性的自身也就成了他人达到其目的的手段。这其实形成了"人人互为目的、互为手段"，每个特殊性必须以普遍性为其条件。所以，黑格尔说：整个市民社会成了"中介的基地"。在这里，"一切癖性、一切秉赋、一切有关出生和幸运的偶然性都自由地活跃着；又在这一基地上一切激情的巨浪，汹涌澎湃，它们仅仅受到向它们放射光芒的理性的节

---

① ［德］黑格尔：《法哲学原理》，范扬、张企泰译，商务印书馆1982年版，第197页。

制"①。在此,衡量一切特殊性是否是促进它的福利的唯一尺度也就是看这一特殊性是否受到普遍性的限制。

由于上述原则,市民社会中,特殊的利己目的因其受普遍性制约,它就在这种制约的实现过程中建立起"在一切方面相互倚赖的制度"。既然每个人的生活及其福利或他的权利的定在,都是同众人的生活、福利和权利交织在一起的,它们只有在这种种相互依赖的联系中才能实现各自的特殊性。而这种相互依赖的联系必须有客观的制度来保证实施。这种相互依赖的形成的"普遍性"的客观外化就是制度的内涵。因为只有靠制度才能解决个体的特殊性与普遍性的内在矛盾。这种制度的实施,史实上首先可以看成外部的国家,即"需要和理智的国家"②。市民社会内部特殊性和普遍性虽然相分离或对立,其中的一个总是要和别一个保持一定的距离才能存在,但它们内在地却是相互依赖、互为条件;相互束缚、相互制约,密不可分。如市民对国家纳税,这是对其个人利益的部分剥夺,但实际上,如果没有市民个体的纳税,国家也就无以为继,市民本身的公共利益也不可能得到保证,反而加大了个体的利益损失,即没有普遍性就没有特殊性的实现。也有人以为完全以普遍性统摄特殊性,形成一个普遍性的实体:国家,这里消失了个体性特殊性,结果个体在国家中也消失了其主体性及其创造的活力,人类回归到专制蒙昧的时代,这恰恰就是历史的倒退。而在市民社会中,实际上特殊性与普遍性不仅是相互依存与制约的,而且它们本身也是在相互转化的:"我在促进我的目的的同时,也促进了普遍物,而普遍物反过来又促进了我的目的。"③

市民社会是个体欲望的海洋,在这里,特殊性本身总是要尽量在一切方面满足自身的各种需要。但由于特殊性需要的偶然任性和主观偏好,它的需要也就并不都是符合于伦理的,它就可能在这些享受中破坏自身的实体性的概念,破坏自己本身。同时,特殊性的需要的满足本身

---

① [德]黑格尔:《法哲学原理》,范扬、张企泰译,商务印书馆1982年版,第197页。
② [德]黑格尔:《法哲学原理》,范扬、张企泰译,商务印书馆1982年版,第198页。
③ [德]黑格尔:《法哲学原理》,范扬、张企泰译,商务印书馆1982年版,第198页。

是无止境的,每一次需要满足后又会产生新的欲望,而这种新的欲望固然在根本上也会受制于普遍性的权力限制,但它更多依赖于外在的偶然性与自身的任性。所以,"市民社会在这些对立中以及它们错综复杂的关系中",我们既可以看到荒淫和贫困的景象,也可以看到因此所带来的、它们"共同的生理上和伦理上的蜕化的景象"①。

在《法哲学原理》道德篇的第124节,黑格尔就提出:这种特殊性的独立发展本身是历史的进步,是现代社会个体主体化的客观体现。相比于古希腊实体性的国家中无主体或只有极少数"主人"的"荒淫"的无限欲望满足的同时伴随的是奴隶的辛苦劳作与极端贫困,主人的欲望满足是建立于奴隶的劳作之上,在这种享受与劳作的相互承认中主人与奴隶的地位也发生了颠倒:奴隶在为主人的劳作中成为真正的主人;主人欲望满足只能依赖于奴隶,失去自身的自主。而当奴隶为极端的蜕化抗争、起义而推翻奴隶主的统治时,国家也就走向衰亡,实体性、伦理性也就解体。这种衰亡或伦理性的解体是奴隶社会或封建社会家长专制(或宗族专制等级制度)和宗教制度的解体,个体打破家族专制或宗教精神专制统治的锁链,建立起一个比较富有个体自为精神的,力求人人平等,但又还仅只是追求更原始、更自然直观的欲望满足的市民社会,一如西方文艺复兴运动《十日谈》或裸体艺术展现的对人直接欲望满足的肯定。在黑格尔看来,这种特殊性的追求一方面由于其"蜕化"而实现新的否定,另一方面也"抵抗不住自我意识自身中的无限反思"②。古代那种缺乏反思的简单专制原则形成的统一是缺乏(理性)真实无限的力量的,它只是外在性的强制形成的统一。这种统一使其对立面,即理性的对立面能借反思的力量实现对统一体的否定,理性在对立中保存自己,并结合对立在自身之中③。

黑格尔在此提到柏拉图的理想国,就提出纯粹实体性的国家而排除

---

① [德]黑格尔:《法哲学原理》,范扬、张企泰译,商务印书馆1982年版,第199页。
② [德]黑格尔:《法哲学原理》,范扬、张企泰译,商务印书馆1982年版,参见第124页。
③ [德]黑格尔:《法哲学原理》,范扬、张企泰译,商务印书馆1982年版,参见第200页。

了独立特殊性原则,虽然这个原则在他的时代已侵入希腊。但柏拉图将国家这一实体看成理想、看成实体性的真理,这也与其时代的局限性有关。至中世纪时基督教则在此理念上有所进步,它承认主体性的权利及其自为存在的无限性,但它也只是让单个独立的人格"以内在的形式在基督教中出现"①,而在现实精神的那个纯粹实体性的形式中它却没有得到应有的地位。所以,用马克思的话说,那仅是"精神的鸦片"。主体性的体现,也是随着市场经济的发展而产生,并对它进行反思而提出的哲学理念。特殊性的欲望本身是没有节制,也没有尺度的,其表现形式也如此。因此,人会"通过表象和反思而扩张他的情欲,并把情欲导入恶的无限"。欲望的满足无止境;另一方面,贫穷与匮乏也相应地无止境。这种贫富悬殊必然导致社会的不稳定或混乱;对此,必须有一个能超越于它又能控制它的实体才能实现对它的调和,这个实体即国家。黑格尔称此为"作为社会正当防卫调节器的国家"②。

黑格尔认为,市民社会内含下列三个环节:第一,是需要的体系与劳动。第二,是对个体所有权实施保护的司法③。第三,对公共利益与特殊利益作为共同利益予以关怀的警察与同业公会。黑格尔认为,需要是特殊性最初体现为与意志的普遍物相对抗的主观需要。表面看,这是个体特殊性的,但其本质的实现却是普遍性的。需要可以通过两种手段或方式得以实现或达到其客观性:一是通过外在物,二是通过活动和劳动。前者在目前阶段也同样是"别人需要和意志的所有物和产品";后者则是"主观性和客观性的中介"④。主观需要在跟别人的需要和任性的关系得到了肯定。这种肯定本身就构成了这一领域内部的调和因素,就会使有些需要的产生并非出自有需要的本人,而是因为他人的存在,而他人的

---

① [德]黑格尔:《法哲学原理》,范扬、张企泰译,商务印书馆1982年版,参见第200页。
② [德]黑格尔:《法哲学原理》,范扬、张企泰译,商务印书馆1982年版,参见第200页。
③ [德]黑格尔认为,这是"包含在上列体系中的自由这一普遍物的现实性——即通过司法对所有权的保护。"同上,第203页。
④ [德]黑格尔:《法哲学原理》,范扬、张企泰译,商务印书馆1982年版,参见第204页。

需要和满足需要的劳动是大家彼此满足需要的条件,这种需要和手段的抽象性也成为个人之间相互联系的普遍性与规定:我既要从别人那里取得满足的手段,我就必须配合别人而行动,接受别人的意见,生产满足别人需要的手段。这样,大家彼此配合、相互联系,"使孤立的和抽象的需要以及满足的手段与方法都成为具体的,即社会的"并且是"相互承认"的。需要的满足依赖于劳动,鉴于劳动①的相互依赖性就使人必须要关注与他人的协作,就促使个体去关心他人、关心社会,这就促使个体由主观的利己之心转化为对"普遍性"(社会性)的关注。其结果就是:每个人在为自己取得而生产与享受的同时,也正是"为了其他一切人的享受而生产和取得",这就蕴含了这样一个真理:人与人的这种相互依赖全方面交织的必然性是每个人"普遍而持久的财富"②。

黑格尔也指出,财富的普遍性并不意味着分享财富的绝对平均主义。因为分享的可能性受到个体的技能、资本、努力程度等因素的影响。如果有人想提出平等的要求来对抗这种必然性,这样的理智把它这种抽象的平等和它这种应然看做实在和合理的东西,表面上它好象是在表达或自以为是普遍性,但实际上它是将特殊性领域或自身中还持有的自然的、也即任性的特殊性或抽象的、主观愿望的"应然"当成了普遍物。所以,这种观念其实是一种"空洞的理智的勾当"③。

由于多样化的劳动分工、各种劳动方式之间也相互依赖服务、交叉进行,相关的需要、劳动手段、满足方式与方法等内容中所具有的普遍性也相对集合起来,形成不同的集团、不同的等级,个别的人则因其理论教育与实践教育等方面的特殊性而属于不同的等级,形成等级的差别。黑格尔从概念上将等级区分为实体性的或直接的等级、反思的或形式的等级、普遍的等级。等级成为"分享普遍财富的方式和方法",每个人的特

---

① 人类劳动本身就有分工之必要,而且随着技术现代化的发展,这种分工愈益细化,相应地对劳动的协同要求更高。
② [德]黑格尔:《法哲学原理》,范扬、张企泰译,商务印书馆1982年版,第210页。
③ [德]黑格尔:《法哲学原理》,范扬、张企泰译,商务印书馆1982年版,第211页。

殊性决定了其所属的等级。

黑格尔将以耕种土地为生的劳动者归为实体性的等级,其劳动成果也是与固定的季节相联系、以自然过程的变化为条件,其财富收成更多地依赖于"风调雨顺"的自然,所以劳动者的生活方式不需要以反思为中介,甚至也不能以自己的意志为转移。

产业等级则是以对自然产物的加工制造为其职业来划分的。它的生活资料来源不在于自然所得,而是要通过中介,即从劳动、从反思和理智、从别人的需要和劳动中才能获取。它所生产的以及它所享受的,主要归功于它自己,即它本身的活动。

黑格尔将产业等级的行业区分为三种:一是"以较具体的方式和根据个人的要求来满足个别需要的劳动",即手工业等级;二是"为满足属于一种较普遍需求的个别需要所作出的较抽象而集体的劳动",即工业等级;三是"拿零星物资主要通过货币这一普遍交换手段(在货币中所有一切商品的抽象价值都成为现实的)而进行相互交换的行当",即商业等级①。产业等级不同于农业等级的是:这个等级的个人不能依靠外在自然的恩赐而只能依靠自己,是通过个体的劳动产品获得社会他人的需要满足的基础上获得社会的承认或获得自己的需要满足。它不是像实体等级那样以家长制方式维持人伦关系而强调个体的自由、平等、独立,更强调社会的自由与秩序。前者由于所得多依赖于自然,故其依赖心理、逆来顺受心理是基本的,并且倾向于屈从;而后者则倾向于自由、独立。普遍等级是"以社会状态的普遍利益为其职业",是以社会公共利益为其劳动服务的对象,私人利益就是通过他们那有利于普遍物的劳动中得到满足。为了使这一等级的人不会借公济私或以权谋私,他们自身就不能通过参加直接的劳动以获得财富、满足需要;为此他们或者必须拥有私产,或者应由国家给予相应的待遇以补偿国家所要求于它的活动。等级的划分是按其概念或在普遍性中的差别而定的;而个体应属于哪一个等

---

① [德]黑格尔:《法哲学原理》,范扬、张企泰译,商务印书馆1982年版,第214页。

级,则受到其"天赋才能、出生和环境等的影响",主要的还是个体自身的特殊性与主观意见。虽然所属特殊领域或等级所发生的一切内容有其内在的必然性,但它现实的运行形式却是由主体来完成,是以任性为中介,它对于主观意识来说,就具有他自己意志作品的形态。个体由此成为社会需要的某一环节中一个组成要素,成为社会服务的中介,满足个别的同时也使这种个别的援助成为一种义务。个体间互相依赖而又互相承认,这便是黑格尔所称的等级"荣誉"与正直的体现,也是个体在其所属领域中具有其相应的权利、功绩及其相应的尊严。

市民社会中特殊性是其重要的原则,普遍性淹没、分裂于特殊性中,但普遍性又是市民社会的必然性。在变化发展的"需要的体系"中只有法本身是固定的。通过司法,使市民社会回复其普遍性,使自在地存在的普遍性与主观特殊性相统一。这里,主观特殊性是存在于大量个别的事件中,而普遍性则是指抽象法,它通过法律的定在而体现。这个统一在社会全部范围的现实化,则是通过司法、警察与同业公会。前者使其合一、统一是相对而言的,后者则是局部、具体的某整体体现。

在现实中,存在着大量的侵害他人权益、作为恶的任性而送交法院处理的犯罪,这便是司法。还有很多本身也属合法的行为或所有物使用上能容许的任性,但这种行为又毕竟与其他个别的人及除法院外为普遍性服务的公共机关发生联系,这种偶然性行为会越出主体权力的控制而对社会或他人造成损害,形成事实上的不法。而如果要对这种不法给予清楚的界限区分则又是困难的,比如哪些应是禁止的,哪些是需要监视避免发生的,哪些又是可以容忍的,其中的细节只能由社会风尚、整个国家制度的精神、当时的状态、目前的危险等多方面的因素来规定。由于市民社会需要的多样性、复杂性,日常生活的无限琐碎与繁复交叉、相互关联,每个人的事都同时又是他人的事或牵涉共同利益的事,尤其是生活中必须共同使用的设施或手段,这些公益设施或带有普遍性的事务,都必须有公共权力予以监督和管理,这些便由警察来监督与照料。事实是,一方面每个人都有权选择自己的生存方式,但另一方面,公众也有公共利益的诉求——"要求必需的事物按照适当的方式去完成"①。警察这一环节使双方利益都得到满足,而产业自由也不得危害普遍性的福利。

黑格尔认为,家庭生活本身中直接具有它自身的具体普遍物,普遍等级则是自为地以普遍物作为它的活动目的和它的基地,那么介于这两者之间的产业等级,本质上则是集中于特殊物,但特殊物的满足方式又必须借助于普遍物来完成,同业公会就是这种完成的重要实体或方式方法。同业公会的组建是根据特殊物的本性而分各种不同的部门。"特殊性的这种自在的相等,在组合中作为共同物而达到实存"②;这使原本指向特殊利益的自私目的,同时也就意识到自己的普遍性并将它表明出来,这样,市民社会的成员就依据其特殊性而成为这一共同物的成员。所以,同业公会的普遍性目的也是完全具体的,它的范围也不超过其产业或独特业务与其相应利益所含有的目的③。

由于产业等级内部的分类很多,具体的同业公会组织也相应很多,不同的组织利益诉求也有差别,故其权利的履行必须是公共权力监督之下。其可享有的权利可以有:一是照顾其组织内部的本身利益;二是按个体的技能和正直品质等客观标准接纳会员,其人数的多少则由社会的普遍结构来决定;三是关心所属成员,以防止特殊偶然性,并负责给予教育培养,使获得必要的能力。处于同业公会中的成员就享有其共同物内的特权。这种特权不同于法律意义上的特权,它是包含在本部门本身的特殊性的本性中的。这样看来,同业公会就是作为其所属成员的第二个家庭的意义而出现的,而"一般市民社会则是一种比较不确定的家庭,因为它同个人及其特殊急需比较疏隔"。④ 同业公会这样的"家庭"也有其稳定的基础,它的生活按能力而得到了保证,并有其相对固定的财富;而且,这种能力和这种生活都是得到了彼此相互的承认,而毋须用其他外

---

① [德]黑格尔:《法哲学原理》,范扬、张企泰译,商务印书馆1982年版,第240页。
② [德]黑格尔:《法哲学原理》,范扬、张企泰译,商务印书馆1982年版,第239页。
③ [德]黑格尔:《法哲学原理》,范扬、张企泰译,商务印书馆1982年版,第248页。
④ [德]黑格尔:《法哲学原理》,范扬、张企泰译,商务印书馆1982年版,第197页、第251页。

部表示来证明他的技巧以及他的经常收入和生活。同业公会这个整体本身是社会普遍性的一个环节,而且其成员也是有志致力于这种整体的无私目的,这种努力也是获得共同体本身承认的。因此,个体就在他所属的同业公会中或等级中获得其应有的尊严。固然在同业公会中,个人通过发挥自己的技能来谋求一切可以谋求的东西的那种所谓"自然权利"受到该组织的一些限制,但这种限制也是仅以合乎理性为限,这就是说,同业公会将个体从它自己的偶然性意见中、从他个体的危险和对他人的危险中解放出来,并得到同业公会、社会的普遍承认和保证,"同时又被提升为对一个共同目的的自觉活动"。①

家庭是国家伦理性第一个根源,而市民社会中的同业公会则是国家在市民社会这一基础中的第二个伦理根源。家庭"在它的实体性统一中,含有主观特殊性和客观普遍性这两个环节";而市民社会中则分解两个环节,即在自身中反思的需要和满足的特殊性以及抽象法的普遍性,它们以内在的方式统一起来②;在这个统一中,特殊福利作为法(普遍性)而出现并获得了合理的实现。这两个伦理根源也是市民社会中个体所围绕着转的两个环节。

市民社会中如果没有同业公会,则个人只是各自照顾自身,但同业公会决不是封建时代的行会,如果是那样,则它是时代的倒退。在现代国家中,公民个体能参与国家普遍事务的机会是有限的;独立谋生的劳动是为自己也是为别人,但能自觉思考普遍性的伦理也是很少的或也是不够的。但当他作为同业公会的成员时,他就达到自觉地且能思考到普遍性、达到伦理状态。当然同业公会由于自身领域的特殊性,它还必须置于国家的监督之下,与社会其他同业公会间协调达到更高的普遍性,即国家伦理。同业公会在国家之中就不再是孤立工商业的伦理化,而是被提升到一个能获得力量与尊严的领域。

---

① [德]黑格尔:《法哲学原理》,范扬、张企泰译,商务印书馆1982年版,第250页。
② [德]黑格尔:《法哲学原理》,范扬、张企泰译,商务印书馆1982年版,第197页、第251页。

这样，如同警察维持市民社会的外部秩序中也存在着分立及其相对的同一一样，同业公会也由于特殊领域的局限性和目的有限性，它必须在自在自为的普遍目的及其绝对的现实中，才具有它的真理性。因此，市民社会的领域就过渡到国家。

(三) 国家——实质普遍性的伦理世界

黑格尔认为，国家是伦理的最高形态，是"家庭"和"市民社会"的两个环节的辩证统一，它是"伦理理念的现实"，它是能外显出来，能自我说明了的、实体性的意志。这种意志直接地存在于风俗习惯中，间接地存在于"单个人的自我意识和他的知识和活动中"①。国家使个体从家庭的直接自然的伦理存在，经由市民社会个人自我意识的特殊性目的性自为存在，达到现实的自在自为的伦理精神状态。具有政治情绪的"单个人的自我意识"就是在它自己的伦理实体（国家）中，在个体自身的活动目的和成果中获得了自己的实体性的自由，备具了实体性的伦理精神。这种伦理精神区别于家庭伦理精神之处在于："家神是内部和下级的神"，是自在的、自然的伦理精神；而在国家中的伦理精神即民族精神，这是个体自在自为地"认识自己和希求自己的神"。黑格尔认为，在家庭中体现的伦理精神是恪守家礼，是感觉的并在感觉中体现的伦理；而在国家中伦理精神的体现则是个体的"政治德行"，"是对自在自为地存在的、被思考的目的的希求"②。

国家是"绝对自在自为的理性东西"，是"绝对的不受推动的自身目的"。它是由特殊自我意识提升到的普遍性的现实，是"实体性意志的现实"③。它在它自身中达到自由的最高权利，这一点也是个体所具有的最高权利，所以对于个体来讲，成为这个国家的成员即是其最高的义务。

---

① ［德］黑格尔：《法哲学原理》，范扬、张企泰译，商务印书馆1982年版，第253页。
② ［德］黑格尔：《法哲学原理》，范扬、张企泰译，商务印书馆1982年版，第235页。
③ ［德］黑格尔：《法哲学原理》，范扬、张企泰译，商务印书馆1982年版，第253页。

这里要区分个人利益在国家与市民社会中不同：市民社会中个体的所有权和个人自由即是其原则，那么个人本身的利益就是个体结合的最后目的。但在国家中，个人被规定为过普遍性的生活，个体的特殊目的、特殊活动方式都是要以国家这一客观性、真理性和伦理性为出发点和结果的。

　　黑格尔在此提出了如何理解"合理性"的问题。他认为，所谓"合理性"，抽象地说，"一般是普遍性和单一性相互渗透的统一"；具体地说，从内容上看，合理性是客观自由与主观自由的统一。所谓"客观自由"是指"即普遍的实体性意志"；所谓"主观自由"，是指"个人知识和他追求特殊目的的意志"①。对个体来说，合理性就是根据被思考的即普遍的规律和原则而规定自己的行动。黑格尔这里所认为的作为"自由的最高权利"体现的国家实质上是理念中的国家或国家的理念，是哲学中被思考的概念，并非指某一特殊的国家。所以，当追问现实中国家究竟是怎样从家长制关系、从同业公会中产生出来的，其法是神物还是实定法或是契约与习惯，这些问题实际上与国家的理念是无关的。区别于卢梭的"国家"概念，黑格尔认为，卢梭提出的国家的原则从内容与形式上也都是概念性的被思维着的"国家"，但它仅仅是单个人意志的、特定形式的国家，他所理解的普遍意志也不是如黑格尔的"绝对合乎理性的东西"，而是从具有自觉意志的单个人的意志中产生出来的"共同的东西"。这样的国家实际上是由单个人结合而成的一种契约。而契约是个体的任性、意见和随心所欲表达的同意为基础的。这个表面看来是纯粹理智的结果，实际上破坏了"绝对的神物及其绝对的权威和尊严"。如果按卢梭这种抽象理念来进行国家的建构，则现实中的国家就变成想象的理性为基础的东西，而这在黑格尔看来，国家就失去了其合理性的基础。黑格尔竭力反对"单个人意志的原则"，他强调"客观意志"，因为它是概念中"自在的理性东西"，而不论它是否被单个人所认识或为其所偏好与希求。一般的

---

① ［德］黑格尔：《法哲学原理》，范扬、张企泰译，商务印书馆1982年版，第254页。

知识和意志或主观性的自由仅是个人意志原则中的东西,只是理性意志这一理念中的一个环节,从而也就是片面的环节。如果说它有合理之处,就因为它"既是自在的又是自为的"①。

黑格尔认为,理解国家的伦理性理念,还要区分现实中另一个错误认识,即仅从国家的力量和财富、从国家保护的必要性等这些外部现象来认识国家的实体性。这种认识实际是经验的单一性的体现,它将注意力只集中在那些外在偶然的特性(如国家的强弱贫富等)上。这既抹杀了国家作为"无限的和理性的东西"的内涵,也是对其内在本性的思想精神力量的忽略②。在黑格尔看来,国家是自在自为的,是伦理性的整体,是自由的现实化,"而自由之成为现实乃是理性的绝对目的"。他用客观唯心主义的方法界定了"国家是在地上的精神"。这种精神是要在"在世界上有意识地使自身成为实在"。这种精神在自然界中只是"蛰伏"的别物,只有在意识中才能被知道自身是一个实存的对象——国家。"国家的根据就是作为意志而实现自己的理性的力量"③。国家实际上就是"神自身在地上的行进"。而作为自由的实现的国家,理解这里的自由时,也"不应从单一性、单一的自我意识出发,而必须单从自我意识的本质出发"④。自由的本质是作为独立的力量而使自己成为实在的,但在这种独立的力量中,个别的人只是其中一环节罢了。既然是在谈理念中的国家而非现实中的某特殊的国家,所以,法哲学中的国家不是注意其特殊国家或其特殊制度,而只是作为现实的神本身的理念国家。现实中的每个具体的国家,尤其是现代发达的国家都有这样或那样的优点或不足之处,但它们都具有作为一般性抽象的概念国家的本质性的环节。人们发现现实中的不足之处比肯定现实中的有效性方面容易得多,所以,往往

---

① [德]黑格尔:《法哲学原理》,范扬、张企泰译,商务印书馆1982年版,第235页。
② 黑格尔认为,"国家的根据就是作为意志而实现自己的理性的力量""这种现实的神本身"。黑格尔在此批判了哈勒先生《国家的复兴》中以偶然事物的领域作为国家的本质的观念。同上,参贺麟先生的注释,第256—257页。
③ [德]黑格尔:《法哲学原理》,范扬、张企泰译,商务印书馆1982年版,第258—259页。
④ [德]黑格尔:《法哲学原理》,范扬、张企泰译,商务印书馆1982年版,第259页。

容易着眼于现实国家中的个别性方面即其不足之处,而忘掉国家本身的内在有机性。所以黑格尔说:"国家不是艺术品;它立足于地上,从而立足在任性、偶然事件和错误等的领域中,恶劣的行为可以许多方面破损国家的形相。但是最丑恶的人,如罪犯、病人、残废者,毕竟是个活人。尽管有缺陷,肯定的东西,即生命,依然绵延着。"①这里所说的肯定的东西就是国家内在本质的内容。

国家作为理念有三方面的内涵:(一)"直接现实性",即从它作为内部关系中的机体来说的个别国家——国家制度或国家法;(二)从国家的个别性之间的关系看的"国际法";(三)"作为类和作为对抗个别国家的绝对权力"即其精神或普遍理念,它是"在世界历史过程中给自己以它的现实性"②。现实中的国家本质上是个别的、特殊的国家。说它是"个别的",是指它本质上是国家理念的一个个环节;说它是"特殊的",则是指它是历史发展某阶段的一个具体国家。具体的国家彼此之间相互独立,它们之间只是一种外部关系,所以必须有一个联系它们的第三者,即"绝对精神"。精神在世界历史中通过这些具体国家而给自己以现实性,但它本身又是"凌驾于国家之上的绝对裁判官"。现实中的国家也可能出于利益协调而结成联盟(或神圣联盟),形成具有"国际法"性质的协议,仿佛形成一个可以对其他国家行使其管辖权的法院。但是这些联盟并不可能真的实现永久和平,它也始终是相对的和有局限的。而能充当唯一的、绝对的裁判官的只能是"绝对精神"。绝对精神"在世界历史中表现为普遍物和起着作用的类"③。

"国家是具体自由的现实"④。这种具体自由体现在:一是"个人的单一性及其特殊利益"能获得完全发展,它们的权利能获得明确承认(如在家庭和市民社会的领域中那样);二是能通过个体自身过渡到普遍物的

---

① [德]黑格尔:《法哲学原理》,范扬、张企泰译,商务印书馆1982年版,第259页。
② [德]黑格尔:《法哲学原理》,范扬、张企泰译,商务印书馆1982年版,第259页。
③ [德]黑格尔:《法哲学原理》,范扬、张企泰译,商务印书馆1982年版,第259页。
④ [德]黑格尔:《法哲学原理》,范扬、张企泰译,商务印书馆1982年版,第260页。

利益，从而"认识和希求普遍物，甚至承认普遍物作为它们自己实体性的精神，并把普遍物作为它们的最终目的而进行活动"①。这样的自由就是达到主观性与客观性相统一、个体特殊性与实体普遍性相统一，也就是真实的自由。这种自由中，普遍物不能没有特殊利益、知识和意志的效力，个人也不仅是作为私人或为个体本身的目的而生活，他还必须为普遍物而希求，自觉地为普遍物的目的而活动。

黑格尔认为，现代国家的原则就具有这样一种"惊人的力量和深度"，即"它使主观性的原则完美起来，成为独立的个人特殊性的极端，而同时又使它回复到实体性的统一，于是在主观性的原则本身中保存着这个统一"②。在现代社会，人们将国家的理念理解为即国家是意志自由的概念，这个概念内容是依据国家的普遍性和神圣性而不是依据个体主观偏好的现实化。而未经现代化的国家，其国家概念还处于蒙蔽状态，还没有达到自由的独立性。在古代国家中，虽然已经出现普遍性，但还没有特殊性的自由，特殊性只是形式上隶属于实体，其实自身是受专制束缚状态，没有自由，也就没有真正地回复到普遍性中、达到普遍目的。而现代的国家，其本质就是普遍物是同个体特殊性的完全自由及私人福利相结合。"只有这两个环节都保持着它们的力量时，国家才能被看作一个肢体健全的和真正有组织的国家"③。

国家是家庭和市民社会这两个领域的外在必然性，也是它们的最高权力，所以，有关的私权或私人福利的法规和利益从来都从属于并依存于这种权力。但是，国家本身也应是私权的内在目的，因为国家的力量在于"它的普遍的最终目的和个人的特殊利益的统一"，也可以说是"个人对国家尽多少义务，同时也就享有多少权利"④。义务，"是我对于某种

---

① [德]黑格尔：《法哲学原理》，范扬、张企泰译，商务印书馆1982年版，第260页。
② [德]黑格尔：《法哲学原理》，范扬、张企泰译，商务印书馆1982年版，第260页。
③ [德]黑格尔：《法哲学原理》，范扬、张企泰译，商务印书馆1982年版，第261页。
④ [德]黑格尔：《法哲学原理》，范扬、张企泰译，商务印书馆1982年版，第261页。

在我看来是实体性的、是绝对普遍的东西的关系"①；权利则相反，它总是这种实体性的东西的定在，因而也是它的特殊性和个人的特殊自由的方面。权利和义务在内容上等同，它们都是完全普遍的内容，是人类人身自由的原则。黑格尔反对绝对义务论，那义务的抽象方面，忽视并且排斥特殊利益的观念是无价值的，也是不符合本质的。黑格尔将国家对家庭和对市民社会的关系，比作神经系统与其中的两个分支系统的关系。神经系统是真正的感觉系统，其第一个环节是抽象的感触，它保持在自身中，靠自身内营养生殖、成长和消化，在自身中迟钝运动；第二个环节是在自己身边的存在有了对自身差别的环节而进行外向运动。前一环节感受性可比之于家庭，后一环节感受刺激性可比之于市民社会，而国家则可比之为前两者的综合——自为的神经系统，这个系统自身是有组织的，但这个组织得有前两者才能获得生机与发展。而如何调整家庭与市民社会，其中的规律则是体现于它们中的理性东西的制度，而这个制度的根据或最后的真理则是精神，是它们的普遍目的。家庭是伦理性的，但它的目的没有被知道；而在市民社会中，人的分立则是起规定作用的东西。

不同于实体性的家庭和市民社会，个体的人本身也内在包含着各个极端的双重要素，即"具有自为的认识、自为的希求的单一性和认识实体、希求实体的普遍性"②。个体也相应地要求并且也能够获得这两方面的权利：他在家庭和市民社会中既能直接地达到自为希求的单方面要素，也能通过市民社会的中介间接地达到实体的普遍性。达到前者的手段是，在各种本身潜在个人特殊利益的制度（普遍物）中获得自己的本质的自我意识；达到后者的手段是，通过这些制度，"在同业公会的范围内给他们以实现普遍目的的职业和活动机会"③。这些制度法规也就构成特殊领域中的国家制度，成为"发展了的和实现了的合理性"。在这些制

---

① ［德］黑格尔：《法哲学原理》，范扬、张企泰译，商务印书馆1982年版，第262页。
② ［德］黑格尔：《法哲学原理》，范扬、张企泰译，商务印书馆1982年版，第265页。
③ ［德］黑格尔：《法哲学原理》，范扬、张企泰译，商务印书馆1982年版，第265页。

度中个体特殊的自由是合乎理性的而且也是实现了的,这些制度本身就是"自由和必然性的结合"。这种合理性的现实就构成国家巩固的基础,以及"个人对国家的信任和忠诚的基础";它们也是"公共自由的支柱"①。

国家中的各种现存制度的合理性通过其相应的活动表现出来,这种活动产生的相应结果就是公民的政治情绪(或爱国心)、公民从中获得的信念(而不是纯粹主观的信念或意见)、形成习惯性的意向。黑格尔将"政治情绪"解释为"一种信任"(一定见解基础上的):"我的实体性的和特殊的利益包含和保存在把我当做单个的人来对待的他物(这里就是国家)的利益和目的中,因此这个他物对我来说就根本不是他物。我有了这种意识就自由了。"②

通常我们所理解的爱国心只是指能为国家利益做出非常牺牲的志愿与行为。而这种爱国情绪它可能是主观观念或主观思想中产生的,也就是说,它可能缺乏真实根据和客观实在性。这种爱国心是个体在日常生活中就惯于把国家这个共同体看作伦理性的实体及其目的而产生的,而且他把这种意识作为自己为那志愿而非常努力的根据。人们常以此爱国心为忠勇,或宁可为此忠勇而不依法,并也因此忠勇而以为可原谅自己那并不真实的情绪。黑格尔认为,爱国是爱能将主观自由实现化(普遍与特殊辩证统一)的国,而不是盲目地爱其实并不能体现理性必然性的国家。

黑格尔将国家理解为机体:它内在是各种制度有机组合的系统,外在则是政治制度。这个系统的内在灵魂便是理念,理念发展为各个具体的活动领域,形成各种不同的权力和职能。通过这些领域的活动,普遍物不断地、合乎必然性地创造着自己,并通过这样的活动而保存着自己。所以,一般以为政治制度就是国家机体的生命体现。

政治制度首先是"国家组织和国家内部关系中的有机生命过程";在

---

① [德]黑格尔:《法哲学原理》,范扬、张企泰译,商务印书馆1982年版,第265页。
② [德]黑格尔:《法哲学原理》,范扬、张企泰译,商务印书馆1982年版,第267页。

这种关系中,国家把自己区分为内部的几个环节,国家发展这些环节,"使它们能巩固地存在"。其次,个体性的国家本身是一种排外的单一体,当它与其他单一体发生关系时,它就必须使自己的差别和外部相适应,并"根据这种规定使自己内部的各种差别巩固地存在于它们的理想性中"。国家对内是"文治",对外则是"武功"。但此武功是国家本身中的一个特定的方面。如,现在所有公民都有服兵役的义务,此时武功仅仅是文治的产物。一个国家只有使"文治"与"武功"两方面处于均衡状态才是构成对国家的情绪方面的主要因素①,才是作为内在伦理实体的国家体制。

黑格尔认为,作为政治实体的国家一般将自己分为三种实体性的差别:"(一)立法权,即规定和确立普遍物的权力;(二)行政权,即使各个特殊领域和个别事件从属于普遍物的权力;(三)王权,即作为意志最后决断的主观性的权力,它把被区分出来的各种权力集中于统一的个人,因而它就是整体即君主立宪制的顶峰和起点。"②以上皆是对国家内各个环节的发展阐述,对外则体现在作为"具有个体性"的国家与别国的关系上。每个国家对别国来说都是独立自主的。自为的精神现实性就是它在这种独立性中达到了它的定在,所以"独立自主是一个民族最基本的自由和最高的荣誉"③。只有对自己民族的集体性和自尊感知道很少的人才会以为自己的国家可以与他国组成一个整体④。

"国际法是从独立国家间的关系中产生出来的"约定⑤。国家不同于私人,它是自在的、完全独立的整体,所以国与国之间的关系不像私人之间的关系那样可以处于法院的管辖之下,或由法院使自在的关系之法变成实在,国与国之间的关系虽然也要合乎自在的法,但还没有一种权力

---

① [德]黑格尔:《法哲学原理》,范扬、张企泰译,商务印书馆1982年版,第283页。
② [德]黑格尔:《法哲学原理》,范扬、张企泰译,商务印书馆1982年版,第286—287页。
③ [德]黑格尔:《法哲学原理》,范扬、张企泰译,商务印书馆1982年版,第339页。
④ 现在所谓的全球化实际上是霸权的全球化,事实上每个民族国家都有其独立性,只有在互尊的基础上友好互利才是其相处之道。
⑤ [德]黑格尔:《法哲学原理》,范扬、张企泰译,商务印书馆1982年版,第346页。

能对国家作出裁决,并执行这一裁决。所以,我们说国际法中只是对国家之间这些自在自为性提倡其"应然的形式",国与国之间本质上是独立的主体间的关系,它们只是彼此约定或订约,但其现实性还是以各自的意志为依据,也就是说,它们都同时又能凌驾于这些约定之上。一个国家对其他国家作为一种主权的承认,这还只是其权能上的承认,是形式上的、抽象的。事实上它的获得承认是由于其作为实体性的合理性及其直接现实性,即"精神"。国家因此精神而成为"地上的绝对权力"。一个国家究竟是不是"一种自在自为地存在的东西",还要取决于它的内容,即"国家制度和一般状况"。所以对国家的承认包含着形式与内容两方面的同一,是以对其国家的观点和意志为依据的。就像不同他人发生关系的个人就不是现实的个人一样,不同其他国家发生关系的国家也不是一个现实的国家个体。一个国家的独立性,一方面是由于其对外的独立自主性,体现其王权的正统性,他国不应干涉其内政,另一方面它又必须获得他国的承认才是"完善的"。但这种承认是相互的保证,即别国承认它,它也承认别国,或尊重别国的独立自主。因此,一国内发生的事,他国不干涉,或对他国来说是无所谓的事。国家在相互对待中的直接现实性关系表现是多种多样的,而且均由"双方独立的任性"来规定,从而也就具有"一般契约形式的性质"①。但这契约的内容却不同于市民社会的内容,市民社会中的个人在很多方面是相互依赖的,而各个独立国家之间却是自给自足的整体性之间的交往。所以国际法与实定条约的特殊内容也是有别的。

"国际法的基本原则在于,条约作为国家彼此间义务的根据,应予遵守"。这虽然应该是"国家间应该绝对有效的普遍的法",但因为国家之间的关系是以主权为原则,所以相互之间关系也是处于自然状态,国家之间没有凌驾于其上的裁判官,充其量只有属于偶然性的仲裁员和调停

---

① [德]黑格尔:《法哲学原理》,范扬、张企泰译,商务印书馆1982年版,第347页。

人而已,它们之间的争议调停终还是以"争议双方的特殊意志为依据"的①;其权利的实现也不是由超越国家权力的普遍意志,而是由其特殊意志来实现的。因此,国际法的那种普遍规定总是停留在应然上,而实际情况也正是合乎条约的国际关系与取消这种关系的相互更替。康德设想成立一种国际联盟,"调停每一争端,以维护永久和平"。那这种联盟必须是"被每个个别国家所承认的权力","以各国一致同意为条件"。但这种同意是"以道德的、宗教的或其他理由和考虑为依据的",相比于始终是以享有主权的特殊意志为依据的国家,这种设想缺少现实性,从而也是"带有偶然性的"②。

一个国家的特殊意志又是以其自身的福利为内容的,国家的实体性福利就是一个国家在特定利益和状态中以及同样特殊的对外情况中(包括特殊条约关系在内)的福利。所以福利成为国家在对别国关系中的最高法律或最高原则。政府则是属于"一种特殊智慧的事而不是普遍天意的摄理",并在"对其他国家关系中的目的以及替战争和条约正义性辩解的原则,也不是一种普遍的(博爱的)思想,而是它的特定的和特殊的、实际受到侵害或威胁的福利"③。人们以为道德与政治是对立的,而且要求政治要适合于道德。但这里要指出:国家福利具有与个人福利完全不同的合法性。道德戒律体现的是许多普遍思想中的一种而已,而国家则是伦理实体、直接的具体的实存而不是抽象的实存,它的行动原则只能是这种具体实存而不是普遍思想中的一种。这种以为政治要符合道德的观点是建立在对国家本性与道德观点之间关系认识肤浅的基础之上的。如果国家之间不能达成协议,国际争端只有通过战争来解决。而战争总会带来对各国极广大的范围内和它们人民所建立的多方面的关系内容的各种损害,对这种损害怎么认定,则是个体性的国家自己认定的,而且国家总是将那些任何细小的事件都看成涉及其"无限性和荣誉",也就是

---

① [德]黑格尔:《法哲学原理》,范扬、张企泰译,商务印书馆1982年版,第348页。
② [德]黑格尔:《法哲学原理》,范扬、张企泰译,商务印书馆1982年版,第348页。
③ [德]黑格尔:《法哲学原理》,范扬、张企泰译,商务印书馆1982年版,第349页。

不仅看其外在有限的损害,而且还看其对精神性东西的影响;它还要上下盘算别国对其危险的急迫性、盖然性,这些推测都可能构成纷争的缘由。但即便是在战争状态中,国家之间仍彼此都承认为国家。这一事实任何时候都仍然是一种纽带:"在此纽带的联系中,它们彼此都算做自在自为存在的东西"。因此战争本身也被规定为"一种应该消逝的东西"①。所以,关于战争的国际法就有一条规定:"和平的可能性应在战争中予以保存;尊重使节。"而且,战争的矛头不得指向内部制度、和平的家庭生活与私人生活,也不得指向私人。除此而外,在战争中国家彼此之间的关系(如关于战俘问题),以及在和平时期一国对从事私人交易的他国人民所特许的权利等,主要以国际惯例为依据,国际惯例是在一切情况下被保存着的、行为的内在普遍性。国家在它们的相互关系中都是特殊物,因此,在这种关系中激情、利益、目的、才德、暴力、不法和罪恶等内在特殊性和外在偶然性就以最大规模和极度动荡的嬉戏而出现。在这种表演中,伦理性的整体本身和国家的独立性都被委之于偶然性。由于各民族作为实存着的个体只有在它们的特殊性中才具有客观现实性和自我意识,所以民族精神的原则因为这种特殊性就完全受到了限制。各民族在其相互关系中的命运和事迹是这些民族的精神有限性的辩证发展现象。黑格尔认为,伦理世界的精神就是"从这种辩证法产生出普遍精神,即世界精神,它既不受限制,同时又创造着自己;正是这种精神,在作为世界法庭的世界历史中,对这些有限精神行使着它的权利,它的高于一切的权利"②。这种普遍精神也就是世界伦理精神。这种精神的发展过程也就是伦理精神的世界历史过程。

　　黑格尔认为,世界历史是精神发展的具体展现过程。在他的唯心主义的哲学体系中,伦理世界精神是世界历史作为普遍精神发展的灵魂所在。普遍精神在世界历史中是内在性和外在性辩证统一的全部范围的

---

① [德]黑格尔:《法哲学原理》,范扬、张企泰译,商务印书馆1982年版,第350页。
② [德]黑格尔:《法哲学原理》,范扬、张企泰译,商务印书馆1982年版,第351页。

精神现实性①。这个精神的发展经历了四个阶段，这四个阶段也是其发展的四个原则：第一"是精神在最初作为直接的启示中，以实体性精神的形态为原则，这种形态是同一性的形态，在这种形态中，个别性依然沉没在它的本质中，而且还没有得到独立存在的权利"。第二是"这种实体性精神的知识，因此这种精神既是积极的内容和充实，又是作为精神的活的形式的、自为的存在。这一原则就是美的伦理性的个体性"。第三是"能认识的自为的存在在自身中的深入，以达到抽象的普遍性，从而成为在同一过程中被精神所委弃的、客观世界的无限对立面"。第四是"精神的上述那种对立的转化，它接受它的真理和具体本质在它的内心生活中，并同客观性融成一片。回复到最初实体性的这种精神，就是从无限对立那里返回的精神，它产生和认识它的这种真理，即思想和合乎规律的现实世界"。②

他们因完成此事业并由其事业主观形式而得享到一部分不朽和光荣，却不一定得到崇敬和爱戴。如果民族国家是普遍精神发展中的主角，相对世界伦理精神的发展，每一个民族只是世界伦理精神发展中的一个环节或一个特殊性的表现而已；居于一切行动也包括世界历史性行动在内的顶点的是个别的人，他们是使实体性的东西成为现实的那种主观性，是世界精神的实体性事业的活的工具。一个民族最初还不是一个国家或采取民族形式的实在化，就缺乏客观性来为自己和为别人在法律——即被思考的规定——中获得一种普遍物或普遍的定在，因而这个民族就不会被承认。黑格尔在此阐述为："由于它没有客观的合法性和自为地固定的合理性，所以它的独立只是形式的而不是具有主权的。"③黑格尔认为，历史采取事故的形式，即直接现实性形式的民族国家展现出精神的实存。一个民族其自由的伦理性意识发展到可窥视普遍历史的同时也包含着衰亡的到来，其衰亡"标志着在这个民族中出现了一个

---

① ［德］黑格尔：《法哲学原理》，范扬、张企泰译，商务印书馆1982年版，第351页。
② ［德］黑格尔：《法哲学原理》，范扬、张企泰译，商务印书馆1982年版，第356—357页。
③ ［德］黑格尔：《法哲学原理》，范扬、张企泰译，商务印书馆1982年版，第355页。

作为纯粹否定它自己的更高原则"。此时,精神就过渡到了更高阶段,"积极地接受更高原则,并按这个原则把自己组织起来"①。能典型体现精神的四种发展阶段形式的分别是四种王国:东方的、希腊的、罗马的、日耳曼的。东方王国为自然同一伦理世界,其个体没有自我权利意识;希腊王国有实体性的伦理知识,有个体的自我意识,也有伦理自然统一的模糊状态,但其奴隶制损害了希腊之美;罗马王国具备普遍平等的法权和相应的法律定在,但这种法律抽象的普遍性虽有反思的进步意义,却将伦理生活分裂为两个极端;至于日耳曼王国,黑格尔在此表现出对自己民族的自信自豪,但为什么日耳曼就是那个时代的世界精神领袖,黑格尔无论在《法哲学原理》还是《历史哲学》中阐述都不是很清晰。

---

① [德]黑格尔:《法哲学原理》,范扬、张企泰译,商务印书馆1982年版,第354页。

第五章 公民的"伦理世界"

托克维尔曾说:"一个社会没有信仰,就不会欣欣向荣;甚至可以说,一个没有共同信仰的社会,就根本无法存在。"①东西方文化的"伦理世界"之历史形态中深蕴着现代社会伦理世界的"异化"危机与人类精神家园的缺失;黑格尔的哲学体系虽然是唯心主义的,但透过其唯心的外壳,我们能从中汲取合理的思想资源,为当下人类精神家园的重建提供有益的内涵支持。伦理本质上是普遍性的,人类伦理世界的追寻实际上就是寻求自身普遍性的皈依,这就是现代社会公民伦理世界的寻求与确立。

一、公民伦理世界

要理解"公民"的伦理世界,首先要厘清的是"公民"概念。因为"伦理世界"中的"公民"与政治哲学或法学语境中的"公民"内涵有别。"公民"在西方传统文化中是个重要的范畴并有着悠久的历史渊源。它来自于希腊语 ηο γsλ,早在古希腊社会,因城邦的民主政治特点,但凡有参与城邦公共事务资格并且为城邦福利与事务作贡献的人就是公民。后德

---

① [法]托克维尔:《论美国的民主》,董果良译,商务印书馆1997年版,第522页。

语为 bürger,英语为 Citizen,法语为 Citoyen,意大利语为 Gittadino,葡萄牙语为 Cidadāo,西班牙语为 Cirdadano。中国文化语境中"公"的意涵丰富,从追求正道到认同国族,有实然与应然之分,现实生活中使用时往往还会重叠渗透、寓意交结。中西方不同的文化形态中"公民"的内涵并不一致,伦理品格也各有特点。现代社会学界一般在政治学的、法律属性、道德属性等几个层面使用此概念。但伦理世界中的"公民"如何理解？公民的伦理世界如何把握？这是必须首先要厘清的问题。

(一) 公民与公民伦理

1. "公"之民

伦理学视域的"公民"区别于政治学、法学等视域,可以简单概括其意蕴为："公"之民。此概念重在"公"之意,它内蕴着主体对生命秩序中"普遍性"的自觉自为。"公民"这个概念在中国传统文化中有别于西方,而且"公"和"民"各有其特别而又丰富的含义。从汉字词源学角度考证,"公"是一个会意字。小篆字形,上面是"八",表示相背,下面是"厶"("私"的本字)。合起来表示"与私相背",即"公正无私"的意思①。在中国传统文化中,"公"主要有如下几方面内涵②：① 公平;公正。与"私"相对。如大公无私。《新书·道术》："兼覆无私谓之公,反公为私。"② 属于国家或集体的。如公款;公物。③ 公务。《诗·召南·采蘩》："夙夜在公。"亦指办公的地方。④ 公共;共同。如：公理;公约。《礼记·礼运》："大道之行也,天下为公。"⑤ 公开;公然。《汉书·吴王濞传》："[吴王]乃益骄恣,公即山铸钱。"⑥ 称丈夫之父,公公。如：公婆。古代亦以称祖父及父亲。《史记·外戚世家》："封公昆弟。"⑦ 对尊长或平辈的敬称。如：诸公。⑧ 禽兽中雄性之称。如：公牛。⑨ 能"功"。《诗·小雅·六月》："以奏肤公。"⑩ 古爵位名。为五等爵的第一等。直至清代仍沿用。亦为

---

① 参见：《辞海》,上海辞书出版社,1979年版1984年印,第4130页。
② 参见：《辞海》,上海辞书出版社,1979年版1984年印,第4130页。

诸侯国君之通称。《礼记·王制》："王者之制禄爵，公、侯、伯、子、男，凡五等。"总体来看，"公"蕴含的伦理品格有以下几方面：

一是有祖先、尊长、国君等义。其中"国君"之意是"公"的最初源头。《尚书》中的"公"几乎都是专有名词，如代指周公、召公，个别处泛指诸侯。这是传统伦理位格的体现。《诗经》中"公"除泛指封建诸侯、贵族领主，也指与这些统治者有关的事物，如"雨我公田，遂及我私"①。春秋晚期时"公"有了明确的政府、一般性政务、公众事务之意。如"公事有公利"②，"大夫不收公利"③。由此也衍生出公众事务之意。如官府即"公家"，政府发出的证明文件即"公验""公凭"，打官司即"对簿公堂"。

二是指"普遍"或"全体"。它指向国家、"天下"，甚至可以是人间宇宙的总和。在这层意义上，其范围如何界定并不重要，重要的是指向人之为人的伦理修养：人应当具有普遍的关怀，也可称之谓"公心"。它显示的是伦理规范性要求，当然，这种规范可以是每个人的，更主要是天子、统治者、士大夫的。如《礼记·礼运》言："大道之行也，天下为公。选贤与能，讲信修睦。故人不独亲其亲，不独子其子，使老有所终，壮有所用，幼有所长，矜寡孤独废疾者，皆有所养。男有分，女有归。货恶其弃于地也，不必藏于己；力恶其不出于身也，不必为己。"④这段文字就是希望人人都有普遍的关怀，能够"推已及人"，照顾他人，则天下和谐美满，这也是古代中国社会伦理世界的美好理想的表达。这一思想也反映了战国时期封建贵族政治崩溃、君主专制国家兴起时，思想家们试图以"公"观念发展相应的社会理想、约束君主、关注天下百姓福祉（如儒家），建立君主权威、强化国家（如法家）、安定民生（如道家等）。而这层意涵的"公"作为"民"的伦理品格至今还有很大的影响力。

---

① 《诗经·小雅·大田》。
② 《左传·昭公三年》。
③ 《左传·昭公二十六年》，意思是大夫不侵占官府或公众的利益，"公利"也不是指封建诸侯的个人或家族利益。
④ 《礼记·礼运》。

三是直接代表"善"或世界的根本原理,如义、天理,指正确的道理。它虽不一定是普遍的福祉或普遍平等心态之意,但它一定是"正确的道理",甚至代表绝对的原则。它常与代表道德原理的字连在一起而直接具有伦理道德原理的意涵,如"公义""公道""公正"等,这样的词用久了便也直接成为伦理原理的意涵,或涵盖一切儒家德目。这在宋明理学那里尤其凸显。如"凡一事,便有两端。是底即天理之公,非底乃人欲之私"①。为什么天理可以被定义为"公",是因为一切真正的道理都是公共的、普遍的,不会因人而异。当然,在传统儒家如朱熹等理学家心目中,只有尧舜禹汤周公孔子以来的儒家教诲才是真正的道理,才是"公"。《语类》(卷十三)言:"道者,古今共由之理。如父慈子孝,君仁臣忠,是一个公共底道理。……自天地以先,羲皇以降,都即是这一个道理,亘古今未尝有异。只是代代有一个人出来做主,做主即便是得此道理于己。不是尧自是一个道理,舜又是一个道理,文王周公孔子又别是一个道理。老子说:失道而后德……若离了仁义便无道理了,又更如何是道。"像父慈子孝这样的根本人伦,虽然是家务事、个人事,但反映了中国传统社会结构中的伦理品格(现代人称"差序格局"),对朱熹而言,也是"公"。在程颐那里,"公"未必是儒家的"仁",但"仁"的性格却是"公",指人心没有私欲的状态。对此,陈弱水先生研究认为,朱子虽不苟同于此,但也很少能举出公而不仁、公而非理的情况②。宋明理学的这种思想对中国文化后来的影响十分巨大,奠定了其伦理世界的历史形态基础。明后期至清朝时,就有学者针对公私的对立,相对于朱子的"灭私欲"提出"私"亦有正面意义。如顾炎武《日知录》言"天下之人各怀其家,各私其子,其常情也"③。这就肯定了正面的合情合理之私,而且还可以从庶民合情理之"私"来讨论"合私为公。这是明末清初传统儒家思想的一大突破。虽然

---

① 《语类》卷十三。
② 参见陈弱水:《中国历史上"公"的观念及其现代变形——一个类型的与整体的考察》,许纪霖:《公共性与公民观》,凤凰出版传媒集团、江苏人民出版社2006年版,第16—17页。
③ 顾炎武:《日知录》(卷三)《言私其》。

这一思想当时未成主流,而且鉴于其反专制意涵,清朝统治稳固后便"归于消沉",但它开启了个体正当利益之"善"的先河,并且也涉及到了国民对国家的认同之意涵。

四是有"共"之意,指共同、共有、众人等意涵,虽是描述性质,但有伦理色彩。如东汉郑玄注《礼记·礼运》的"天下为公"时释"公"为"共也"。"公共"连用,既可作动词,也可作副词。如唐代陆贽《奉天请罢琼林大盈二库状》中有"以公共为心"。而"公共商议"中的"公共"即为副词。在传统中国,这些观念并不明确,到近代中国时,这种用法虽也普遍存在于生活各层面,但依旧是作为传统公私意识之别的意义上理解使用的。其内涵,一可指政治领域的"公议""公论",也可指多数人的意见或评价,而且常指正确的言论(甚至即便只有一个人的意见是正确的,也可称之为公论);二可指家族或宗族领域。传统中国许多家族都有公共财产,如"公田"。清朝时还将行会称为"公所",地方领袖所订协议称为"公约",地方推举人做某事称为"公推""公举"。道光十二年(1832)起,朝廷还建立了旌表"急公好义"的制度①。受西方影响,晚清时还出现了"官"(指政府)与"公"(指社会的集体活动)的区别。

综上所述,"公"在中国传统文化中是一个使用极频繁,用法也变化多端、相互交融的词语。而在西方,它语义背景分歧较多,用来指称的词语也更复杂。其中拉丁文、法语、英语一系为主流。在欧洲封建时代也有以"公"称呼爵位名,其本源有:(1)氏族解体时日耳曼部落的军事首长(Herzog)。(2)古罗斯部落的军事首长(нязЬ)。(3)古罗马野花的边省将领,后指地方军政长官(拉丁文 dux,意为"统帅")。法兰克王国时代沿用未改。封建关系发展时,往往割据一方,拥有世袭大封建领地,成为统治阶级上层人物。王权加强后,成为贵族的一种最高爵衔,得以世袭②。

---

① 参见《钦定大清会典事例》(光绪二十五年刻本),卷四〇三,第 6 页。
② 参见:《辞海》,上海辞书出版社 1979 年版 1984 年印,第 4130 页。

但"公"作为文化渊源或语言本源内涵来看,根据陈弱水先生的研究,有以下几方面:

一是"属于人民全体"之意。因为其本源中,拉丁文的 publicus 是"公"字的先祖,法语和英语的 public 都是同个字,德语有关"公"的用语中也有 publikum。而在语源上,publicus 是从 populus(人民)变化而来,也许还受到 pubes(成年男子)的影响,意为"属于人民全体的""与人民有关的"。这样看来,public 字义上就带有人民之意,不同于汉字的"公"以国君为语源,而与"人民"的关系相当疏远①。

二是西方在很根本的层次,以公私代表人世间的两个基本领域。在西方历史上许多人认为古希腊思想中"城邦"(polis)与"家户"(oikos)的对照即为公私的分别。罗马法最早区分公法、私法。"公法为有关罗马国家情状的法律,私法则为关系个人利益者"②。自此有了"公"经常代表国家,"私"代表家庭等个人利益。它对整个欧洲政治社会都有深刻影响。其后果之一便是,欧洲人认定国家权力行使的范围与私人(如家庭等)的关系是自然性的分野③。

三是西方历史上公与私的价值意义不甚固定,既有公重于私的思想,也有私先于公的意念。虽然在语言的使用时"公"几乎永远放在"私"的前面,但思想上又不尽然。古希腊思想中城邦生活的价值高于个体家庭,罗马法中有公法优先于私法的原则。在近代早期经常代表国家的

---

① 参见成濑治:《市民的公共性·理念》第一节,转参自许纪霖:《公共性与公民观》,凤凰出版传媒集团、江苏人民出版社 2006 年版,第 27 页。
② 其经典表述见于 Justinian 法典(编纂于五三〇年代)。
③ 主要参考 Norberto Bobbio, "The Great Dichotomy: Public/Private," in his Democracy and Dictatorship: The Nature and Limits of State Power, tr. from Italian by Peter Kennealy (University of Minnesota Press, 1989), pp. 1—3; Daniela Gobetti, "Humankind as a System: Private and Public Agency at the Origins of Modern Liberalism," in Jeff Weintraub and Krisshan Kumar, eds., Public and Private in Thought and Practice: Perspectives on a Great Dichotomy (University of Chicago Press, 1997), p. 107; Donald Kelly, "Law," in J. H. Burns, ed., The Cambridge History of Political Thought, 1450—1700 (Cambridge University Press, 1991), pp. 66—70. 转参自:陈弱水《中国历史上"公"的观念及其现代变形——一个类型的与整体的考察》一文。

"公"地位也是高于"私"。至于私先于公的倾向,陈弱水先生认为主要是由于罗马法的传布。罗马法虽然有公法先于私法的原则,实际内容大多是私法,以处理人民之间的契约、财产继承、家庭关系等为主,这奠定了私权的稳固地位,即使在绝对王权理论中,个人的财产权也不能以公共利益为理由被任意剥夺,一切"公"的作为都必须以尊重或保护私权为前提。笔者以为这其实是私有制(财产权是个人的根本人权,这在西方有其深远历史背景)及西方传统文化中个人主义的思想基础奠定的,尤其是启蒙运动、资产阶级革命的影响。而私先于公的理念,主要体现在近代自由主义兴起之后。

四是"公"与社会紧密相关。这与近代欧洲有关"公共领域"问题的提出有关。它一方面是指17世纪在欧洲兴起的公共事务为目的的自发性组织;另一方面指"公共利益"或社群的整体利益,这实际上多指国家所维持的法律与秩序。中古、近代之交时,"公共利益"也成为平民福祉的政治社会价值,不仅统治者以此正当化自己的行为,各种叛乱也无不以此为口号来增强感召力。也有人将它与民族思想相联系,寓意于特定的民族文化之中[1]。

将中西方文化中民之"公"相比较,可以看出中国传统"公"的一些特点。一是中国的伦理、规范的色彩特别强。公私意识大多尖锐对立,且"私"带有强烈的负面意义,"公"则经常指向某种理想之善,但较少涉及人的实际行为或社会样态。二是与长期的封建君主专制"一家天下"的社会特点有关,传统中国的"公"的具体领域的内容模糊或淡化。因为天下所有的人或物资源都为"天子"所有,所以也引申出第三个特点,即传统中国很少意识"公"与社会公共活动、共同利益相关的寓意。虽然20世纪初"公德"被介绍入中国,但内容还是抽象的,没有定位于实际生活

---

[1] Anthony La Vopa, "Herder's Publikum: Language, Print, and Sociability in Eighteenth-Century Germany," *Eighteenth-Century Studies*, 29:1 (Fall 1995), pp. 5—24. 相关论述也可参见许纪霖:《公共性与公民观》,凤凰出版传媒集团、江苏人民出版社2006年版,第28—29页。

具体要求①。这对现代社会的中国"公"之民的伦理素养公德的培育都有影响。四是区别于西方社会"公共领域"共同利益指向,传统中国的"公"除了道德理想的寓意,在现实中稳定所指的领域就是"官家"("官府")。由此历史因素,不少现代中国人还习惯地认为,公共事务完全是政府的责任。20世纪初始有"公益"概念,意指社会的"共同利益",但也没有内涵,或者意指地方社群的公共利益而较少直接代表国家整体利益,如清末的"公益捐"②。

中国"公"之民意识的觉醒与资产阶级、无产阶级革命政党及其政治集体主义要求兴起有关。从19世纪末的戊戌变法开始,君主立宪、民族革命、共和政体、军阀统治、地方自治等,建立新政治秩序的尝试不断,直到20世纪中国共产党成立并带领中国人民进行新民主主义革命③。社会主义革命和建设过程中,共产主义、集体主义意识成为社会政治文化建构的价值观基础。刘少奇《论共产党员的修养》中就明确了共产党员必备的一个主要价值观即"奉公",个人利益无条件地服从党的利益。崇公灭私不仅是共产党员应有的道德,而且最终还是人类整体改造的目的。

"民",一般指④:① 从古文之象。古文从母,取蕃育意。古代指黎民百姓,平民,与君、官对称,泛指被统治的庶人。如:民,众萌也。"萌"表示精神上的黑暗和无知。"民,氓也"⑤。《孟子·尽心下》言:"民为贵,社稷次之,君为轻。"② 泛指人或人类。如《淮南子》言:"食者,民之本也。"

---

① 1902年3月梁启超刊载《新民说》宣传"公德"并广受注目。其内容一是指贡献国家、合群重团体的心态与行为,二是指个人在社会生活中所应遵循的规范。整体看来则主要是强调个人对大我的义务。至于这规范义务的具体内容则未提及。参见刘师培《伦理学教科书》,第十九、二十课,收在《刘申叔遗书》(南京:江苏古籍出版社景印,1997),第二册。转参许纪霖:《公共性与公民观》,凤凰出版传媒集团、江苏人民出版社2006年版,第33页。
② 1908年清颁布"城乡地方自治章程","公益捐"即是征收作为自治经费的税种。
③ 国民党也有党员必须效忠于国民革命目标要求,也要求国民要遵从其设定目标,但多论调高于现实实践心态。
④ 参《辞海》,上海辞书出版社1979年版1984年印,第4130页。
⑤ "土著者曰民,外来者曰氓"。参见《广雅》。

《谷梁传·成公元年》言"古者有四民,有士民,有商民,有农民,有工民"。《左传·闵公元年》言:"天子曰兆民,诸侯曰万民。"《论语·泰伯》言:"民可使由之,不可使知之。"《史记·项羽本纪》言:"吾入关,秋毫不敢有所近,籍吏民,封府库,而待将军。"③ 人民。其意在古代与"民"同意;而在中国新民主主义革命时期,相应于革命战争的战略需要,毛泽东以"人民"这一概念意指革命阶级和同情革命的阶级的集合。敌人则是反对革命的阶级的集合。在人民这个阵营中,包括工人、农民、民族资产阶级和小资产阶级,在敌人阵营中包括地主、官僚买办资产阶级、反革命分子。当时因革命之需要,对属于敌对阵营阶级的个人,革命策略是剥夺其财产,使其接受改造,成为自食其力的劳动者,直至其也采取了革命立场才接受他进入革命阵线。

"公"与"民"连用,在中国,一是指古代为公之民。《韩非子·五蠹》言:"是以公民少而私人众矣。"陈奇猷集释:"为公之民少,为私之人众。"二是谓君主之民,公家之民①。三是指具有一个国家的国籍,并依据宪法或法律规定,享有权利和承担义务的人②。四指公共土地上的居民③。显然,在中国传统文化中并不存在西方哲学意义上的"公民"这一概念。马克斯·韦伯曾就此指出:"在西方之外,从来就不存在城市公民的概念。"④没有民主政治,没有独立个人的地位、森严的封建等级,这是造成近代中国以前西方哲学意义上的公民概念缺失的主要原因。传统中国一直是实行宗法等级制,实际上是君王一家天下的专制体制,"普天之下,莫非王土;率土之滨,莫非王臣",民主政治无从产生。偶有圣贤明君重视人民,也只是民本思想的流露。于民,不仅无现代宪政意义上的"公民"之意,更谈不上享有和行使政治权利,无需做自己的主人,只需做一

---

① 刘向《列女传·齐伤槐女》:"[婧]对曰:'妾父衍,幸得充城郭为公民。'"
② 老舍《四世同堂》中有:"他是个安分守己的公民,只求消消停停的过着不至于愁吃愁穿的日子。"
③ 康有为《大同书》乙部第三章:"凡未辟之岛皆为公地,居者即为公民。"
④ [德]马克斯·韦伯:《新教伦理与资本主义精神》,彭强、黄晓京译,陕西师范大学出版社2002年版,第22页。

个安分的守法主体、一个顺从的义务主体即可。因为个人没有独立的人格,也就不能享有独立的公民地位。如果说传统中国实际上是一个扩大了的家族组织,而西方社会的组成则并非家族,而是以契约为纽带、由原子式个人组合成各种市民社会组织。因此,西方人富于个性主义的人格意识构成了西方文化中自由主义的基础;而东方的政治社会则是以家族结构为本位的家国同构,个人自由依附于家族才能生存,才能有地位。在这种制度背景下,"公民"个人难以生成。另外,强烈的封建等级制严格固定了所有人的身份,"公民"无从产生。中国古代社会,一贯奉行君为臣纲、父为子纲、夫为妻纲。奴婢、奴才、臣子、臣民等都遵循严格的等级界限,每一等级不可逾越。三纲五常的长期教化侵蚀了人的心灵,使得民众安于这种等级划分,并习惯成为顺民。在封建社会,君、臣、民是不同的等级代称,但在民主革命冲击的严峻形势下,清王朝无可奈何地将三元等级关系改为君王——臣民的二元关系了。这里看到的是异化世界中的"臣民"而非现代伦理世界意义上的"公民"。

显然,和谐的伦理世界中的"公"之民,不应该是宗法社会和等级社会中的臣民,也不是近代商业社会或西方早期市民社会的纯粹经济人,而是政治人、法律人、道德人的统一,是具有公民人格、公民身份和主体意识的个人,是具有主体性且兼备权利与义务意识的人。这就意味着权利意识残缺不全或义务意识缺乏的人都不能算是合格的公民。不具备自己的自主性,不懂得尊重他人的自主性,对公共法则缺乏敬重的人,都不能算作公民。公民伦理的达至与其自我意识的发展有关,即公民意识到自己有这样一个实体性存在①,并且追求这种实体性、体现这种实体性。这种实体性的觉醒既是类意识的觉醒,也是个体的类意识的觉醒。现实中具这样自觉意识内涵的伦理"公民"主体性的形成有一个社会发展过程,并具有一定的伦理条件或伦理要求。

---

① 这里的实体性存在既是其类的共同体的存在,也是主体对类普遍性的觉醒与认同。

2. "公民"的伦理条件与伦理要求

人们通常在政治学或法学的法律层面使用"公民"概念。解析伦理世界公民的条件时必然要区别于政治学、法学视域中的公民内涵。一般地,政治属性中的公民即参加政治事务、司法事务、社会公共事务和统治机构的人们,是在政治层面上有着自主权利并平等参政的社会共同体成员。这里蕴含着社会或国家对个体自主与公共自主性的认同。

从法律的属性来解析,公民是指具一国国籍而与该国发生稳定的和全面的法律上联系的个人。古希腊城邦时代,"每一个自由公民都应当有能力参与这种法律与契约的过程"[①]。公民,参与国家治理、共同议政并制定相应的法律。其后,公民作为法律制定者与服从人的历史一直在西方社会演绎。17世纪、18世纪民族国家形成以来,公民一直作为具有一个国家国籍的自然人而存在,因为国籍的具有而带来其宪政法律所规定的权利和义务的享有。从法律层面对公民概念的研究则重在作理性的分析判定。除了法律上所涉及的义务与责任的规定之外,"公民"概念实际上倾向于一种权利属性的范畴。它包括公民权[②]、政治权利[③]与社会经济权利[④]。通过对公民权的确认,法律为公民界定了一个不受任何人干预的领域。拥有了公民权,公民就拥有了在公域健全发展、在私域追求幸福的前提条件。公民概念在法律的维度凸显公民权的内涵,当然公民义务是与此相伴随的。以自由为价值取向的公民权,喻示着国家与社会之间的分疏,它确立的是作为个体的公民在政治经济活动中所具有的自主性,由此界定出公共领域之外,一个国家不能干预的、平等个体交往的个人领域。

从伦理学的视角分析"公民"概念时,学界一般从道德属性来解析:

---

① 廖申白:《亚里士多德友爱论研究》,河南人民出版社2002年版,第176页。
② 这涉及个体的生命、自由、身体的不可侵犯性和对诸如金钱、土地和房屋等财产的排他性占有,如生命权、自由权、迁移权、自由选择职业权、住宅不受侵犯权等。
③ 它包括参政权、选举权、监督权等。
④ 这涉及财产权、择业权等。

公民其实就是指符合公民身份角色应有的行为态度和品质①。作为一个"好公民",应站在公共领域的角度对自身归属认同,掌握其相应的权利与义务、积极参与社会公益活动等,从而确立起与自己角色身份一致的人格形象。这实际上是公民道德意识:站在公共领域的社会生活角度对自身行为的自律与认同。"其基础在于个人之道德自主的人权,只有通过公民的政治自主才能获得实证的形式。"②出于公共生活中的角色身份与交往需要,自主即意味着对自我的尊重同时对他人相应地尊重,这是道德责任感与义务感的来源,也是个体作为社会共同体成员的角色获得确认的基础。从道德属性看的公民内涵实际上是公民的道德自我意识确证,是有别于封建贵族或农奴的独立自主的精神气质与对社会公共性自觉意识的内涵、遵守相应的公共性规范的伦理造诣。

这种伦理造诣是人类生存的必然选择。当人处在没有行为规范的无序社会的时候,会有充分的理由彼此不能信任,并陷入恐慌与彼此攻击之中。与陌生人交往,又没有彼此认同的行为准则,没有彼此理解与宽容的气氛,就会担心对方不守信,担心自己被侵犯被欺骗。为此人的社会生活方式必然产生内在的秩序要求,产生对秩序设定的合理性认同要求,并在其基础上形成理性规范。在彼此纷争的自然状态,或在根本没有什么社会交往的原始自足状态,也无从协商出一套公认的交往法则。而没有社会性交往与社会性的敬守,则正如很多当代思想家不约而同地指出的那样:"自由的时代"容易使人成为"原子主义"式的个人;"契约的时代"也容易使人为了自己的"权利"(利益)最大化而讨价还价,而把参与社会生活、政治经济活动这一实现社会纽带和社会关系的内在本质需要仅仅作为手段。而现实中,即便是私人生活,也是在共同体社会中的生活,而不是意味着前社会状态或反社会条件下的孤立和超然。我们鼓励个人自由,这种自由只是为增加个人的联合与合作之可能性,而

---

① 参见周国文:《公民伦理的历史源流》,中央编译出版社 2008 年版,第 7 页。
② [德]哈贝马斯:《在事实与规范之间》,童世骏译,生活·读书·新知三联书店 2003 年版,第 117 页。

不是鼓励冷漠。人的发展不是抽象的,而是具体的、历史的。公民伦理从道义到法规,它是个体之间进行交往的应然法则,是个体与社会之间维系基本平衡的杠杆。

马克思说:"只有在共同体中,个人才能获得全面发展其才能的手段,也就是说,只有在共同体中,才可能有个人自由。……积极参与公共讨论、参与集体生活,个体才能够更广泛地融入社会。"[1]个体对这种共同体的参与、融入过程即自身伦理性的归属有一个从不自觉到自觉的过程。人社会化到什么程度,其公共伦理问题的主体性伦理精神就自主自觉到什么程度,公民伦理的状态是其发展的重要指征之一。处在自然状态的社会无论坏与好,都不可能存在什么公民伦理。因为人们之间没有公共性交往或没有订立普通或日常生活行为规范的勇气,也就谈不上以自愿的协议方式构建公民生活行为规则的可能。处于这样社会状态的个体或是不具备社会性意义或者只是专制等级中不具备自主意识的奴隶或臣民。在这个意义上,霍布斯说,人进入公民伦理社会不是为了改变他们的天性,而是为了实现他们的天性。洛克也认同此主张。只是霍布斯将这种"天性"的实现从属于利维坦国家中,乃国家所赐;而洛克则相反,认为国家是受众人之托的社会管理机构,政府的正当性在于保障、维护人的公共伦理秩序、维护社会道德。也正因此,个体及其社会共同体成员都进入了"公民社会",并且都有义务服从国家法律。而这种义务也同样是为了维护公共生活的和谐,为了敬守普遍存在的公民伦理。这在西方文明史上就是追溯合理的城邦社会是什么模样的问题,是试图回归城邦伦理世界。这个意义上来看近现代这些思想家内在有着对"乌托邦"般的伦理世界的向往。

学界从道德属性解析的"公民",理论上应该奠基于"公民"的实体意识基础上的伦理造诣,实质上是"公"之民。这里的"公"即社会共同体内蕴的普遍性,是伦理世界的实体性,是人伦之"伦"。"公"之民是指认同、

---

[1]《马克思恩格斯选集》(第1卷),人民出版社1995年版,第119页。

皈依和维护这个实体之"伦"的主体个体。他(她)(们)皈依于这个社会共同体,自觉其实体性精神,依"伦"而行,具一种实体性的"精神",而不仅限于法律制度所规定的那些普遍性的形式要求。如"公民"作为一定民族国家成员的爱国主义精神、作为一个家庭成员对"家"的依恋与爱护等。或者说,公民的本质就是意识到自己作为民族伦理实体中的一个个体,并使自己的个体性与民族伦理实体或共体的公共本质的辩证统一。这也是黑格尔在《精神现象学》中所指出的伦理规律之一:"人的规律"。公民个体对这样的规律的皈依及其维护之情、之行即公民的伦理精神。这种精神从自在到自觉、自为,既有待个体的自我意识发展程度,也有待人类文明发展自觉程度。这种伦理造诣在历史长河中经过了辩证否定的发展过程:一是古希腊那种自在伦理实体①的状况之中的公民;二是随着近代民族国家资产阶级革命和民主主义浪潮为主要契机而发展出的否定性自为精神环节,一如黑格尔《法哲学原理》中所指的市民社会的中介性环节、《精神现象学》中教化世界中被异化的个体②;三是经过对第二阶段的否定而确立起公民伦理世界的"道德世界观""伦理世界观",使个体主体的生命秩序与社会的客观秩序具体地、历史地和谐统一,或个体的道德自我意识与社会伦理共体的普遍性辩证统一,成就公民现实的历史主体性。

公民作为"公"之民内蕴的自觉自为层面与其民族文化发展程度、文明程度密切相关。首先是"公民"概念本身在中国的确认及普遍性认同就有一个发展过程。其次是法制意义上的"公民"被平等地认同也有一个发展过程。新中国成立以后承继民国时期的《临时约法》,1949年《共同纲领》、1954年宪法和以后各部宪法,都将公民定义为具有中华人民共和国国籍的人,公民一词具有全体国民的意义。而当时与"公民"一词同时使用甚至更具广泛认同的是"人民"这个概念。人民是公民中的一部

---

① 黑格尔称此为自然伦理世界。
② 黑格尔称此为"异化了的精神的世界"(或教化世界)中的公民,也是沉沦的主体。参[德]黑格尔:《精神现象学》(下卷),贺麟、王玖兴译,商务印书馆1983年版,第41页。

分或最大的部分。因为公民中还包括了如建国初被从经济上剥夺了财产权的官僚买办阶级和地主阶级成员、被视为敌人的各种反革命分子等,直至1982年之前的宪法中还添加有富农、新生资产阶级分子等不属于人民范畴的公民成员。按照宪法宣布的原则,中华人民共和国的一切权力属于人民。国家权力的基础是人民而不属于公民中犯罪分子或敌对分子。国家权力的分享也如此。甚至作为犯罪分子的公民,其权利也会因此遭到蔑视或不公正对待。新中国成立以后,尤其是改革开放以后,公民这个概念愈益转向法律意义的使用。随着法治建设的推进,公民的意蕴愈益凸显其平等的伦理内涵,这通过公民权利平等享有与行使可以体现出来。

这种转变体现了政治文明的进步或国家伦理之善的发展。因为公民伦理一方面体现于家庭伦理实体之"爱"中,另一方面就体现在民族国家之"分享权利与财富"中,公民权利安全感的焦虑紧张使其对伦理共同体的归属感也受到质疑,或引发公民伦理感受到挫折。个体的生命秩序内在紧张,个体与社会的发展都同时受到阻碍。

公民作为"公"之民内蕴的自觉自为层面与其民族文化发展程度、文明程度密切相关。首先是"公民"概念本身在中国的确认及普遍性认同就有一个发展过程。其次是法制意义上的"公民"被平等地认同也有一个发展过程。所以,现代伦理世界的"公民"是有其社会历史条件及其相应的伦理要求的。它一方面依赖于社会的民主政治发展,另一方面还依赖于主体的认识与实践精神。

清华大学卢风教授在周国文《公民伦理观的历史源流》一书序言中指出:

> 公民伦理是人类生活的理性与社会性所叠加生成的准则。公民伦理所指向的伦理行为都直接或间接地与他人有关,它把自我和他人的自由契合在一起,其基本价值导向是:公共社群的和谐优先于个人私利。从约束性的道德责任到被社会共同体成员一致认可

的公共交往生活规范,公民伦理是具有普遍有效性的,这种有效性植根于道德理性与公共性价值。公民伦理是广大公民一致认可的规范,它力图在多样性的哲学、宗教、道德演说中创造符合社会基本结构的平等的尊严政治。公民的尊严不仅体现为对公共生活普遍规范的服从,而且体现为公民的普遍立法能力。体认这一点要求我们承认人类具有普遍分享公民政治身份的能力,这种共同身份保证每一个人都值得尊敬,也要求我们彼此之间相互尊敬。①

卢教授在此将"公民伦理"厘定为:作为社会成员的个人在与其他公民进行社会交往中必须遵循的行为准则。它是一种复数意义上公共生活伦理,标志着公民个人同一般复数他者的交往关系。在交互性上,公民伦理涉及从个人道德到社会道德的延展。它指每一个公民在与其他公民的关系中所实践的美德体系。除须处理好个人与自身的关系之外(个人从良心上对自己行为的认知、个人对自己的义务等),它还必须重点处理好与其他人的关系(合乎道德地对待他人)。

周国文《公民伦理观的历史源流》的公民伦理是"因应着一种道德观上公民身份的价值认同与公民公共生活伦理的规范性塑造,也联系着在伦理学范畴内不同历史时代的哲学家对型塑公民相互之间社会交往准则的经典性论述"②。在此基础上他认为,公民伦理是公民基于公共性交往的生活规范,其有效性主张是在社会公共交往生活中形成的。"公民伦理是公民在公共性的社会交往中的相互性的伦理规定"。而公民伦理观则是关于公民与公民伦理概念的综合观念系统。公民是公民伦理观的论述主体,也是公民伦理这种生活规范的实践主体。公民在社会实践活动中其理性的自主意志是公民伦理观存在的哲学基础。公民伦理是客观的定在,公民理性的自主意志乃抽象的偶性所在,它本身不具有真理性。只有当它与伦理实体的普遍性相一致时才具有内在的合理性,也

---

① 卢风:序言,《公民伦理观的历史源流》,中央编译出版社2008年版,第4页。
② 周国文:《公民伦理观的历史源流》,中央编译出版社2008年版,第1页。

才能成立真正意义上的公民伦理的主体。周国文教授的公民伦理观是在西方哲学意义上的"公民社会"为背景阐述社会文明的观念系统的,并将此视为民主社会法治体系与正义理论的基础。它不仅在公共生活世界构筑起基本的价值理念,而且以自由、平等与仁爱精神构成了人类的尊严所在。它所具备的道德感是一切伟大而又美好事物的永恒性条件,也是一个体现民主扩展性的世界公共交往的需要。在一段漫长而又呈现进步性的思想道路上,公民伦理观既是一个动态发展的观念变迁史,也是涉及公民与公民伦理概念的价值生成史。

晏辉教授在其《公共生活与公民伦理》中,基于公民之间的交往、公共交往与私人交往的相对边界、公民交往之规范化形式的组织形态意义上论述了"公民伦理":"顾名思义,公民伦理所呈现的是个人或组织以公民身份与其他公民或组织进行交往时所应遵守的行为规则。"[①]他们的"公民伦理"都意指公共领域的生活规范,一种基于公共生活的认识程度及其公民公共生活规范要求的相应阐述,这其实是公共性认同基础上彼此尊重而遵守的行为准则。

这些论述显然是中国学者借鉴西方思想资源致力于伦理学面对市场社会以来出现的伦理难题与伦理困境进行人类伦理致思范式的一次总体性和根本性的转换的可贵努力。但显然,这里的"公民伦理"的界定有公民与伦理的机械组合嫌疑,或者缺乏理论内在逻辑的有机转换环节。首先,伦理阐述的是人伦关系,是个体"单一物"与社会共体"普遍物"内在统一之理,因此公民伦理并非基于公民间的人际交往关系,而是指向个体与共体关系的统一,否则它难以与社会学的人际交往关系本质区别开来。他们所借用西方学术资源的"公民社会"概念并非伦理实体思维的角度所提,而是原子式的伦理思维模式,表达的实则上是缺少实体感的公民群体,它非但不能解释现代性的碎片,也不能建立起噪动的个体内心所向往的归属之感的精神家园。其次,这种理论本质上还是承

---

① 晏辉等:《公共生活与公民伦理》,北京师范大学出版社 2007 年版,第 14 页。

续传统心性伦理学,将伦理与道德内涵未区分开来,"公民伦理"即"公民道德"。再次,这种纯"知识界,以相当纯粹的形式加以讨论"的"公民伦理"缺少民族文化特色,也就缺少理论的现实落实,使理论显得苍白无力。对此,廖申白教授也指出:

> 在中国,与公共性的交往相关的生活领域尚未在人们的生活观念中明确地确定其领地,但对是这方面发生的广泛的问题却已经被人们,尤其是知识界,以相当纯粹的形式加以讨论了。当公共性的生活空间在我们的历史生活中一直只有非常有限的发展,而今天却显得在急剧地扩展——至少在表层时,我们对于它会处于恍恍然的状态,理解还未足够积累,先行的思想已经使我们觉得一切都可以说得清楚。公民、公民社会以及实践的公共领域,尤其是作为生活规范的公民伦理,是累积地形成,而不是跳跃地、突然发生的。我们今天的情形表明的是,由于长期过于缓慢的累积屡被打断,公共生活领域的发展积蓄了很大压力,在近几十年由于政治的激发而急速扩展,这在形成中的公民社会与公共领域打下健全公民伦理欠缺的历史印迹。这种印迹只能在历史生活中,并通过人们逐步获得对公共生活的健全的理解,逐步消除。①

公民伦理内蕴着公共性,但又不能简单地将公共生活领域的伦理直接等同于公民公共伦理。公民伦理中蕴含的公共性实质上泛指人所有生命共同体之普遍性(而不仅仅限于公共活动场所之"公共领域")。如它在家庭伦理实体中是个体作为家庭成员的意识,体现为个体对家族家庭之爱恋皈依之情;在民族国家实体中,就是个体作为民族或国家成员的意识,体现为个体与民族国家荣辱与共的爱国主义精神。这种爱又并非是纯粹主观的感性情绪,而是蕴积着个体的主体自觉、自主性的基础上体现功能性、历史主体性的精神形态。公民伦理的本质在于:只有当

---

① 周国文:《公民伦理观的历史源流》,廖申白序,中央编译出版社 2008 年版,第 6—7 页。

个体具有生命共同体的普遍性时才能成为公民。公民伦理的实现可以通过伦理感体现出来,分别遵循着黑格尔所讲的两种伦理规律:"神的规律"和"人的规律"。

"伦理感",既诉诸理性的思维形态或认知形态,又体现伦理的实践形态,深刻而又形象地凸显出公民伦理的理性与主体能动性。对此,樊浩先生认为它是"理性+情感""理性+意志",是中西方不同伦理传统和文化传统下的两种殊异的伦理精神的人性结构或伦理精神的人性形态体现。"以意志为基地的伦理冲动具有客观性与间接性,有待理性的'绝对命令';以情感为基地的伦理冲动具有主观性与直接性,是诉诸生命直觉的'自然'。"① 这既体现了公民伦理的特征,也是"公民"的伦理条件或伦理要求:

一是"单一物"与"普遍物"的统一感。"单一物""普遍物"是伦理的两个基本要素。"普遍物"既是"单一物"的公共本质或共性所在,也是"单一物"的共体。但是,伦理的本质并不简单地就是"普遍物"本身,而是"单一物"与"普遍物"的统一性。"公民"的伦理条件之一就是有这种"统一"之感,或称"伦理感"②。这种伦理感典型地体现在黑格尔《精神现象学》中对家庭伦理的诠释中。家庭和家庭成员间的伦理关系,是最自然的伦理感。但按照黑格尔的观点,家庭伦理关系并不是家庭成员之间的关系,而是家庭成员这个"单一物",与作为每个家庭成员共同体的家庭这个"实体"之间的关系,由此,"个别家庭成员的行动和现实才能以家庭为其目的和内容"③。这种"个别家庭成员的行动和现实以家庭为目的和内容"的那种感觉与行为就是家庭伦理感。樊浩先生曾以家庭姓氏的现象来表达这种伦理共感。姓氏是家庭的公共本质所在,是生命根源和延绵不断的活的存在。个体通过姓氏这个象征符号与相同姓氏者构成

---

① 樊浩:《道德形而上学体系的精神哲学基础》,中国社会科学出版社 2006 年,第 280—281 页。
② 樊浩先生对"伦理感"有着精辟的阐述。参见:《道德形而上学体系的精神哲学基础》,中国社会科学出版社 2006 年,第 280—283 页。
③ [德]黑格尔:《精神现象学》(下卷),贺麟译,商务印书馆 1996 年版,第 8、9 页。

家族或家族共体。这一姓氏的家族就是生命的实体或历史的实体，个体自身的生命脉络也就是同一姓氏的共体的生命脉络延展的体现。在这脉络延展中体现了"人"与"伦"的关系本质和真谛，这二者的统一即"人"这个"单一物"与不可离析的家族共体——姓氏或延绵不绝的家庭生命共体或实体这一"伦"的"普遍物"之间的关系。这种统一的方式就是人的"姓—名"。"姓"是"普遍物"符号象征，"名"是"单一物"的符号象征。不同的是，中国传统文化中将"姓"放于"名"之前，赋予其血缘家族这个"普遍物"绝对而又神圣的意义；西方传统文化中将个体（"单一物"）的"名"列于"姓"（血缘家族"普遍物"的象征符号）之先，前者是 first name，后者是 second name。它们共同之处则在于：姓是不可变和不可选择的，而名是可变和可选择的，因为"普遍物"对"单一物"来说，总是客观的和前提性的。当然，这里也典型地体现了中西方文化中整体取向与个体取向的差异。樊浩先生认为：伦理感的基础是人伦感，人伦感的核心是"伦"的感觉。而"伦"首先是一个自然的和生命的共体，在此基础上发展成为哲学意义上的"普遍物"①。"公民"之意"公"之民，它本源于其个体内在的普遍性，公民的伦理获得意味着公民个体性（"单一物"）与普遍性（"普遍物"）的统一感，这种统一感具体体现于公民的实体感、精神感之中。

二是实体感。实体，西方哲学中既可指共同体，亦可指共同体内在本质。在黑格尔哲学中，"实体就是还没有意识到其自身的那种自在而又自为地存在着的精神本质"，是具有普遍性的共同体意识，也是伦理本质所在。"伦理行为的内容必须是实体性的，换句话说，必须是整个的和普遍的；因而伦理行为所关涉的只能是整个的个体，或者说，只能是其本身是普遍物的那种个体"②。"单一物与普遍物的统一"的统一体或同一体就是实体。"伦理的自我意识乃是实体意识"③，所以，伦理感就是实体感。伦理实体既包括特殊个体又包含普遍性精神本质，是个体与普遍具

---

① 参见樊浩：《道德形而上学体系的精神哲学基础》，中国社会科学出版社2006年，第283页。
② [德]黑格尔：《精神现象学》（下），贺麟译，商务印书馆1996年版，第8、9页。
③ [德]黑格尔：《精神现象学》（下），贺麟译，商务印书馆1996年版，第8、9页。

体的辩证统一体。家族、民族、国家都是最基本的伦理实体。人的社会性本质决定了作为"单一物"的个体必然归属于伦理实体。黑格尔用"悲怆情愫"来表达这种应然与宿命,表达个体与实体内在的辩证互动情愫。"在个体性那里实体是作为个体性的悲怆情愫出现的,而个体性是作为实体的生命赋予者出现的,因而是凌驾于实体之上;但是,实体这一悲怆情愫同时就是行为者的性格;伦理的个体性跟他的性格的这个普遍性直接地自在地即是一个东西,它只存在于性格这个普遍性中,它在这个伦理势力因相反的势力的缘故而遭到毁灭时不能不随之同归于尽。"①这里,个体对实体的皈依是命运使然,他不能抗争,而是出于对其必然之命运的敬畏、悲怆之中带来对终极意义的寄托,就象宗教的终极实体与其教徒的关系一样:基督教中的终极实体即上帝,基督教徒虔诚地唯上帝旨意而修行。佛教中的僧尼唯佛的旨意而谨守慎行。佛、上帝既是敬仰对象,也是其幸福的归属。教徒们在敬畏之情中无条件地俯伏其前,彻底放弃其个别性,听从其召唤,虽九死而犹不悔。公民伦理其实就是在这样的伦理实体中获得精神性的皈依。

　　三是精神感。实体的本质规定就是精神,伦理则是这个本质及其现象的表现形态。这种表现形式既是其意识,也有其行为意志冲动,整体体现为公民的伦理实践品质或伦理精神感。"伦理实体就是还没有意识到其自身的那种自在而又自为地存在着的精神本质。至于既认识到自己即是一个现实的意识同时又将其自身呈现于自己之前(意识到了其自身)的那种自在而又自为地存在着的本质,就是精神。"②在黑格尔看来,伦理实体也即精神性本质,"精神本身"即是"伦理现实"。这种论述有其客观唯心主义性质,因为毕竟伦理也是客观的现实存在,但将伦理与"精神"相连却是合理的。公民伦理是公民伦理精神的实践运动,是既在公民"精神中存在的感觉,又是精神自在自为地存在和运作的那种感觉"③,

---

① [德]黑格尔:《精神现象学》(下),贺麟译,商务印书馆1996年版,第27页。
② [德]黑格尔:《精神现象学》(下),贺麟译,商务印书馆1996年版,第2页。
③ 樊浩:《道德形而上学的精神哲学基础》,中国社会科学出版社2006年版,第287页。

公民透过精神才能形成、才能完成。

由此可见,公民伦理既不可以单一地表达为"公民社会的伦理",也有别于个别的家庭伦理或身份伦理,公民伦理通过"伦理感"中个体与普遍性相统一感、个体的实体归属感、个体的伦理实践精神感表达出来。公民伦理这种表达的形而上基础就是奠基于公民伦理世界的"伦理世界观"及其相应的"道德世界观"。

(二) 公民伦理世界

公民伦理世界的确立,奠基于"公"之民的确立,奠基于公民"单一物"与"普遍物"的统一感、实体感、精神感的确立。其中统一感、实体感、精神感的哲学形而上学基础是什么?黑格尔通过《法哲学原理》和《精神现象学》分别从现象学及法哲学的角度建构起伦理精神的形而上学基础。《精神现象学》探讨现象学意义上的道德自我意识,探讨了个体的内在生命秩序;《法哲学原理》从法哲学视角探讨合理的社会秩序。而和谐的公民伦理世界必须是这两者的有机结合。就像个体的成长,只有当他形成稳定的世界观、人生观、价值观后,才能确立主体精神的独立性,才能真正从文化心理层面确立起"成人感"。公民伦理世界的确立同理需要公民确立起道德自我意识形而上学基础的"道德世界观";道德自我意识的实践或现实化则是相应的伦理世界观的确立。

1. 公民道德世界观

"道德世界观"是黑格尔在《精神现象学》中提出的重要概念。在其思辨体系中,道德自我意识经过"伦理——教化——道德"的辩证发展过程。"伦理"阶段是个体与其伦理共体或实体的自在统一状态,但个体对其实体,或个体性对其普遍性并没有自觉的意识,而是盲目地认同其伦理客观意志的要求。"教化"是"意识自身异化了的精神",是个体自我意识到其伦理共体的内在矛盾,但以伦理的沉沦及个体精神的异化来体现自我意识;"道德"则是个体从"教化"的异化状态复归自身,理解伦理实体的普遍本质的同时具备对自身确定性的精神,或道德意识"自己个体性的世界"，由此诞生了自我意识中的"道德世界观"。

道德世界观的内在基本问题在于：道德的自在自为存在与自然的自在自为存在的关系问题。这种关系中，一方面自然是自在的，而道德目的及其活动是自为的，道德与自然彼此是全不相干和各自独立的。另一方面道德意识以义务为其本质性，而自然则全无独立性和本质性①。

首先，公民自我意识中道德与自然、道德世界与自然世界的分立与对峙，它是对道德与自然混沌未分的原初同一性的否定，在原始同一性阶段，意识任凭自然摆布，自然规律统驭道德规律；其次，公民"道德"自我意识，在道德与自然、义务与现实的对峙中，执着于义务的本质性，在意识中以道德规律驾御自然规律，从而有别于以自然本性为基本概念的"生物"世界观或"自然"世界观，而成为"道德的"世界观，或"道德世界"的自我意识。这时的道德主体还不能以"义务"的践履为自由、为幸福目标，而是带着道德义务坚守的主观性、内在性甚至崇高的牺牲感。最后，公民通过道德行为扬弃道德与自然间的对峙而达到现实的统一，从而道德规律不仅抽象地而且现实地成为自然规律，实现道德的自在自为与自然的自在自为的现实统一。这样，公民践履"义务""毋宁说是获得了解放"。正如黑格尔在《法哲学原理》中所诠释的那样："一方面，他既摆脱了对赤裸裸的自然冲动的依附状态，在关于应做什么、可做什么这种道德反思中，又摆脱了他作为主观特殊性所陷入的困境；另一方面，他摆脱了没有规定性的主观性，这种主观性没有达到定在，也没有达到行为的客观规定性，而仍停留在自己内部，并缺乏现实性。在义务中，个人得到实体性的自由。"②义务使人从生物的自然冲动中解放出来，从人的个别性与偶然性中解放出来，是对人的真正解放，是人的真正自由的获得，因而是道德自我意识升起的标志和道德自我意识的真谛。

---

① [德]黑格尔：《精神现象学》(下)，贺麟译，商务印书馆1996年版，第126页。
② [德]黑格尔：《法哲学原理》，范扬、张企泰译，商务印书馆1996年版，第167—168页。

正如樊浩教授在《道德形而上学体系的精神哲学基础》中指出的那样[①]，道德世界观确立的意义在于：1）这是道德意识的自我确证，是"对其自身具有确定性的精神"；2）这是道德自我意识和个体道德自我在意识中生成的标志，是"道德"的自我肯定；3）这是"道德世界"形成和发展的基础。笔者认为，"道德世界观"建构了公民伦理主体的内在生命秩序，从而也为伦理世界的形成和发展奠定了基础。

2. 公民伦理世界观

伦理世界观是公民伦理精神的形而上学体系建构的基础概念。伦理学的使命就在于促使合理的个体生命秩序与合理的社会生活秩序和谐互动、形成和谐的结合。中国传统心性伦理学一直致力于建立起个体内在生命秩序的道德自我意识。其实，合理的社会生活秩序比个体生命秩序更具有主导性和根源性意义，这在被现代性碎片扎得支离破碎的现代社会中更有其重大意义。近代以来的西方哲学中，黑格尔的哲学方法对此问题的解决提供了可贵的学术资源。他在其精神哲学体系中分别通过《精神现象学》《法哲学原理》从道德自我意识与伦理客观意志两个视角，阐述了伦理世界的内在规律及其道德自我意识"对其自身具有确定性的精神"——"道德世界观"的形成。但是"道德世界观"却很难解决这样的问题：个体的道德自我意识如何转化为社会性的客观伦理意志和伦理秩序？特殊个别性、主观性、多样化的个体道德意识如何能统一凝聚成社会性、客观性的伦理意识以及具现实性的普遍伦理意志要求的行为？

樊浩教授则在此基础上明确提出"伦理世界观"作为道德自我意识向伦理客观意志、伦理世界现实转化的中介概念，由此解决了个体生命秩序与社会生活秩序和谐结合、内在互动转换的理论难题。道德世界观的主体是个体，作为道德自我意识的确证，它具有个体性和主观性；"伦

[①] 樊浩：《道德形而上学体系的精神哲学基础》，中国社会科学出版社2006年版，第280—281页。

理世界观"的主体是"实体"或"共体",是社会的伦理意识和伦理精神的自我确证,具有社会性和客观性。而社会的合理性与文明程度不仅需要个体意识的自我同一性与一致性的道德世界观确立,更需要能使群体、社会、民族获得一致性,使个体道德的多样性复归于社会同一性,使意识的主观性发展为客观性的伦理世界观。这样的伦理世界观就是"伦理实体或伦理共体的共同的、特殊与普遍相统一的道德自我意识(这种共同的、特殊与普遍相统一的道德自我意识,也可称之为伦理自我意识);是'伦理世界'的'道德世界观'"①。公民道德世界观通过伦理行为实现其客观性或真理性。公民道德世界观必须是建立在相应的伦理世界观的基础上才能符合伦理客观意志,从而有效地实现其真理性。

伦理世界观的基本问题是伦理世界与自然世界、伦理实体的伦理精神与它的自然冲动之间的关系问题。伦理世界观确立的意义在于解决这种关系之间的内在对峙,以伦理精神的自我肯定为前提,在两个世界的对立中以伦理义务为本质的存在,这也是伦理世界观同一性的基础。这种关系间的对立或对峙的关系状态通过公民社会性的伦理行为而得到扬弃。

伦理世界观与道德世界观的区别在于:其一,前者不象后者那样是个体性的,而是实体性或共体性、社会性的世界观;其二,前者是以意识—意志的双重结构而不是单一的意识为自己的对象,因而不是一般意义的道德自我意识,而是社会性的伦理精神;它不仅包括意识或个体的道德自我意识,而且是个体与整体、特殊与普遍相统一的实体性的伦理自我意识;它不仅是意识,而且同时也是意志,不仅是意志,而且是个体意志与整体意志相统一的实体意志或客观意志;它不仅是精神,而且是意志与意志复合、个体至善与社会至善相统一的具体、现实的伦理精神②。

---

① 樊浩:《道德形而上学体系的精神哲学基础》,中国社会科学出版社 2006 年版,第 193 页。
② 这方面论点可参见樊浩:《道德形而上学体系的精神哲学基础》,中国社会科学出版社 2006 年版,第 200 页。

樊浩先生指出:"伦理世界观"不是"伦理型"或"伦理性"的世界观,而是伦理共体或伦理实体"伦理地"对待、调节和表达自己与所处于"自然世界"(实体的自然世界和它所面对的客观世界)的关系的基本态度和一般的、基本的观点①。公民确立伦理世界观,也就确立了这样一种信念:伦理与自然虽然原始对立冲突、但又会通过伦理行为达到预定和谐统一。其内在意义体现四方面:一是伦理世界观是伦理共体或实体作为一"整个个体"的"伦理世界"的"道德世界观",公民由此认同作为"个体"的共体的"道德自我意识"及伦理客观意志;二是公民由此更有效地获得个体与整体、特殊与普遍相统一的"共体的伦理自我意识";三是伦理世界观不仅是伦理意识,更是客观伦理意志要求,公民由此敦促个体意志与整体意志相统一,在道德行为中达到义务与现实的统一,使行动着的道德自我意识与伦理意识达成固有的和谐。

伦理世界观的完成,经过了两次飞跃或两个过程。樊浩先生认为:第一次飞跃是由原初的伦理精神中伦理与自然对立的具体,向以义务为本质并以绝对的义务意识为伦理与自然的同一体的伦理精神的抽象;第二次飞跃是由绝对的伦理义务意识,向以伦理行为为中介的伦理与自然整合的辩证复归。伦理世界观在绝对义务与现实、伦理与自然的伦理精神的统一体中具体、现实地完成②。

主体伦理世界观的完成在现实中体现为其"伦理精神"。精神"消除冲突,统一出现,而且作为消除冲突的结果这种统一,并不能由于双方在同在一个个体中的那种原始的统一,而是由于知道了两者对立才产生出来的统一"③。如前所述,伦理精神由此便成为伦理世界"活的灵魂"。它不是一般意义上的社会道德意识,而是特殊的社会伦理精神;它也不停滞为伦理动机,它将主体性意识凝聚并进一步客观化与普遍化、以"伦理行为"体现社会实践生命力。而这里的主体性既可以是个体,也可以是

---

① 樊浩:《道德形而上学体系的精神哲学基础》,中国社会科学出版社2006年版,第204页。
② 樊浩:《道德形而上学体系的精神哲学基础》,中国社会科学出版社2006年版,第202页。
③ 黑格尔:《精神现象学》(下),贺麟译,商务印书馆1996年版,第128页。

社会共同体组织,如家庭、国家等伦理实体。

3. 公民伦理与公民伦理世界

伦理世界、伦理实体,既是现实的存在,更是精神的存在,因为它们必须以普遍的伦理本质和实体性的伦理精神为前提和基础。无论是民族与家庭,还是作为构成它们个体的男人与女人,只有在意识到自己的普遍性的伦理本质和实体性的精神时,伦理世界和伦理实体才能自在自为地存在,伦理规律就是这种普遍伦理性本质和实体性伦理精神的具体、现实的运作。所以,"伦理世界"的形成,"伦理实体"的造就,"伦理规律"的运作,都有一个共同的基础,这就是"伦理世界观"。"伦理世界观"是"伦理世界""伦理实体"最普遍的伦理本质。民族与家庭作为伦理世界的基本构成和伦理实体的基本形态,都以普遍的伦理本质和个体与共体相统一的普遍意识的实体为前提,而普遍伦理本质和普遍伦理意识的实体的精神基础,就是伦理世界观。在"普遍现实"的世界中,民族和家庭的伦理世界、家庭——市民社会——国家的伦理实体存在的精神基础,也是伦理世界观。甚至可以说,伦理世界观是现实的或此岸伦理世界和伦理实体持存的伦理精神条件(至于彼岸的伦理世界和伦理实体,则是伦理的普遍本质和普遍意识的实体)。伦理世界和伦理实体既是精神的,又是现实的。它们本质上是以一定的伦理精神建构的世界,甚至是在伦理精神的把握中才存在的世界,因而只是一种抽象,但它们的现实形态,则是一个真实或客观,这个现实形态就是民族,以及构成它的家庭与个体的伦理生活。在伦理世界和伦理实体中,无论是"神的规律"还是"人的规律"的运作,都是伦理世界观的主观能动的体现。伦理世界观的现实性(尤其在它的第三阶段即辩证复归阶段)及其终极目标,就是使伦理规律成为"自然规律"。事实上它一开始就在信念中执着地认为伦理规律应该成为自然规律,伦理世界观自我发展的辩证逻辑,就是追求伦理规律与自然规律的辩证复合。

伦理世界观如何为伦理世界的形成和伦理实体的造就提供精神基础?在对道德世界观进行总结时,黑格尔曾用三个命题,表述道德世观如何对象化自己的概念世界:现实存在着道德自我意识(或存在着一个道德自我意识);没有道德上完成了的现实的道德自我意识(或不存在任何一个道德自我意识);道德自我意识是一个自我(或主体),这种自我自在地是义务与现实的统一,是前二者的统一。① 由于伦理世界观与道德世界观存在结构上的相通性,因而也可以将伦理世界观所建构或对象化的精神性的"伦理世界",表述为三个类似的命题。1)现实地存在着伦理精神。伦理世界观从这样的概念设定出发:一切现实只有在其符合义务时才有本质;这种本质与现实的伦理实体直接合为一体,处于一个统一体中,这种统一体就是现实的伦理精神。同时,伦理世界观将义务与现实之间的统一,看作是世界的终极目的。2)没有伦理上完成了的现实的伦理精神。伦理世界观所面对的总是伦理精神与它自己的现实(即社会伦理精神、伦理世界观完成的程度)之间的不和谐,以及现实的伦理世界中义务与现实(其核心是道德与幸福)之间的不和谐,因而没有伦理上完成了的现实的东西。3)社会伦理精神是一个主体或自我,只是它是实体性的主体或自我,自在地是伦理与自然、义务与现实的统一,不过,这种统一只有透过伦理行为,在意义世界的彼岸才存在。伦理世界观的这三个命题或三个结构,实际上就是在伦理精神的自我发展中完成的伦理世界形成、伦理实体造就、伦理规律运作的辩证过程。

伦理世界观确立在伦理世界中既是个体道德精神产生,也是实体伦理精神产生,其中更凸显重要意义的是后者,因为它意味着社会共同体的集体伦理意识及其实践活力,对社会起着主导性或根源性影响。本著仅以家庭及国家为例,探讨公民道德建设视域下的伦理世界发展问题。

二、公民的家庭伦理世界

家庭是人类个体生命的第一站,也是人一生进退的安顿港湾。家庭

---

① [德]黑格尔:《精神现象学》(下卷),贺麟译,商务印书馆1996年版,第135页。

是人类社会所有伦理关系中最悠久而又最现实的层次,是个人永恒的精神背景、心灵皈依。家庭又是一个社会历史范畴。作为伦理实体,家庭是人类社会发展到一定阶段的产物,并且随着人类社会的发展而变化。然而,20世纪的家庭又是最为动荡不安的伦理世界,经受着从传统到现代裂变的阵阵冲击,家庭的结构与规模、家庭的职能与内涵等在更新,带给人们新型幸福的同时,也品味着裂变带来的苦涩。从传统家庭演变到现代家庭,实质是家庭伦理精神的演变。面对现代社会的伦理危机,人们又一次呼唤家庭伦理世界的重建。

(一) 家庭伦理变迁及其社会思潮的侵蚀

中国传统社会奠基于宗法家庭制度,以父权为中心、孝悌为轴心的等级化人伦秩序是家庭伦理及至社会伦理的特征。血缘关系以温情的面纱统摄着个体、表征着"人的依赖关系"的伦理秩序。随着传统家庭制度的解体,个人独立渐成社会转型的新趋势。"五四"启蒙时期批判传统伦理的一个重要主题,即以个人主义批判礼教之宗法主义家族伦理。新文化运动的领导者之一陈独秀指出:中西方文化根本差异在于家族本位与个人本位之别,中国宗法制度"损坏个人独立自尊之人格,窒碍个人意志之自由,剥夺个人法律上平等之权利,养成依赖性而戕贼个人之生产力"。提倡中国伦理的变革应"以个人本位主义,易家族本位主义"①。陈独秀认为,传统的"三纲"之说视臣、子、妻为君、父、夫的附属品,根本无独立人格可言,其心性伦理修养的是"奴隶道德"而不是"主人道德",故倡言"尊重个人独立自主之人格,勿为他人之附属品"②,以此为伦理觉悟。胡适也大力倡导个人的充分发展为人类最终目的,批判传统礼教的男尊女卑、家长族长专制。鲁迅则抨击"节烈"乃非人道的封建夫权主义

---

① 陈独秀:《东西民族根本思想之差异》,载《青年杂志》1915年1卷4号。
② 陈独秀:《一九一六年》,载《青年杂志》1916年1卷5号。

畸形道德,封建礼教乃"吃人的礼教"①。"五四"新文化运动以前所未有的气势颠覆了封建礼教的同时,也使传统的家庭伦理开始解体,青年一代以走出家庭、抛弃家庭为新潮生活方式,个人主义表征中国人觉醒的同时,也开始了中国文化的深刻危机。

"五四"新文化运动启蒙中国由家族主义走向个人主义,以奠基近代西方"民主"与"科学"的价值基础,改造国民性、解放个性,实现个体人格依附的臣民文化向独立自由的公民文化转型。但这种源于西方的个人主义与传统中国的主导思想儒学之间具有根本的价值冲突。西方的启蒙运动虽消解了基督教的世俗垄断地位,但保留了上帝的终极关怀。而中国的"五四"启蒙运动的现代性方案在废弃儒教及道家、佛家及宗教迷信的同时,也废弃了儒道佛等中国传统文化中对个体精神信仰的终极关怀内容,使立基于"科学"的实证理性与立基于"民主"的工具理性无以提供生命终极关怀的意义。"吾人精神界破产之情状,盖亦犹是。破产而后,吾人之精神的生活,既无所凭依,仅余此块然之躯体,蠢然之生命,以求物质的生活,故除竞争权利、寻求奢侈以外,无复有生活的意义。"②如此,人们一方面废弃孔教而兴西学,学习借鉴西方社会管理制度,另一方面在内心深处仍怀念儒家的道德理想。这里存在着的矛盾是:五四启蒙运动抨击的是传统的伦理规范,却并未否定个体德性修养的必需及其理想价值。牟宗三、唐君毅等新儒学者一方面理智上认同西方的科学价值,一方面情感上认同儒家的道德理想主义。在公共领域倡导个人本位、以"利"(权利、功利)为基础的现代市民伦理,在个体精神领域,信奉"仁"为基础的传统君子道德及人伦本位。尽管如此,家族在中国社会的核心地位的消解开始了。

新中国建立后近30年内的社会主义改造与建设运动使国家政治成为一切社会领域的重点所在,家庭伦理再次遭到形式到思想上的解构。

---

① 鲁迅:《狂人日记》,载《青年杂志》1918年4卷5号。
② 杜亚泉:《迷乱之现代人心》,载《杜亚泉文选》,华东师范大学出版社1993年版,第308页。

50年代初的农村土改运动命名大会传统伦理赖以存在的小农经济、宗法组织被摧毁殆尽,"人民公社"运动使公社成为人们生活、消费、教育与生产等功能的替代形式,"文革"中单位、组织从穿衣戴帽到婚姻选择等一应计划安排或配置,一家人可因政治见解不同而被划清界限,血缘亲情关系也政治化。但当政治神话时代结束,社会改革开放,工业经济、市场经济背景下的人口政策规范和西方"新潮"观念冲击后新型家庭使人们不由不正视家庭伦理现代化问题。

现代家庭相比于传统家族的变化,凸显的是家庭结构与功能发展小型化。这体现在:一是家庭规模、家庭成员的数量渐由大变小。从农村到城市,一对夫妇只带着自己的孩子(绝大多数是一个孩子)一起生活的家庭形式呈上升趋势。二是家庭结构类型呈现多样化、复杂化的现象,如独生子女家庭、单亲家庭、隔代家庭、再婚家庭等家庭结构形式。三是家庭职能由多变少。如家庭的生产职能和赡养职能的日趋社会化,家庭生育职能的进一步弱化。这表现在如:社会化大生产使家族作坊的生产技术根本无法与大机器工业相抗衡,只能无奈地选择放弃,只能让自己面对一个供应相对饱和的劳动力市场,并力求在社会中寻求工作机会以养家糊口。工商业文明使人们走出家庭,也使个体成为独立的利益主体并和其他个体产生利益的冲突与整合。如果个体利益受到侵害,人们也不再是向家族或家族组织寻求保护,而是向社会法律、行业协会等公共组织寻求保护,并要求得到公正对待。随着现代社会流动的扩大和社会交往的拓宽,人们不再像以往那样对家庭有强烈的依赖感,这动摇了家庭原有的地位和作用。四是传统家庭主导性教育功能渐渐被转移到社会。现代社会更多地按现代科技发展及其劳动分工的变化而兴办起更多各种类型的学校大规模地培养各类社会急需人才。家族教育从知识传授和技能培养上也远不能满足社会发展的需要。

时代的发展在逐渐挤压传统家庭的延展空间,甚至削弱家族的经济、教育等功能,使传统的家族职能也在不断萎缩。但正如奥地利学者赖因哈德·西德尔所说:"只有当家族关系具有社会功能的意义时,血缘关系才显得重要。"①

家庭的核心化,使家庭的稳定性成为对夫妇感情忠诚度的考验,尤其当夫妇二人都拥有相对独立的社会地位和足够的经济收入时。现代社会男女双方的选择度大大增加,也因此更重视彼此的"两情相悦",对自己的选择负起责任,从而使婚姻更合乎道德。同时,由于家庭伦理结构的功能在社会生活中的地位也相应下降,所以缔结婚姻、组成家庭与否也会成为人们的自主选择。这些虽可能会因主观任性因素增加而导致男女双方感情或婚姻的不稳定,但它毕竟反映了人们婚姻自主性与文明程度的提高。

相较而言,传统婚姻家庭具有较高的稳定性,现代家庭享受积极的情感的同时却也有着其无奈或不足之处,这体现在:

(1) 在传统大家庭中,某一成员可以随时从其他各种角色的成员那里获得帮助,而在核心家庭里,夫妇间只能依靠对方,别无选择,而人的能力总是有限的,他们对相互的要求经常超出了对方的能力范围,或即使两个人共同应对也难以应付。

(2) 在传统大家庭中,如果某个成员由于某种原因不能完成自己的分工,其他成员可以接替或在一定程度上弥补它的任务。但在核心型家庭中,如果养家糊口的人失业、患上某种慢性疾病或者死去,整个家庭会陷入到严重的危机当中。

(3) 传统大家庭中的人们很少期望配偶之间的浪漫爱情,而是把婚姻看作是非常实际的事情。核心型家庭的人对浪漫爱情的期望则要大得多,对情感相慰藉要求(或者是想像的)也因此而大得多。如果双方的这种对于对方的要求得不到满足,夫妻间感情就会产生裂缝,长期得不到满足,裂隙会逐渐加大。但是,爱情毕竟只是一个特殊时期心理和生理复合作用的暂时结果,不能总是存在,所以相互慰藉的要求通常是不

---

① [奥地利]赖因哈德·西德尔:《家庭的社会演变》,王志乐等译,商务印书馆1996年版,第9页。

能得到满足的。

（4）在传统大家庭中，老年人享有很高的地位和受到更多的关注，但在核心型家庭中却变得无足轻重。丧失配偶的老人可能不得不一人生活，除了日常生活行动不便、经常感受到疾病和受伤的威胁外，通常还有孤独、受冷落和被社会边缘化、自我价值丧失等精神和心理问题。

（5）传统大家庭由于上述种种原因，较少离婚，即使因为某种原因失去一个配偶，也会因为大家庭其他亲人的弥补而使青少年感到仍然在关爱中，变化不大。但是，现代社会离婚率上升，单亲家庭对于青少年的呵护、物质生活供应，特别是教育，都会大打折扣，尤其是夫妻感情破裂给青少年带来的心理压力和对家庭、对社会的不信任感，给当今社会造就了一个新的课题——"问题儿童"。

由此可见，现代家庭的变化不仅没有减弱家庭伦理的重要地位，相反增强了人们对家庭伦理世界对人生安顿的内在需求。婚姻家庭这一伦理实体虽因时代变迁而发生职能的变化，但家庭因其自然性基础而决定了它总是人们最切近的伦理关系，而婚姻不仅是自然的，更是一种文明开化的男女结合形式。因此，家庭伦理意识的自觉是人伦之始，也是"人禽之别"的本质特征。不管家庭形式发生怎样的变化，它的别无选择的社会地位依旧有其普遍的合理性。这体现在：

一是稳定持久的家庭构成父母与孩子间情感呼应、日常生活行为的互动，塑造家庭成员心理结构和相对稳定的情感品质与气质，使家庭成为一个联系紧密的群体，这是任何其他社会组织所难以比拟的。

二是家庭依旧是个体社会化的第一课堂。家庭是习得基本规范意识的场所。童年期是一生社会化的关键时期，而这一时期儿童主要生活在家庭中。童年期对家庭的生理和心理的依赖是一生中最强烈的时期，家庭的"化性起伪"使儿童在其中获得一定的人伦角色，认识到为此应当做什么、怎么做。在传统血缘亲族关系中，家庭本身就是重要的社会功能，人们特别注重培养家庭成员的规范意识。所以，传统家庭家法、族规十分发达，以族规、族范、家训、家谱等形式表现出来，其作用一方面是叙源流、敦族谊,另一方面是对家族成员明示日常行为的规则。现代核心家庭要有长远治家之计,这些传统家训可借鉴的同时也要制订制度性形式的夫妇、亲子关系的家训。只不过其核心指向是培养社会公民,让民族国家对公民的权利义务规定相应落到实处。对个人来说,"国法远,家法近",这种远近关系说的是家法应使国家对公民的法律要求具体化,并在具体表述和规则制定上带有自己家庭特点的文化追求。它还可以维持善良风俗、改善旧习、补足政府法令所不及。在日常生活中,父母是孩子的表率,父母在孩子行为发生偏差时可以启发的方式、平等对话的方式予以纠正;而有家训在前则是家庭伦理清醒理智表达,有着更明确的规范、引导、激励作用。

家庭对其成员的精神结构影响是熏陶性的、细致而全面的。正如法国学者伊冯娜·卡斯泰兰所言:"家庭与任何群体不同,因为任何群体不可能以其成员相处的长期性和相互影响的亲密与家庭相比。通过有时不易觉察的转变,家庭的发展过程是由更加自觉和更好地表现的方面向着不太自觉的方面,由智力的表现方面向着情感的表现方面进行的,这种情感在形成真正的家庭心理机制过程中赋予整个结构以色彩。"①

(二) 公民婚姻的伦理基础

黑格尔《法哲学原理》中认为家庭伦理精神纽带在于"爱"。它始于组建起家庭的男女双方的爱情。爱情产生的前提是自然两性的差异,但进入爱情的行为主体双方则是一种精神审美的关系,即爱的双方将对方作为一种爱的审美观照的对象,以自己的内在尺度去把握对方。对象合乎自己的内在尺度也就是自己的本质的对象化,从而相爱者的关系就成为审美的关系。成熟的爱情体现在爱情审美方面,就是把外在形态与内在精神属性结合起来,把躯体素质与精神品质结合起来。同时,爱情是在对对方自主人格尊重的前提下确立的对等人格的交融。爱情要求在

---

① [法]伊冯娜·卡斯泰兰:《家庭》,陈森等译,商务印书馆 2001 年版,第 84 页。

两个异性之间找到同一性,达到统一性,但并不意味着双方放弃在特殊性意义上的人格自主。这里的同一性或统一性不是指夫妻双方放弃各自的人格,而是指双方在长期的爱情生活中形成的共同认识、共同心理、相互默契及相互配合。在这一过程中,相互协调各自人格中不和谐的方面,克服或扬弃其中根本对立的、坏的方面,而发扬各自人格中好的带有共性的方面,从而达到与对方人格的同一化,形成一个具有共同性的普遍意志。也就是说,爱情是情感、意志、道德、思想与文化旨趣的交融。这样的婚姻爱情却是由远古时代演化而来的。恩格斯应用19世纪中期美国民族学家路易斯·亨利·摩尔根(L. H. Morgan)《古代社会》的研究成果,在其《家庭、私有制和国家的起源》中指出婚姻亲属制度的演进为:人类的群婚制是与蒙昧时代相适应;对偶婚制是与野蛮时代相适应的,以通奸和卖淫为补充的一夫一妻制是与文明时代相适应的。在野蛮时代高级阶段,在对偶婚制和一夫一妻制之间,插入了男子对女奴隶的统治和多妻制①。

两性伦理性关系始于原始社会严厉的性禁忌。性禁忌是为调节人们的性关系,如生产时期(狩猎期、捕鱼期或农作物收割期)为保障生产的顺利进行而实行性禁忌。禁忌本身就是强大而神秘的约束力,是为防范高悬在人类集体头上威胁着集体本身生存的危险而设定的。人类意识到:性本能的任意冲动即生物性需求的动物方式满足,是进入人类社会成熟形态起就被认定的社会性的恶、一种破坏性的力量。性关系禁忌的履行既是最初社会伦理实体得以形成的先决条件,也是在原始人类那里成熟的人类社会形成的内在条件。它是社会将其不可避免的必然性、普遍性强加于个体,使个体的特殊性合乎社会的普遍性要求。新西兰学者R. 布里福指出:没有社会传统对生物学本能的不断监督,就不可能存在人类社会。对人类性本能的禁忌规则,就是人类社会的利益、社会的必然性、普遍性对人类个体特殊性、偶然性要求的直接严厉的规范,是最

---

① 《马克思恩格斯选集》(第4卷),人民出版社1976年版,第49—80页。

初人类社会控制和限制肉体本能生物学需要的强有力手段。或者说,人类个体的特殊性、个体性进入社会生活的领域,就受到社会规范的范导,并以普遍性形式表现①。人的社会普遍性实质上是人的生物个体性的本质。当然,普遍性与个体特殊性的统一并不意味着绝对的同一,而是有差别性的统一,但可以肯定的是,人的本能本身动机并不就在其肉体组织而是在其所隶属的社会有机体的结构中,本能需要的满足是由社会来调节的,其满足方式也是被限于一定的范围内,并要遵守一定的规范和规则。人类伦理特性的出现与人的社会本质的形成是同一的过程,也是人的自然历史过程中的具有决定意义的根本性转变。当人类的最初的伦理关系形成,即具有伦理意义的两性关系形成,也就意味着人类的伦理实体的形成,而伦理实体的特质也就是人的社会性特质。

群婚制向一夫一妻制过渡的中间环节是对偶婚制。其伦理特性在于:其一,它是在族外婚中发育起来的,因而它首先必须遵守同一氏族禁止通婚的准则。其二,它的产生是一种男女双方的平等联盟。双方平等地参加劳动,平等地收获产品、平等地供养孩子。虽实际上女性可能承担更多对后代的责任,但理论上与男性是相等的。其三,对偶婚姻可以按照男女双方任何一方的意愿而解除。其四,它是以女性为主体的婚姻关系,重大事务决定权在女性,子女对母亲的关系具确定性,而对父亲保持相对距离。

随着氏族公社的解体,女子劳动渐渐从具社会意义的劳动领域退出而以家务劳动为主。维持家庭经济的重担落到男子身上。当共同的家庭供养者变为男子时,父权制家庭时代到来。随着财产家庭化,实际上就是财产私有化导致了一夫一妻制家庭的到来。罗素指出:"父权的发现导致了女人的隶属地位,这是保证女人道德的唯一手段——这种隶属起初是生理上的,后来是精神上的……由于女人的这种隶属地位,在大多数文明社会中都没有夫妇之间的真正的伉俪之情,夫妻之间的关系一

---

① 转参龚群:《社会伦理十讲》,中国人民大学出版社2008年版,第67页。

方面是一种主从关系,另一方面是一种责任关系。"①

中国传统社会中,夫妇关系是五伦之一,但两千多年的传统婚姻道德从来不讲夫妇之爱,而只讲夫妇有别。《礼记·昏义》言:"敬慎重正,而后亲之,礼之大体,所以成男女之别,而立夫妇之义。男女有别,而后夫妇有义。夫妇有义,而后父子有亲。父子有亲,而后君臣有正。故曰:'昏礼者,礼之本也。'"②可见,传统的婚姻伦理对于夫妇关系的伦理界定,正是以男女两性在家庭关系中的差序地位为基本要求的。在传统伦理思想看来,这一要求又是其他一切要求的伦理前提。

从伦理关系平等自由的本质来看,父权制婚姻家庭的到来,"夫为妻纲",实际上是在两性关系伦理精神上的倒退。历史为此付出了极为沉重的代价。自辛亥革命尤其是"五四"启蒙运动后,传统婚姻家庭伦理观就遭到猛烈的抨击。人们把"父为子纲"看成是对人的奴化,"夫为妻纲"看成是对女子的扼杀,尊长卑幼的家庭伦理则被他们斥为"伪道德"。西方"自由、平等、博爱"思想传入,倡导男女平等成为现代家庭伦理的基本原则。这使婚姻中的女子与男子有同等的地位,也使婚姻关系恢复到家庭伦理关系的核心地位,使传统的父子关系即代际关系置于从属地位。女子真正地从男子生育工具的地位上升到具有同等人格的主体相互对待的关系地位。正是这个意义上使婚姻家庭伦理向其本质回归。现代的婚姻是当事人自愿缔结,这体现了自由而平等的伦理精神。一个人只有在他拥有意志的完全自由去行动时,他才能对他的这些行为负完全的责任,而对于任何强迫人从事不道德性的反抗则是道德上的义务。当事人的自愿缔结排除了父权制家庭家长意志的干涉③;而且当事人双方以其互爱为前提,一方意志不可能强加于另一方,而在传统的爱中,"决不

---

① [英]罗素:《婚姻革命》,靳建国译,东方出版社1988年版,第17页。
② 《礼记·昏义》。
③ 传统婚姻伦理中,家长的意志是一个家庭的普遍意志,其他家庭成员的意志,尤其是子女的意志消融在对家庭的意志的服从中,因而其伦理关系是不平等的关系。

是一向都征求妇女同意的"①。两性关系从传统的单方面的性道德束缚下解放出来,强调当事人爱情自由基础上的责任心或内在良心,使两性关系从外在的禁忌制约到外在他律强制,最终到人类个体的伦理自律,即达到伦理性的自由。由此人类真正从社会与人的伦理意义上告别动物界。婚姻意义上的两性伦理关系与非婚姻意义的不同还在于:它本质上是一种实体性的关系,同时又具有法的意义的伦理性。婚姻使得两性关系以实体的形式确定下来,并以一定的实体形式存在。婚姻基于爱情,不是一种民事契约,也不是主观任意性的情感关系或自然关系。但这种情感在绝大部分民族或社会都有相应的社会仪式或规定介入其中。传统社会是通过事实婚姻、隆重的仪式、社会舆论来对双方约束,现代社会则主要的是社会法规的介入。

有人认为,现代自由平等的婚姻离婚率呈上升趋势,相对于传统婚姻之稳定性来看却是引以为忧的社会问题。对此我们也应有辩证的分析。传统婚姻之所以保持稳定,实际上有着多重历史原因:1) 社会生产力水平较低,几乎每个家庭都在为自己的温饱而奔波,而感情的需要则被放在次要的地位。2) 在放任生育的形势下,几乎大多数家庭都是多子女家庭,对子女生计的维系成了一项压倒一切的家庭重任。3) 政治运动接连不断,人的私生活尤其是两性关系又历来是政治运动的矛头所向,稍有越轨者都将受到处罚。故政治运动像是时时都有可能在人们头上降临的社会灾难一样,对人们具一种威慑作用。4) 传统的"从一而终"的婚姻伦理观念在支撑着具有各种各样伦理内涵的家庭。

相较之下,改革开放以后,我们的社会生活方面发生了几个重大变化:一是社会政治伦理重心转向经济建设,随着政治运动频繁的历史年代结束,婚姻家庭的政治纽带悄然消失。二是由于社会经济的发展,家庭作为维持温饱的生产消费合作性功能相对弱化。尤其是一部分先富起来的家

---

① 参见马克思:《家庭婚姻、私有制和国家的起源》,《马克思恩格斯选集》(第4卷),人民出版社2002年版,第75页。

庭,仅一个人收入就已超过了维持日常生活之所需。故家庭不再是经济命运共同体。三是计划生育使婚姻家庭维系血缘关系这一最基本功能也开始弱化。只生一个或丁克家庭不再需要全力以赴才能满足家庭需求,从而也推动了离婚率上升。四是"从一而终"的传统观念受到挑战,人们更重视婚姻质量,即两情相悦的文明内涵。当外在的强制性婚姻纽带开始消失或松懈时,以爱情为中心、为基础的高级婚姻阶段也就来临。这种只靠爱情来维系的婚姻,与以往凭借多重外在纽带来维系的婚姻相比,更多了一种文化、文明层次的内涵,即一种精神相合的需求,一种在异性中看到自己的本质、发现另一个自我的需要。同时,爱情也是一种心理需要。情感需要一种相互的尊重与理解,一种心理的共通、共鸣与相互支撑。一般而言,有了前者则后者就有了更坚实的基础。如果精神、旨趣上不能相通,心理的共通就是虚幻的,孤独之感就油然而生。因此,精神情感型的现代婚姻确实更文明、更高雅,也更脆弱。

现代社会的婚姻家庭已在从求生存温饱型转向心理文化情感的满足型。现代社会婚姻因其外在的维系纽带开始隐退,内在的情感、心理维系功能开始凸显,这是现代社会文明水平提高的体现。我们一方面要看到,现实中确实存在着一些人以结婚自由、离婚自由为由而对爱情婚姻欠缺责任担当或喜新厌旧、乱始弃终;另一方面也要看到,并非所有具有不稳定情感因素的爱情都会导致婚姻破裂,而这正是现代公民的责任心或道德精神体现,公民在坚守家庭伦理世界中获得亲情关爱与精神皈依感,也升华着个体的普遍性。

(三)代际伦理

如果说婚姻构建起家庭伦理世界的横向关系,代际伦理则架构了家庭伦理世界中的纵向关系。这里的代际伦理问题主要是指家庭中长辈与晚辈之间的引发相互孝亲的伦理问题。

相互孝亲作为家庭伦理精神,实质上源远流长。它一方面指晚辈对长辈的孝敬与赡养,另一方面指长辈对晚辈的慈爱与养育。婚姻与家庭赖以存在的前提是夫妇关系,但传统社会中夫妇关系是作为主从关系,父子关系居于中心位置。父子关系不是平等的,而是要求下对上的敬从这样一种差序格局。这种差序关系又几乎是一种天然性的关系,因为,父权制家族的男性家长在家庭中的至上地位、后辈为父辈所供养并处于家庭财产继承者的位置。这就决定了传统家庭伦理的核心规范是"孝",个人的基本德性也是"孝"。其内涵:一是表达传统社会中子女敬养父母的道德要求。"善父母为孝"①。二是表达家族宗法制度下,父母对子女、对其生命以及祖先生命延续的希望,如"不孝有三,无后为大"②。这种血脉传承是个人人生的最大责任。如果婚后无子,父母生活无着落,家业无人继承,祖先无人祭祀,这即最大的不孝或者不敬。三是作为子女要实现父母或祖先所未能实现的某些重大愿望,或补足他们的某些重大缺陷的含义。如"夫孝者,善继人之志,善述人之事也"③。这里的"志"与"事",也即前人的遗愿与业绩。"立身行道,扬名后世,以显父母,孝之终也"④,子女功名的重大意义在于光宗耀祖。

"孝"不仅是家族伦理的核心规范,同时也居于传统社会伦理的核心地位。儒家伦理本身是基于传统社会伦理的思想体现。在孔子那里,仁为最高道德准则,而"孝"则是仁的基础——"孝弟也者,其为仁之本与"⑤。孟子在此基础上又提出"移孝作忠"的思想。汉代的董仲舒将"孝"作为社会伦理的核心地位,成为一切德性的基础。如此转变的根本原因在于:它在传统社会所具有的政治功能。孝是家族伦理的主纲,是子女对父母及其长辈的道德准则与规范,而"忠"则是政治生活的主纲,是个人对待君主的关系准则。因中国古代社会走了一条与西方完全不同的发展路向:家国同构,就必然要求把协调父子关系的伦理准则运用

---

① 《尔雅》。其他相关古代文献,还有如汉代贾宜《新书》"子爱利亲谓之孝",东汉许慎《说文解字》"善事父母者,从老省、从子,子承老也"等。
② 《孟子·离娄上》。
③ 《中庸》。
④ 《孝经》。
⑤ 《二程遗书》卷十一。

到君臣关系上来。这一方面形成了几千年社会基础十分深厚久远的家族宗法制,另一方面宗法制度本身就是社会政治制度的基本制度——马克思称此为亚细亚生产方式。正是这种特殊的生产方式,决定了家族在国家中的重要地位,决定了家族道德状况对政治生活的影响。汉代时形成系统的孝道,到宋代时则形成《孝经》。如《孝经·开宗明义章》宣称:孝为"先王至德要道",孝的作用在于"以顺天下,民用和睦,上下无怨"[1]。在此,孝的政治功能表达得十分清楚。所以,传统社会中孝的被强化,实际上是维系着父权制家庭维持家族宗法制,维系社会的政治制度。个体在家则尽孝,在国则尽忠。孝是忠的缩影,忠是孝的扩大,也是对孝对象的提升与超越,是个体在社会领域的伦理核心精神体现。而且没有孝,则忠也会受到质疑。中国历史上将治理社会的官吏称为"父母官",看作类似于父母,甚至比父母还有恩情,这种感情在专制政治的意义上,比单纯的政务性的顺从更有力量。

传统社会还将对父母的敬爱扩展开来、达到某种意义上的"泛爱"或"博爱",由"爱有等差"到"泛爱众",由亲亲而仁民,形成亲情性社会。《孝经·天子章》:"爱亲者,不敢恶于人;敬亲者,不敢慢于人。爱敬尽于事亲,而德教加于百姓,刑于四海,盖天子之孝也。"[2]《孟子·梁惠王上》:"老吾老,以及人之老,幼吾幼,以及人之幼。"[3]这样,"孝"不仅是维持家族这个伦理实体的规范要求,也成了维持社会的安宁、和平,维持社会政治制度的首要德性要求。"孝"不仅在家族范围内具有现实性,而且在更大的社会范围内也具有现实性。

孝道在现代社会无论是对家庭还是对社会伦理世界的建构依然有其积极意义。作为中华民族普遍认同的优良传统,子女孝敬父母,爱护、照顾、赡养老人,使老人享受天伦之乐,这种精神无论过去、现在还是将来,都具有普遍的社会意义。首先,它有助于老有所养。在我国古代经

---

[1]《孝经·开宗明义章第一》。
[2]《孝经·天子章》。
[3]《孟子·梁惠王上》。

济条件相对落后国家无力承担更多的养老经济责任的前提下,这为老年人安度晚年提供了基本的物质前提。对于今天城镇的低收入老人及广大农村无收入老人,这种养老思想无疑解决了老人的后顾之忧,老人能在生活上得到子女细心的照顾,使他们的基本物质生活得到保障。其次,有助于老年"情有所寄",精神上得到慰藉。因为老年人物质生活基本满足后,更需要晚辈社会的尊重。孔子曰:"今之孝者,是谓能养,至于犬马,皆能有养;不敬,何以别乎?"现代社会的老人在得到子女生活照顾的同时,能享受到天伦之乐带来的精神愉悦,同时能凭借自己的人生阅历给与子女适当的生活指导,这样不但做到了老有所养、老有所乐,同时也达到了老有所用的目的。再次,有助于家庭和谐、社会稳定。家庭的和谐状况必然影响到整个社会的稳定程度。传统社会孝道规范养成了人们温顺、礼让、兼爱的性格,在现代社会借鉴其积极意义,也有利于人修养"温、良、恭、俭、让"品质,使之成为社会稳定和谐的积极力量。

但在现代社会,孝道精神也遇到挑战。随着现代社会竞争加剧,生活节奏加快,追求个性解放,老人在家庭中地位的下降,相对于传统社会中对老人的情感在现代社会氛围中相对要淡薄得多,家庭养老观念淡漠,家庭赡养纠纷增加,有的甚至发展到刑事案件。老人的生存状况令人担忧,尤其是那些高龄、多病、无收入、无配偶、生活在农村的老人的赡养问题更是困难重重。其实对老人的孝敬已不仅是外在强制要求,而且是内心道德需要,这种需求起源于幼时的生活体验,更为成长的理性所强化。对于现代公民来说,解决现实中老人问题出路有二:一方面要积极寻求社会能采取的措施,如敬老院的建设及其条件的改善等;另一方面要弘扬尊老、敬老、助老的美德,才能有利于和谐伦理世界的建构。

家庭之爱是双向的。如果说孝是晚辈对长辈的伦理精神体现,长辈对晚辈则是慈爱关怀与供养培育之情,而伦理启蒙训练与养育则是长辈对晚辈的伦理安顿之道。

父母对子女的爱表现为父母对子女的抚育、关怀、照顾和保护。但对子女的爱不应是偏爱或溺爱,从小就应培养其形成良好的生活习惯和行为习惯。个体早期的社会化过程主要在家庭中完成。家庭生活方式的性质、状况和机制深刻地凸显着人类主体整体式的价值底蕴,它的每一要素都与人的社会化紧密关联。家庭是人开始"社会化"的第一个场所,"家庭成员在一定的家庭环境中,个人的性格和习惯往往打上了家庭生活方式的烙印。家庭生活方式是制约家庭教育,影响一个人身心发展的重要因素"①。家庭教育"其实质就是教育子女如何'做人'"②,它将当前社会中的文化、价值、规范折射给了儿童,使其成为合格的社会公民。父母作为道德和人生智慧上较为成熟的一方,出于对子女的爱护和尊重而对子女进行教诲,是合理的,而且是必要的。这在一元化社会文化条件下是"父为子纲"存在的合理依据。现代社会价值多元化,代与代之间由于生活阅历的差异而产生的价值判断可能相差甚远,因此导致代与代之间发生冲突的可能性增加,甚至出现特有的"代沟"。但这并不意味着在现代社会长辈长期积累的人生经验和人生智慧对于后辈没有意义。相反,现代家庭依旧是培养未成年人的基础领域,必须承担起使孩子成为未来社会的平等自由公民的公共责任,所以现代家庭更凸显了其公共伦理价值的维度,体现了公民伦理世界奠基的基础意义所在。

传统家庭中,人们特别注重培养家庭成员的规范意识,所以,传统家庭的家法、族规十分发达。家教在现代社会中依旧有着特殊的社会教化意义。现代家庭在借鉴传统家训的同时,把对子女的关怀与教育与子女能在社会自立自强相联系起来,将对子女的爱与民族国家、社会的发展相联系起来,使其成为具社会独立人格、对社会有用人才或合格的社会公民。在日常生活中,父母对子女的慈爱感情没有变,但相比于传统社会更多了平等的友爱——不再如传统的一味要求子女服从自己的意志或言听计从,而是尊重子女的独立人格和意志。父母对子女的教育更重

---

① 邓佐君主编:《家庭教育学》,福建教育出版社 1995 年版,第 75 页。
② 赵忠心:《家庭教育学》,人民教育出版社 2001 年版,第 181 页。

视率先垂范之中言传身教,即便孩子行为发生偏差,也不宜专断或强迫的方式令其纠正,而是提倡启发教育、平等对话等形式予以纠正。父母的角色看上去是私人的,其实更是公共性的。基于家庭特殊的社会功能,在一个追求公共正义的社会中,其伦理价值更需要得到审慎的权衡,并化为公正政策,才能有利于公民伦理世界的和谐建构。

三、公民的国家伦理世界

国家则是迄今人类社会共同体中最高、最有效的社会组织形式。对国家的诠释有很多维度,内容也各异,一般是将其作为政治地理学名词,或者是作为一种政治实体来看待。从广义角度解释其为拥有共同的语言、文化、种族、血统、领土、政府或者历史的社会群体;从狭义的角度解释其为一定范围内的人群所形成的共同体形式。事实上,国家不仅是一政治层面的组织结构,还是一个有着伦理价值追求的共同体。或者说,它既是政治实体,也是伦理实体。

(一) 公民国家伦理内涵

国家是民族发展到一定阶段的产物。在空间意义上,国家通过系统的机构制度保护着民族生存的疆土界域、海洋、领空;在时间意义上,国家传承着国民长期共同生活而形成的文化精神。国家的领土、领空、领海神圣不可侵犯,国家主权神圣不可侵犯,这是现代世界的共识。虽然国家的产生本质上为了调节、平衡多种不同质的利益和文化价值观念而建立的,为此它打破了原始氏族原始的共同生产、平均分配形式而使社会等级分化,形成"靠牺牲人民而造成新贵族"的等级制统治结构;虽然国家本身有为此而存在强制性,但国家依然是民族为了更好地保障自身的生存与发展利益的社会共同体模式的选择。

国家的民族构成中,单一民族国家已经为数甚少,全球2 000多个民族,但世界公认的国家却不到 200 个。其中单一民族只有 36 个,绝大多数是形态各异的多民族国家,可见世界历史并非按"一族一国"设想而展开的。随着经济全球化的发展,人口流动移民更加频繁,世界各国更不可能保持民族的纯粹单一,而且这种保持本身也是不合理、不符合社会发展趋势的。这表明:一方面要更重视国家伦理实体化发展,另一方面要更重视公民伦理世界观的现代建构。其中关键的则是提高伦理认同,培养公民伦理意识与美德养成。正如英国学者米尔恩所言:"社会共同体应该建立和维持一种内外部条件,使所有共同体成员能够基于那些确定他的成员身份的条件,尽可能好地生活,这是社会共同体的利益所在,也是伙伴关系的原则所要求的。"①

国家不但更有效地保护疆土资源,更通过统一的语言文字、度量衡、行政设置、教育体系等,使文化的有效传承与发展成为可能。如秦朝时统一文字,使中华版图完整,社会交往得以进行。西方现代国家也都有统一行政、管理学校、建立大众传媒体系、语言标准化等。国家从国体到政体的采用和发展,无一例外地与一个国家的历史传统、民族性格和文化—心理结构等密切相关。对公民来说,国家是其个人权利的最高保卫者;对社会来说,国家提供内外安全;为了社会的发展,国家提供公共产品和公共服务,从而引导社会经济更健康地发展。

伦理意义上的国家并不只是"消除患难而成立的组织"②,而是表现在国家的普遍性本质可以陶铸到个体个别性的精神素质中,使实体性的东西和特殊性的东西相互渗透,通过现实的政治伦理教化使特殊性获得普遍性,普遍性因特殊性促进而发展。国家作为一个制度的外观似乎外在于个人,但它的精髓实际上应该在它所有公民身上流淌。由此,国家成为一国公民最高的伦理实体归宿,是公民共同精神象征和最高自豪的根源。

---

① [英]A.J.M.米尔恩:《人的权利和人的多样性》,夏勇等译,中国大百科全书出版社 1995 年版,第 47 页。
② [德]黑格尔:《法哲学原理》,范扬、张企泰译,商务印书馆 1961 年版,参第 276 页。

国家作为伦理实体,有其内在及外在的社会体系,相应地有其对国家内部及对外部世界的伦理内涵。在此,国家伦理反映的是公民与国家普遍本质的相互关系,其内涵体现在两方面:一是国家如何在公共本质意义上与公民建立伦理之关联,二是个人如何以公民身份与国家建立伦理关系。它既要有国家对其自身普遍性及其公民社会责任意识的自觉,也要有公民权利意识之自觉及其对国家责任意识的自觉。对公民来说,国家作为伦理实体,其本体基础为客观存在的民族国家社会共同体,主体指向的是公民的伦理造诣,其外化表现的是公民的爱国主义道德精神。黑格尔曾指出:"主观的善和客观的、自在自为地存在的善的统一,就是伦理。"①任何社会的伦理如果缺少了后者,则其规定都要流于空疏与虚妄。

(二) 公民的国家伦理之善

国家伦理以追求国家之善为其价值目标。公民的国家伦理认同建立在国家伦理之善的基础上。它首先体现在国家能够表达公民的共同意志、保障公民生存发展的权益、维护公民的生命价值尊严、实现公民的价值意义。如,国家保障着人们赖以生存的疆土等物质自然资源。尽管随着国家间交往的加强,国际社会各种援助及资源共享的可能性增大,但现实中人们生存与发展的资源根本上还是依赖于其所在的一定国家来保障。同时,国家还通过统一的语言文字、度量衡、行政设置、教育体系等,保障公民在政治、经济、文化等方面都能获得全面自由的发展。对公民来说,国家是公民权益的最高保卫者;对社会来说,国家提供内外安全;为了社会的发展,国家提供公共产品和公共服务,从而引导社会经济更健康地发展。

1. 公民的国家伦理之善与政治文明发展程度相关

公民的国家伦理之善与其政治文明发展程度密切相关。这从国家

---

① [德]黑格尔:《法哲学原理》,范扬、张企泰译,商务印书馆1961年版,第162页。

治理结构由"统治—管理—新公共服务"三个历史性进程中可见一斑。

统治阶段的国家治理结构体现为等级制度,统治阶层垄断了社会物质资源、暴力、社会荣誉等资源,更多的普通劳动者则是群氓,与统治者是人身依附的主奴关系。这种国家体制服务于统治者的私人利益而不是民众的根本利益。

管理阶段的国家治理结构是因大工业发展而形成的以效率为目的诉诸合理性要求的产物。迫于生产管理合理化过程需要,政府职能由统治行政转向管理行政,通过行政结构的层级化、责任分割的合理化、行政事务的特定化专门化,通过各种行政人员职责的履行使整个国家行政机器有效运转。这里技术合理化为主,虽有效地促进了事务管理,但却也渐渐将人丰富的自主性遮蔽,使精神性存在的国家走向机械工具性存在。人们因事相关联,而排斥情感、信念、自由决断的意志;善被规则化,意为"有效",良心却被蛰伏;责任规程化,行政行为渐失伦理性。这一阶段代替统治的国家治理是官僚体制的管理体系。虽然它在形式上使政治权力以民主的方式体现为公共性,但由于其科层制官僚化的膨胀,导致权力公共性异化。这种异化体现在国家为社会本身公共利益的服务、通过为社会竞利提供内外秩序保障从而获得合法税收的原则演变成为官僚本身的利益集团服务,并与民争利。其伦理性的恢复必须走向新的层次,即"新"公共服务行政。

"服务"①,本身就是国家行政伦理的理念,也是国家的伦理品格所在。加一"新"字,则是凸显国家伦理理念发展的辩证过程。"新公共服务行政"则是国家治理扬弃前两者后的伦理性体现。它要求政府理解并尊重社会每个人都应拥有的基本平等权利,承认每个人内在不可让渡的内在价值和尊严。国家政府尊重和保卫个人平等权利的基础上为社会增进财富、为各种善提供保障。国家伦理的普遍性或责任意识的自觉通过国家的服务性体现出来。国家也通过保证各种公共政策措施争取各

---

① [德]黑格尔:《法哲学原理》,范扬、张企泰译,商务印书馆1982年版,第261页。

种社会之善的过程中拥有正当性①。这种公共性正当性是国家的伦理性,也是公民的国家伦理关怀。

2. 国家核心价值观凸显国家伦理之善

国家伦理之善历史纵向上看体现了政治文明的发展,而其伦理品格或基本内涵则内蕴于国家核心价值观之中。价值观是人们对应该提倡哪些价值、以什么为评价标准的看法。核心价值观则是确定人们于国家、社会及个人社会活动或生活所应有的、最基本也是共同诉求的价值取向或评判标准。国家层面的核心价值观则是国家层面公民认同并诉求的价值取向。虽然现实社会价值多元化,但国家伦理因其"国家之善"而能探索出主流的共识,在多元、多变和多样的价值观、道德观中探索并建构起有超越功能的价值共识、道德核心,并以此核心共识构筑、以国家制度及规范性力量促进社会伦理的公序产生和发展;而公民也因此共识核心认同、引领之努力成为爱国之人民或高扬爱国主义精神的公民。

当代中国提出"富强、民主、文明、和谐;自由、平等、公正、法治;爱国、敬业、诚信、友善"的核心价值观,就表达了当代国际环境中、中国特色社会主义建设所应该提倡的对社会文明发展,尤其是对我们国家发展有基础性、方向性意义的价值目标诉求。"富强、民主、文明、和谐"的国家核心价值观以马克思主义基本原理为指导,对国家发展目标、国家制度属性和中华文明内在特质高度概括,契合人类文明发展之规律,凝聚全国人民共同奋斗的精神价值基础,展现中国特色社会主义国家所应有的价值追求、独特精神风貌。

"富强",是国家的经济核心价值观,富为民之本、强为国之基,人民富足国家强盛是国之脊梁,是全国人民幸福安康的物质基础,也是核心价值观的首善。这是马克思主义唯物史观尤其是经济基础发展、生产力作为社会发展最终决定性力量的社会规律的内在必然要求,更是中华民族近百年屈辱历史的现实发展要求。一个被广大公民认同和践行的价

---

① [德]黑格尔:《法哲学原理》,范扬、张企泰译,商务印书馆1982年版,第263页。

值观显然不可能与落后、贫瘠相联系。中华民族近百年来的积贫积弱、备受列强欺凌、民众陷入水深火热的苦难深渊。救亡图存、实现国家富强便成为中华民族儿女们共同的、执着的夙愿,是中华民族伟大复兴的追求。"中国特色社会主义进入新时代,我国社会主要矛盾已经转化为人民日益增长的美好生活需要和不平衡不充分的发展之间的矛盾。"[1]我国稳定解决了十几亿人的温饱问题,总体上实现小康,但人民美好生活需要日益广泛,对物质文化生活也提出了更高要求。国家富强为人民富裕提供根本保障,人民富裕、过上安宁幸福的生活则是国家富强的目标。"富强"作为国家核心价值观体现了中华民族伟大复兴的战略定力与历史自觉。

"民主",是政治制度的核心价值观,实现人民当家作主,是世界政治文明的潮流。它体现了能够得到最大多数社会成员认同的政治理想,既是人类社会的美好诉求,也是社会主义制度的本质内涵,是社会主义区别于资本主义的本质特征。当然,民主的社会实践过程也是一个探索的过程、一个艰难的过程。我们既要认识到资本主义国家民主本质上的虚伪,但在技术层面上也要借鉴其可学习之处。我们还要认识到现实中有些对民主建设的误解、一些思想禁锢,但"没有民主,就不可能有社会主义……胜利了的社会主义如果不实行充分的民主,就不能保持它所取得的胜利"[2]。实现国家治理现代化,民主也是跳出历史周期率和遏制腐败的有力武器。中国特色社会主义的民主政治建设坚持中国共产党领导、人民当家作主与依法治国三者辩证统一,既是当代中国民主核心价值观的真实样态,也是其价值优越性所在。

"文明"是社会进步的标志。作为国家核心价值观的"文明"与富强、民主、和谐并列,是分别从经济、政治、文化、社会四个方面规定国家发展目标,故其内涵主要指向文化发展目标,以文怀人、以文化人,它是社会

---

[1] 习近平:《决胜全面建成小康社会 夺取新时代中国特色社会主义伟大胜利》,人民出版社2017年版,第3页。
[2] 列宁:《列宁全集》第28卷,人民出版社1990年版,第168页。

主义国家面向现代化、面向世界、面向未来的,民族的科学的大众的社会主义文化概括,推动着"文明型国家"的崛起。因为实现中华民族伟大复兴不是简单的"富强梦",更是"文明复兴梦",不是单指 GDP 之类的硬实力发展,还是包括了民族国家意义系统、制度体系的确立,一种新发展道路、文明样式的被认同和称颂。这也是新时代中华民族精神屹立世界民族之林的体现。

"和谐"是指社会各个领域、各个层面协调、稳定、理想的状态,在国家层面即人民安居乐业,社会安定有序、国家长治久安。它是源自中华文化传统和国家目的论的价值范畴,是表达中华民族人与社会融洽、人与人和睦、人与自我平衡、人与自然协调等和平发展的总体性概念,它也表达着传统、现代、历史与现实、中国与外国的交流合作、共赢互利,也是符合人类共同价值标准的普遍性原则,是人类理想社会目标的追求。它是中国特色社会主义本质属性在社会建设领域的价值诉求,是国家富强、人民富裕的重要保障,是人民真正享受社会主义制度优越性的体现。

"富强、民主、文明、和谐",各自包含具体内容,又相互渗透、相互作用、相辅相成,是国家核心利益的体现,是国家伦理之善的表达,也是公民的社会理想和价值目标共识,是国家对"什么样的国家是好的"或"好的国家如何建立起来并得到更好发展"之类问题的回应。它是公民国家认同的自觉追求,是民族国家多元一体的共同伦理观或公民与国家之间伦理关联的价值追求共识。

公民的国家伦理皈依不只是因其有民族历史文化积淀的情感记忆和文化心理建构基础,本质上,它诉诸的是公民对国家作为政治共同体之善而特有的情感纽带、文化礼序、社会价值认同,并因此使公民由"个我"的价值观走向"大我"或"我们"的共有价值观,确立以国家为最高原则的道德。这种道德精神即公民的爱国主义精神。

(三)爱国主义:公民的国家伦理精神

爱国主义是个体以公民身份对国家伦理本质的意识自觉、实践精神、道德追求。它体现了公民对自己祖国的深厚感情,揭示了公民对国家的依存关系,表达公民对自己赖以生存的故土家园、民族文化的归属感、认同感、尊严感和荣誉感的统一。在此,国家政权是祖国利益的管理者和具体化身。相应地,爱国主义也不是抽象的概念,而是一个具体的历史的范畴,是公民对其国家利益的维护和尊崇。这种朴素的感情在各民族国家的历史实践过程中,逐步系统化、理论化,并渗透到政治、法律、道德、文化之中,上升为一种深刻而稳定的社会意识形态,成为调节公民与国家之间关系的道德要求、政治原则、法律规范,成为人们普遍认同、国家推崇褒扬的爱国主义精神。

1. 爱国主义是历史范畴

爱国主义是公民的国家伦理实体精神的主体性体现。它是公民对国家伦理性的肯定基础上体现出对国家的情感依恋,并以之作为个体生活之归宿、作为个体实践理性的价值目标的主体实践精神。国家行政的公平正义能够获得公民的广泛信任和支持,从而激发公民的爱国热情。相反,如果国家利用公共权力偏袒部分人,谋取特殊物质利益甚至横征暴敛,则会使公民产生强烈的不信任感,这种情绪积累到一定程度则会削弱公民的爱国热情。爱国主义伦理情感产生的现实基础在于公民通过对公共利益的理性理解,对国家事务的密切关注、热心参与过程中获得对国家统一目标的具体感知,获得一种与公共存在的一体化的感受。

爱国主义是历史范畴,它随社会时代的发展而有其具体的特定内涵。传统国家是以家族为本位、"天下一家"的血缘宗法等级制的"伦理政治"实体。个体在国家中并不具有事实上的政治平等,但却具有道德理想上的"人格平等"。现代政治的价值取向显然是"民主政治",它指向的是个体参政议政意义上的"政治平等"。传统的"人格平等"意指人的道德能力,说到底是道德责任的平等,要求个体自我修养,爱国主义精神体现在每个国家成员更好地成为君王的良臣"顺民",同时也扼杀了人们对政治权力的要求。在政治关系中,传统国家是君王的"为民作主",而现代国家是"政权民主"、公民"当家作主"。个体在前者只是"民主"的对象,即中国政治中的"民本";而在现代国家的"政治民主"中个体以民主的主体的身份承担相应的国家责任,这也是其爱国主义精神的现代内涵。

2. 国家的缺陷不影响公民发扬爱国主义精神

国家是历史范畴,也因历史条件所限而具有这样或那样的局限性。黑格尔认为,作为"地上的神物",现实中的国家不是凭空虚蹈的纯粹抽象理性的事物,虽有其最高的伦理性,却是立足于各种任性、偶然的欲望和利益之中的,必然因此会受到它们的影响和制约而存在着各种各样的缺陷①。这种缺陷内涵于公共权力本身的矛盾性:一是公共权力对社会资源有更大的支配能力,有对舆论和信息的最大控制力。这种较大的支配权实际上使政府成为统辖社会、高于社会的一个机构,这个位置容易使政府遗忘其真正的公共服务的性质。二是对个人、社会团体来说,这种公共权力居强势地位。在这种强弱对比面前,公共权力始终有腐败的可能。三是公共权力的持有者是通过具体的个体执行的——而个体不可能是纯粹理性者,而是有欲望、意志、激情等的存在者,他们可能追求个人利益最大化。持有公共权力的个体较一般人有更大的优势可能利用其所掌握的资源支配权进行寻租。这些公共权力机构必然具有的结构上或存在性质上所必然具备的特点,从而都使政府腐败或功能合理性发挥有缺陷成为可能。

国家缺陷的存在不影响公民发扬爱国主义精神。具爱国主义精神的公民伦理理念不能因现实中国家的种种缺陷而认为"祖国不可爱"并否认自己应担当的责任、专注于个人独立性的追求,甚至想超越社会政治生活条件之外,像犬儒主义者那样隐匿自己。相反,政治伦理中的不足恰恰是需要公民的内在责任良心、知识智慧在参政议政中促进国家政府制定政策合理化、行政合法化。美国学者雅诺斯基认为,负责任的爱国主义公式是:我是 X 国公民。当我认为 X 国政策大体正确时,我支持

---

① [德]黑格尔:《法哲学原理》,范扬、张企泰译,商务印书馆 1961 年版,第 256 页。

它们。相反,我反对它们的同时要设法改变它们。我对 X 国的优缺点都有责任①。显然,这是一种把自己的命运与国家的命运紧密相连的负责任的爱国主义精神的体现。在这里,国家的普遍意志和权威与公民们的特定自我意志是相统一的。没有公民意识和国民的广泛参与的国家,是一个尚未展现自己的合理性和合法性的国家。如果公民们不能通过参政议政来行使自己的意志,就只能让少数权力拥有者来行使自己的意志以制定政策。这样的国家实际上是将其成员分裂为两大部分:统治者和被统治者。如此,公民们就不能行使政治权利,也就没有正义可体现。所以,政治秩序反映了伦理的进步,那就是公民们在政治国家中追求的不是特定的个人利益(这是市民的自我使命),而是作为公民的自我决定性来参与到自我统治中,从而形成一个作为自我目的的政治秩序。

维系国家的内在凝聚力在于爱国主义精神,维系国家公民团结的纽带也在于爱国主义精神。这种精神内在的情感是奠基于理性基础上的。这种理性的根基在于该民族文化奠基了其生存方式、基本伦理意识与价值评价标准、道德理想人格的基本内容。所以,对祖国的爱实际上是对自己故土家园、种族和文化的归属感、认同感、尊严感与荣誉感的统一,这体现为民族的自尊心、自信心、自豪感。中华民族虽历经沧桑、饱经磨难,却在跌宕起伏中薪火相传,绵延五千年而不断,这令世人惊叹的生命力也在于千百年来爱国主义精神的代代传承。这种精神具体体现在:维护国家统一,反对分裂;忠贞报国、抵御侵略;身在异邦也情系炎黄;体现在赤子情怀、忧患意识、开发山河、创造文明等方面。它形成一个民族的精神品格,并在维护国家安全、促进民族团结、抵御外来侵略、推动社会进步中发挥了重大作用。由此可见,维系国家的纽带并不是简单地对国家意志的单向度服从,而是"忠诚",是人们在享受权利和履行义务关系之中发展出来的个体与国家的休戚与共的血肉联系

---

① 转引自[美]托马斯·雅诺斯基:《公民与文明社会》,柯雄译,辽宁教育出版社 2000 年版,第 90 页。

之感。

当然现代国家进步于传统国家还在于,公民在尽义务的同时就是在享受权利,因为国家这个最高的公共组织存在目的本身就是为了实现公民的公共利益。如此,国家也同样是处于个人良心的自由衡量之下,公民对国家政策的同意与否,要运用自己的价值观念、理性思考加以判断。如此,才是一个公民对国家负责任的态度,而不能采取消极的犬儒主义态度,不能只批评国家而不为社会作贡献。爱国主义是中华民族数千年传承的民族精神之核心,也是中国特色社会主义建设进程中公民个体层面的核心价值观体现。

(三) 爱国主义精神面临的挑战:全球化与霸权主义文化

爱国主义精神是公民对本民族国家文化的强烈认同感体现,但这种伦理精神在经济全球化的当代世界却遇到强大的挑战。

现代社会随着社会化大生产的发展,经济全球化浪潮袭卷全球。"所谓经济全球化,是指生产要素突破国家的界限而在全世界范围内的流动和配置,是使不同国家的经济相互渗透、相互影响、相互依存的程度不断加深的过程。"[1]经济全球化引发国际政治、文化等方面交往深化,对现有的民族国家体系也造成极大的挑战。主权国家不得不小心应对全球经济形势,不少全球性问题也需要国际协商才能解决,许多国际协议要求各个国家承诺放松某些管制,文化的多元主义或个别的强势文化也会不断侵蚀着民族国家的权威。为此,美国学者托夫勒在《第三次浪潮》中断言:民族国家"已成了一个危险的时代错误"[2]。问题也由此而产生:民族国家是否过时?爱国主义是否成为狭隘的民族主义的体现?

经济全球化不仅在最后的客观后果方面关乎诸民族和整个世界的

---

[1] 陈享光主编:《当代中国经济》,世界经济出版社2002年版,第333页。
[2] [美]阿尔温·托夫勒:《第三次浪潮》,朱志焱、潘琪译,生活·读书·新知三联书店1983年版,第398页。

命运,而且从一开始就是内蕴着深刻的价值企图和价值追求。这使今天的世界文明同时面临着两个矛盾的课题:一方面要紧迫地寻找各种文明之间借以深层沟通、对话、理解的路径;另一方面,民族性的存在和坚持也同样比以往任何时候都重要和有必要。伦理是文化体系的核心构成,伦理对话是文化价值的深层对话;伦理的普遍性是文化价值的普遍性。伦理精神多元性的丧失,在一定意义上既可以看作文化同质化的结果,也可以看作文化同质化的标志。因此,文化多元性、伦理精神多元性的坚持和发展,是人类必须确立的关于全球化的基本文化立场。如果少数发达国家凭借其经济强势推行文化霸权主义,这将影响到现实中各国家间的伦理认同及其彼此尊重问题。如果放弃文化多元性,理性将缺少反思意识,价值将缺少批判主体。

全球化进程中坚持文化多元性,不仅代表一种理性,一种价值,还代表一种信念。联合国教科文组织在1998年世界文化报告中申诉了坚持文化多元性的七大根据:第一,文化多元性作为人类精神创造性的一种表达,它本身就具有价值。第二,它为平等、人权和自决权原则所要求。第三,类似于生物的多样性,文化多元性可以帮助人类适应世界有限的环境资源。在这一背景下多元性与可持续性相连。第四,文化多元性是反对政治与经济的依赖和压迫的需要。第五,从美学上讲,文化多元性呈现一种不同文化的系列,令人愉悦。第六,文化多元性启迪人们的思想。第七,文化多元性可以储存好的和有用的做事方法,储存这方面的知识和经验[①]。在全球化的冲击面前,人类不仅有足够的理由保持文化的多元性,而且更重要的是,如果不这样,世界文明将会由此导向毁灭。

经济全球化由西方发达国家引发的,随着其经济的强势推进,也开始了文化帝国主义的扩散,它将其特定的社会体系扩散到全球各地,开始了文化的全球化,其实质是文化强权或文化帝国主义,导致一些国家地区文化同一性削弱或文化独立性丧失。经济文化不发达的弱小国家

---

① 联合国教科文组织:《世界文化报告(1998)》,北京大学出版社2000年版,绪论第3页。

如果因此淡化民族国家的伦理认同,就会产生民族虚无主义,公民的爱国主义精神也会弱化。

"普世伦理"的引出应当遵循"自下而上"而不是"自上而下"的路径,应当极力提倡不同文化间的自由、平等和宽容。然而,每一种文化都试图将自己的基本伦理价值和伦理原理说成是普遍和共通的,最后更有说服力的往往还是经济和科技发达的政治强权者。发达国家借助经济、科技和政治的强势,将自己的基本伦理理念上升为"普世伦理"在全球推行,所谓的自由、平等、博爱等,也显然是西方中心论的色彩。西方经济强国试图借着"普世伦理"论调,高举"人权高于主权"的所谓人道主义大旗干涉别国内政,实现自身霸权。这种"普世伦理"或文化霸权主义实质上就是那些强国为其国家利益的扩张铺平道路而已。

实际上,一个国家的伦理文化、政治制度等与一个国家国民的精神思想素质、传统价值观念的合理性程度要相互适应,在 A 国是先进的政治制度不见得到 B 国就可以嫁接。历史上,拿破仑想要先验地给予西班牙人一种先进制度,"比他们以前所有的更为合乎理性",结果却事与愿违。因为"国家制度不是单纯被制造出来的东西,它是多少世纪以来的作品,它是理念,是理性东西的意识,只要这一意识已在某一民族中获得了发展。因此,没有一种国家制度是单由主体制造出来的"①。国家制度不是外部存在着的,而是体现这一民族对自己权利和地位的感情,体现这一民族文化的伦理理念;即便同样的基本观念,其内涵的诠释也会因从一个民族到另一个民族国家而变得完全不同甚至截然相反。所谓的"普世伦理"根本上说也是一种抽象的价值观,因其严格的伦理范围面对各国不同的经济、政治利益及其民族文化传统时,就显得十分抽象与虚幻而苍白无力。麦金太尔就断言:以所谓普遍理性为基础的,追求普遍不变的超历史文化传统的普世伦理学的"启蒙运动"式的道德谋划不仅

---

① [德]黑格尔:《法哲学原理》,范扬、张企泰译,商务印书馆1982年版,第201页。

"彻底失败",而且"还将失败"①。所以,终是失去民族之根、所谓没有国界的世界主义犯了"时代错误"。

经济全球化背景下,特别是发展中国家必须寻找到传统性与现代性相统一、本土化与世界性有机统一的、具本民族国家特色的现代化发展之路。否则,它既不能真正有效地扼制价值霸权主义和文化帝国主义,也难以在全球化浪潮中主动、积极地推动本民族文化和文明的发展。在此,习近平提出建构人类命运共同体的思想,扬弃了帝国霸权主义及狭隘的民族主义,各民族国家之间"和而不同",合作共赢中共享尊严及安全保障、发展成果。这既是科学社会主义的发展成果,也是中国传统"和"文化在当代的传承与发扬,为建构国际新秩序提供了基本伦理价值准则,为这一世界难题的解决提供了思路良策②。

实际上,我们都是作为特定社会身份的承担者而与这个世界打交道的,当今世界最重要,也最具实力保障个体权益发展的依旧是民族国家共同体。民族国家在对本国公民承担特殊义务的同时,在解决诸如经济不平等等许多全球性问题的时候同样也是最具执行力、具不可替代的共同体的组织。民族国家没有过时,其可以推动人们对其个体独特性的尊重,维护各民族国家合作共赢、共享发展的伦理价值共识。在全球化背景下,当代中国的爱国主义依旧是公民国家伦理的价值皈依。

四、伦理世界的主体精神:公民的道德世界

"道德世界观"是黑格尔在《精神现象学》中作为自我意识在伦理世界发展的自我确信表现。在他的思辨体系中,"伦理精神"阶段经过"伦理——教化——道德"的辩证发展过程。其中,伦理是自在伦理世界中的"真实的精神";教化是异化或教化的伦理世界,伦理精神是"意识自身异化了的精神";在教化世界,启蒙与信仰的互动,使自我意识具备"对自

---

① 转参万俊人:《寻求普世伦理》,商务印书馆2001年版,第273页。
② 参习近平:《习近平谈治国理政》(第二卷),外文出版社2017年版。

身具有确定性的精神",也就进入"道德"阶段。伦理精神一旦进入道德阶段,便出现关于纯粹的道德自我意识与"他在",或者"绝对义务"与"自然一般"即所谓"完全无意义的现实"之间关系的规定,出现道德意识"自己个体性的世界"。由此,"道德世界观"便在自我意识中诞生了。而道德世界观的确立则意味着主体从自在存在向自为精神的发展。笔者借此概念表达公民伦理世界的主体性精神确立。在黑格尔那里,"这个道德世界观是由道德的自在自为存在与自然的自在自为存在的关系构成的。这种关系以两种假定为基础,一方面假定自然与道德(道德的目的和活动)彼此是全不相干和各自独立的,另一方面又假定有这样的意识,它知道只有义务具有本质性而自然则全无独立性和本质性。道德世界观包含着两个环节的发展,而这两个环节则处于上述两种完全矛盾的假定的关系之中"①。

黑格尔认为,道德世界观的基本内容和基本问题,是道德和自然的关系。道德自我意识在自在伦理世界处于原始同一性阶段,意识任凭自然摆布,自然规律统驭道德规律;而到教化世界,自然世界规律与伦理道德规律分立、对峙,它是对道德与自然混沌未分的原初同一性的否定,但也陷入道德与自然、义务与现实的矛盾痛苦之中。对这种矛盾的超越,就在于在意识中以道德规律驾御自然规律,从而有别于以自然本性为基本概念的"生物"世界观或"自然"世界观,而成为具有"道德的"世界观的自我意识。由此,自我能执着于义务的本质性,通过道德行为扬弃道德与自然之间的矛盾,从而道德规律不仅抽象地而且现实地成为自然规律,也使自我特殊性与伦理世界普遍性达到内在的统一,实现个体的实体性自由。这种自由的获得感体现为公民道德感。

如果说公民伦理世界观的确立体现在伦理感的获得,体现在是个体成为实体或"整个的个体"的冲动以及整个伦理实体的冲动,那么公民道德世界观的确立则体现在公民主体按照伦理的个体自我规定、自我确定

---

① [德]黑格尔:《精神现象学》(下卷),贺麟、王玖兴译,商务印书馆1983年版,第126页。

的冲动。这两者本质上又是同一的,即以伦理为出发点,又以伦理为归宿。在此,道德扬弃自己的主观性,在伦理中达到特殊性与普遍性的同一,从而成为"主观意志的法";在精神的辩证运动中使伦理实体由潜在、自在走向自为,透过个体行为变为现实,从而成为"对其自身具有确定性的精神"。樊浩先生将这种道德精神描述为:得道感、敬重感、义务感①。这实际上也是公民伦理世界主体性精神的体现,这个过程展现为:得"道"②、对"道"敬重、在生命旅程中践履"道"之"义务"要求。

(一) 得"道"

"道"在中国传统文化中既指宇宙间万物必须遵循的一种自然法则,也指社会伦理的原则规范。这里的得"道",一是指公民对伦理世界的实体性觉悟、获得伦理共同体的普遍性;二是指公民依实体普遍性而行,由个体的主观性向伦理的客观性转换,从而实现"道"的个体内在伦理实体性。这种得"道",黑格尔称之为"伦理的造诣",是"伦理性的东西""在本性所规定的个人性格本身中得到反映"③,是个体的伦理性格体现。性格,心理学意义是表现在人对现实的态度和相应的行为方式中的比较稳定的、具有核心意义的个性心理特征,主要体现在对自己、对别人、对事物的态度和所采取的言行上。伦理性格表现了个体的伦理世界观,并通过其一贯的伦理行为表达出其符合共同体伦理实体性要求的状况。所以,得"道"是公民的伦理造诣,是个体与实体或"单一物"与"普遍物"获得统一的认知基础。它虽然有主观性特征,但与思维形态、纯粹意识形态的道德有着本质的区别:它不是停留于主观认识形态,而是在社会实践中"守道""行道",如孔子所说的"造次必如是,颠沛必如是"④。个体完

---

① 参见樊浩:《道德形而上学体系的精神哲学基础》,中国社会科学出版社2006年版,第140—143页。
② 即对伦理之"道"有所体悟并获得内在认同。
③ [德]黑格尔:《法哲学原理》,范扬、张企泰译,商务印书馆1982年版,第168页。
④ 《论语·里仁》。

全把自己的存在和整个人类的存在关联起来,并最终把自己的个性发展在现实实践中与人类的本质与前途统一起来,在现实中实现了人和类本质的统一,弘扬出人区别于动物的本质力量、弘扬出人的尊严与价值。这种自在自为的公民主体在"知道"到"行道"、"守道"的伦理境界中确证了道德的主体性。在人类悠久的历史上,这种主体性呈现为一系列卓然独立、堪为人典的人格形象,激励着历代的人们不断觉醒,创化人生,追求人性之不朽。

(二) 敬重

中国传统文化中的"敬重",出自《韩非子·说林下》:"今君少主也,而务名,不如令荆贺君之孝也,则君不夺公位而大敬重公,则公常用宋矣。"①其意指恭敬尊重。一般多用于下级对上级的态度②。这里指公民个体对伦理实体性的恭敬、庄重、谨守的态度,也是人们对道德法则的"敬重情感"。"对于道德法则的敬重是一种情感,它产生于理智的根据,并且这种情感是我们完全先天地认识的唯一情感,而其必然性我们也能够洞见到。"③康德认为,纯粹实践理性的惟一对象是善与恶,惟一动机是对道德法则的敬重。人们因此敬重而由纯粹理性的意识转向实践意志的努力。这是实践理性的根本动力所在,因为它是公民内在的对道德法则景仰、礼赞的快乐情感,一如康德在《实践理性批判》中所言:"有两样东西,我们愈经常愈持久地加以思索,它们就愈使心灵充满始终新鲜不断增长的景仰和敬畏:在我之上的星空和居我心中的道德法则。"④不过在康德内心深处,道德律也许比星空更值得敬畏。因为,若非道德,人与动物自然无异。自然使我卑微,道德方显我价值。"人的价值甚至在最

---

① 《韩非子·说林下》。
② 参见《现代汉语词典》,商务印书馆 2002 年增补本,第 672 页。
③ [德]康德:《实践理性批判》,韩水法译,商务印书馆 1999 年版,第 80 页。
④ [德]康德:《实践理性批判》,韩水法译,商务印书馆 1999 年版,第 177 页。

高智慧眼中的世界的价值,毕竟都是唯一地取决于这种道德价值的。"①由此,这种对道德的"景仰和敬畏"也当是人们道德行为的最具合法性的依据,樊浩教授称之为"灵魂驱动力"——"因为对于我们所尊重的,却又(由于意识到我们的软弱)畏惧的东西,由于更加容易适应它,敬畏就变成偏好,敬重就变成爱;至少这会是献身于法则的意向的完善境界,倘使一个创造物某个时候能够达到这一点的话。"②这种敬重也就成为公民道德世界观确立的情感依据、道德意志力之源。

(三) 义务

义务本质上是必然概念的另一种表述方式。所谓必然,指事物之间的客观联系或事物发展的客观规律。义务则指按照事物之间的客观联系和事物发展规律的要求,人们所必须承担的某些责任。义务与必然的定义虽有不同,但二者的区别仅仅是描述的角度不一致。对义务的描述是从人与客观事物(自然事物和社会事物)的关系的角度进行的,而对必然的描述则是纯粹的事实描述。如果均从人与自然、人与社会的关系的角度看,二者则是完全一致的。因为在人与自然和社会的关系中,人必须遵循自然和社会的各种客观联系与发展规律。这种遵循自然和社会之客观联系和发展规律的行为,也就是按照自然和社会的客观要求而承担责任的行为。所以,义务实质上就是必然。马克思主义自由观认为,自由既不是"任性"和"为所欲为",也不是简单地摆脱和打破必然。用恩格斯的话说,自由不是在"幻想"中摆脱必然而独立,而是以必然为自身的前提和条件,并包含必然于自身之内。这就是说,自由并不排斥必然,相反人们要获得自由,就必须遵循、依据必然而行为;所谓自由的过程也就是人们认识必然,遵循必然而行为的过程。这就是自由与必然的同一性。

公民道德世界观的确立即意味着遵伦理规律而行。这里的伦理规

---

① [德]康德:《实践理性批判》,韩水法译,商务印书馆1999年版,第201页。
② [德]康德:《实践理性批判》,韩水法译,商务印书馆1999年版,第91页。

律即伦理世界之必然。公民要获得伦理意义上的自由,即对伦理规律或道德法则敬重的基础上依伦理规范而行。义务感既是德性的意志力量体现或履行义务的力量体现,也是一种内在道德强制或康德所说的"绝对命令"。黑格尔继承了康德思想的基础上,进一步指出:义务的本质不是强制,而是自由或伦理的解放。义务限制的仅仅是主观的抽象或任性,"具有拘束力的义务,只是对没有规定性的主观性或抽象的自由、和对自然意志的冲动或道德意志(它任意规定没有规定性的善)的冲动,才是一种限制。但是在义务中个人毋宁说是获得了解放"①。义务使人摆脱了对自然冲动的依附,将人从自然冲动的束缚下解放出来;又使人摆脱了个体的偶然性与主观性,获得实体性与现象性。这是人的真正解放,是人的真正自由的获得,因而是道德自我意识升起的标志和道德自我意识的真谛。表面看,个体与实体的关系中,个体将自己对实体的皈依当作一种命运,实体是决定个体必然命运的因素,但个体通过义务的践行而赋予实体以生命,因而又是凌驾于实体之上的。"所以,义务所限制的并不是自由,而只是自由的抽象,即不自由。义务就是达到本质、获得肯定的自由。""在义务中,个人得到解放而达到了实体性的自由。"②因而,公民道德世界观的确立既是其精神的自我确证,也是道德自我意识生成的标志,它是"道德世界"形成和发展的基础。显而易见,公民道德世界观在现实道德生活中意味着公民伦理世界主体性精神确立。它不仅是一种情感和信仰,而且是一种信念和真理。公民在获得实体性中超越自身的抽象性和主观性而上升为主体。它既克服了传统心性伦理的自在性烙印,又克服了契约伦理的个体原子主义自为倾向,获得个体性与实体性的辩证统一。当然这种统一状态总是动态的,现实中达到又永远不能达到;它既可以看出统一的规范要求(它体现为规范准则或戒律等);又体现个体与实体统一的实践精神(它体现为在伦理世界观指导下

---

① [德]黑格尔:《法哲学原理》,范扬、张企泰译,商务印书馆1996年版,第167页。
② [德]黑格尔:《法哲学原理》,范扬、张企泰译,商务印书馆1996年版,第168页。

的公民伦理实践)。

公民伦理精神主体性的确立体现在诸多伦理实体之中。现代社会分工愈益细密,同时社会合作愈益密切,使整个社会既体现出现代社会共同体组织的多样化,也使伦理世界诸实体形态多样化。一般来说除了国家民族、家庭外,还会有社会职业团体、社区及各种各样的社团组织等。其中每一个共同体都因共同的价值目标而令其成员有社会归属感,因其社会属性意义而有伦理性价值。而在经济全球化背景下,跨国公司或国际性社会区域组织也因其共同体内在凝聚力提升之需要而加强共同价值目标或成员在共同体中意义"认同"的努力。"认同"(Identity)是指社会成员在感情、心理上趋同的过程。现代公民可以有多重共同体的归属和认同。而各种共同体组织或集团也以各种方式吸引或感染其成员,以确立其成员对共同体的忠诚、奉献精神①。

当共同体的认同建立在民族国家基础之上时就会更为强烈和持久,而以阶级和区域等为基础的认同,"只作为利益集团发挥作用并且因此在达到它们的目的之后非常易于消融"②。民族国家的认同是社会成员对其所属民族或民族国家成员身份的认知,以及由此引起的归属感、忠诚和奉献精神,它通过公民的爱国主义精神表现出来。而这种爱国主义精神的培育则要通过建立公正的社会结构来形成利益共同体,另一方面要通过社会主义核心价值体系教育增进价值共同性,扩大社会共识,因为"社会成员在观念和价值观方面的共同性,其意义绝不亚于社会在利益结构方面的共同性"③。

---

① 本著限于篇幅在此不加拓展阐述。关于社会共同体组织或集团的伦理世界问题另文著述。与个体不同,集团行为的特点表现为集团内部的伦理性与集团与社会关系的非道德性的悖论。这方面内容可参见樊浩等著《中国伦理道德报告》,中国社会科学出版社 2010 年版,第 16—48 页。文中指出:当今中国社会集团行为的难题与症结,在于对其道德本质的"集体无意识",它表现为因"司空见惯"而视"实然"为"自然",视"实然"为"应然",或者因与自己的利益相关而放弃道德评价甚至反为其进行道德辩护。
② [英]安东尼·D.史密斯:《全球化时代的民族与民族主义》,龚维斌、良警宇译,中央编译出版社 2002 年版,第 79 页。
③ 郑杭生:《论社会建设与"软实力"的培育》,载《社会科学战线》,2008 年第 10 期。

对于我国公民伦理世界主体性的培育来说,关键主要在于加强社会主义核心价值观教育和公民教育,促进各族人民的政治社会化,培养各民族人民对国家领土和政权的支持、对国家政治体系的认同以及民主法制观念和公民意识。加强民族团结教育,促进各民族团结奋斗共同繁荣发展。此外,加强中国历史文化教育,尤其是中华民族融合历史的教育,加强中国各民族具有共性的文化价值观和民族精神(如团结统一、爱好和平、勤劳勇敢、自强不息等)的宣传和教育;同时也要通过世界史教育,增强国民对世界其他民族的认识和理解,以积极应对全球化时代的机遇和挑战。

结束语

　　学说是对一个时代的反思总结的理性阐释,并且要对这个时代的发展做出预见性、前瞻性的指向。自上世纪 70 年代改革开放以来,学说繁荣发展中也深刻地反映出中国社会变革过程中体现的新旧之间的巨大张力。当旧的传统无法具有充分的令人无条件信服的说服力的时候,创新,就成为必然。但怎么创新?学术界也是在引进、借鉴西方理论,甚至以西方话语、概念体系为标准进行本国理论体系的创新。如果这里不解决好理论的普适性与特殊性关系问题,则机械地套用西方理论只会在现实中丧失解释力的同时,还导致社会价值引导的失范,社会秩序的混乱。"市民社会"便是由西方引进的学说话题之一。学界试图借此话题解决我们的现代化与现代性问题,尤其在改革愈益走向深入的 90 年代以降。

　　当我们说当下的中国走在现代化的征程中时,如何理解"现代化"?我们的"现代性"特征有哪些?"现代化"及"现代性"这个概念更多地被认作一种普适的基本的价值。由于各民族国家不同的文化及经济状况,其呈现的具体实践内涵及其文化表达方式却是多样化的。其中哪些是西方没有而中国特有的?哪些价值又是当下中国必需的但却无任何经验借鉴?对此,我们学界并没有一直保持冷静理性的态度。1978 年以降,开放的思维主导着整个中国,哲学作为先导性的学说,自然在开放的浪潮中充当了急先锋。西学大量涌入,现代的、后现代的,世界的、地方的,一般的、特殊的……统统引进。在这场知识引进的过程中,除却那些可以体察的基本价值之外,什么是当下中国需要的学说,抑或说当下中国需要怎样的学说,这些问题一开始似乎并未得到人们的特别重视。人们只是以反传统为己任,而将西学看作是创新、变革的力量。不假思索的西学引进,在中国语境下造成了学界歧异纷呈,理论也就不能更好地有效引导实践。

"市民社会""公民社会"曾是由西方引进的学术界热点概念,学者们试图以此揭示中国在步入全球性现代化进程以后所遭遇到的各种问题及其背后所隐含的更为深层的结构性困境,以求解中国社会秩序建构的正当性问题①。但因概念引用的同质性与实体性遮蔽了中国的非同质性,其解释力度不仅有限,而且还导致了人们对"市民社会"和"公民国家"的双重误读。市民社会或市民这个概念不仅产生于西方的历史经验,而且还凝聚着西方人的社会价值理念。把这样一个隐含强烈的西方文化及其政治意涵的理论概念直接用来对中国现实进行分析时,结果不只是会产生表面上的、机械的牵引附会,也会因缺乏现实的文化资源支撑而限制了其解释力,丧失理论对实践的有效指导意义。这实际上也是一种"学术消费主义"的形式,这种形式对中国的学术发展也带来不利的影响:在相当程度上由于具有西方中心主义特征的一些现代化理论对中国学人构成了一种压力,影响了中国特色的哲学社会科学体系自身的建构与发展。每个学术研究者都需要更为切实的理论实践在各自的理论研究中不断避免和纠正这个问题。

笔者多年来一直试图从提出现代性问题的黑格尔那里寻找学术思想资源。黑格尔一方面景仰拿破仑"骑在马背上的世界精神",另一方面也反思并警戒法国大革命悲剧。他敏锐地洞察到现代性带来个体解放

---

① 这方面情况综述可参见邓正来:《国家与社会:中国市民社会研究》,北京大学出版社2008年版,第2页。

的同时也带来新伦理危机。无论是在《精神现象学》中对"教化世界"异化与启蒙的分析还是在《法哲学原理》中对市民社会的分析,黑格尔都明白无误地告诉我们,必须有一种体现人类共同利益的理性力量来制约市民社会,建构真实的"伦理世界",否则,人类的前途并不美妙。

  虽然现代宪政国家相对于传统的宗法等级制国家或政教合一的欧洲中世纪是一质的飞跃,但正如汉娜·阿伦特曾极为深刻地指出的:现代的政治特征就是私人利益变成公共事务,在这种情况下,一方面是共同意志之体现的公共领域日益萎缩,另一方面是国家(政府)"沦为一种更加有限、更加非个人化的行政区域"。政府的职能是向私有者提供保护,使他们不致在为取得更多财富而展开的竞争中互相侵害,人们所共有的惟一的东西是他们的私人利益[1]。将私人利益高于一切作为基本原则的现代社会,国家不可能是一个纯粹的"公器"或共同利益的代表与维护者,它不可避免程度不同地为强势集团所支配。即使当国家以人民和全体利益的名义剥夺个人自由与权利时,仍然是如此。因此,相对于现实中形式普遍性的国家,黑格尔在《法哲学原理》中构建了一个心目中实质普遍性的国家——伦理实体性国家,实现古希腊城邦的现代化。虽然黑格尔的"国家"一直遭到各种质疑或批判,但他所展示的人类精神世界的安顿、伦理世界的建构,却是世人一直认同的,尤其在经济全球化的新世纪,面对世界上收入分配、财产分配,也许还有社会整合情感等方面的不平等都更加严重,饱经暴力冲突和侵犯人权之难的世界并非一个共同体,缺乏能够以一种合作与和平之文化来替代一种竞争与不信任之文化的政治制度和共享价值。而要建构这样一个共享价值的共同体仅依赖人类社会从群体向全球团结之"自然的"进化来达到,显然是遥不可及的。

  联合国社会发展事务高级主管雅克·布道呼吁建构世界共同体,认

---

[1] 参见[美]阿伦特:《公共领域和私人领域》,参汪晖、陈燕谷主编:《文化与公共性》,生活·读书·新知三联书店1998年版,第97页。

为必须要有最大多数成员国和其他制度的合作与承诺,才能持续控制各种威胁着全球化世界的危险;只有通过更广泛更深刻的(人类)价值共享,和平与合作才能压倒冲突和战争。而"在这个已然全球化则又四分五裂、冲突不断的世界,唯有强大的道德价值才能为全球民主提供一个坚实的基础"①。虽然《联合国宪章》和《普世人权宣言》等都有规定人类人格尊严和各国政府、各个社会相互平等之共同价值最完整的世俗化表达,但根本上还要借鉴人类在其历史的长河中已经发展出的各种伟大的宗教和哲学所拥有一些共同的基本价值,更重要的是现代社会的公民伦理意识及其相应的伦理世界建构。习近平提出的构建人类命运共同体的思想则是对这一人类社会最宏大而又最重要问题的科学回答,它对新型国际伦理秩序的建设具有深远的世界历史意义。

和谐的世界共同体必然是以人类的人格与共同善为中心。创造一个可行的世界共同体必然是一种崭新形式的全球民主、一种服务于平等需要和平等志向的经济、一种富于同情的政治文化、追求普遍利益的社会力量以及承担保护共同善之责任的制度。而所有这些只有在公民伦理意识确立基础上才有可能。"公民伦理"是基于伦理本质的公共性而提出的概念,但在此它既不同于传统心性伦理中的家国一体的"至善至美"美德伦理,又是对现代市民社会的原子主义否定而提出的概念。

中国自古是伦理性国家,它走向现代社会的平台及其资源是什么?应站在哪个高地看中国传统思想?其现代伦理的生成基地是什么?如何找寻能思想的、理念的范畴?处于市场社会转型时期的黑格尔以"伦理世界"概念展示伦理精神的辩证运动过程,以伦理"意志自由"展示了"活的"伦理世界从"自然的普遍性"到"形式的普遍性""实质的普遍性"的实现过程,由此建构起其心目中的伦理世界——伦理型的国家,以此否定了原子主义的伦理立场或契约型伦理世界。但黑格尔时代毕竟现

---

① [美]雅克·布道:《建构世界共同体》,万俊人等译,江苏教育出版社2006年版。参见其第一章"发展共享价值"。

代化的进程还没有发展尽显其内蕴,而今中国传统家国一体架构随着社会化产业发展、市场经济发展而自然解体,也为个体人打开了社会空间,而宪政民主法制的发展,亦为公民伦理建设与发展提供了价值合理性基础。

公民伦理与中国传统伦理(主要是儒家伦理)并非是一种同质性的伦理形态。在家国同构境遇中生存的、囿于宗法血缘关系的中国传统伦理形态,只能是家族身份伦理或亲情伦理。正如廖申白先生所指出的:传统社会中,人们生活的所有内容统合于家族生活及其放大了的村社社会生活中①。传统境遇中的社会伦理哪怕有着深厚的价值合法性基础和"至善至美"的形态与功能却又永远无法开出具有现代意义的现代公共生活的价值范式。而中国传统伦理的阙失,恰恰是现代"公民伦理"的价值领域。黑格尔指出:"作为精神的直接实体性的家庭,以爱为其规定,而爱是精神对自身统一的感觉","爱是感觉,即具有自然形式的伦理","在国家中就不再有这种感觉了,在其中人们所意识到的统一是法律,又在其内容必然是合乎理性的,而我也必须知道这种内容"。② 在黑格尔对人在"家"与"国"中不同联接方式的界分中,我们不难辨清和厘出家族生活的亲缘伦理与现代公共生活的公民伦理的异质性特质。与人的家庭(族)生活的亲缘关系纽带不同,"国家的、政治的公共生活,只有在通过法律确定了每个公民的政治社会的成员的平等资格,这种资格得到了实际的尊重,并且商业的发展使人们具有了不同于血缘、地缘关系的职业身份时,才是现实的"。而"公民伦理是只有在一些特定的社会条件下才能够发展成为生活的伦理。这些条件包括社会成员们共同地获得的社会制度在法律架构下确定每个成员的资格方面的实质进步"。③

中国传统伦理作为一种德性伦理的典型,它在社会生活中的德性人伦诉求与规范架设上是相当成熟和完备的,传统伦理心性层面追求崇高

---

① 参廖申白:《公民伦理与儒家伦理》,载《哲学研究》2001年第11期。
② [德]黑格尔:《法哲学原理》,范扬、张企泰译,商务印书馆1996年版,第175页。
③ 廖申白:《公民伦理与儒家伦理》,载《哲学研究》2001年第11期。

道德人格与"天人合一"的形上境界,以及传统伦理日用层面的德性诉诸,对于现代化的健康发展和个人精神世界的拓展无疑具有相当积极的价值与意义,但传统家国同构的社会结构又决定了传统伦理范型只与传统社会结构及其社会生活有内在一致性[1],而在家庭结构与功能的变化、国家功能的世俗化使原先的伦理实体的"公共本质""还俗"中隐藏着巨大的现实危险:"人的规律"不断消解甚至取代"神的规律"。家族生活迅速瓦解、公共生活与私人生活日益分离的现代社会,心性伦理即便在现代社会中似乎仍富含"德性崇高"志向,但由于它开不出现代公共生活(主要体现为政治生活)的价值范式,直接决定了它不适合作为引申公共生活准则的依据[2]。

现代公民伦理的基本价值范式与传统伦理的基本价值规范比照,其差异与区分可归结为以依附性、先在性为特征的血缘宗法关系与以独立性、平等性为特征的法律理性关系这两个不同逻辑起点的差异与对立。尽管,传统伦理的基本德性规范对于现代公民伦理具有不可置疑的价值性,但两者不同的逻辑缘起,使之分属于不同的价值生态与范式。在两者殊途的志向表达中,人们不难得出伦理精神传统性与现代性的界分与距离。伦理意识本质上,绝非个人在道德上的自我意识,它主要来自于外部的熏陶与鼓励,即来自人的"公共生活",来自个人在一种拥有自主性的社会群体中的广泛参与。这种参与必然避免原子主义本质的契约性[3],避免将精神技术化、手段化、功利化或者用技术绞杀精神,才有可能成为真正的个体性与普遍性辩证统一、个体至善与社会至善相统一的伦

---

[1] 即便是古希腊城邦,国家意志即"公共生活",宗教、政治、伦理在民族精神中合为一体,一个人的道德生活与宗教生活、政治生活合为一体。
[2] 有关这方面的阐述也可参见廖申白:《公民伦理与儒家伦理》,载《哲学研究》2001年第11期。
[3] 因为"契约乃是以单个人的任性、意见和随心表达的同意为其基础的"。参黑格尔:《法哲学原理》,范扬、张企泰译,商务印书馆1982年版,第255页。黑格尔认为,所有的社会契约论的出发点都是"自我保存"和"个人至上"。因为在契约论那里,社会一定是由个人组成的,而且每个人也都追求自己的利益。社会应鼓励并保护其成员的这种"个人主义"。契约双方,最多只能达成共同意志,永远也不可能使契约的结果作为一种自在自为的普遍意志存在于那里。

理家园、和谐世界。

  黑格尔在他的《精神现象学》中也预定了伦理世界的和谐与道德世界的和谐,虽只是停留于思辨的层面,但依然对今天伦理世界的危机的探讨和解决具有重要的思想资源意义。万俊人先生在其《现代性的伦理话语》中指出:"'现代性'具有其极强的扩张力量,其基本元素,诸如,市场经济、政治民主、科学理性和无限目的论的现代进步主义文明(化)价值观念等等,都具有开放、普遍化和无限扩展的特征。但'现代性'与其说是一种现代化的社会模式概念,毋宁说是一种社会发展和文化知识进步的定性概念,通过摆脱传统和古典,它力图展示并标举一种具有全新性质的人类文明和文化。"①公民伦理世界蕴涵和揭示的"现代性"价值、意义与路向,显然是确凿无疑亦十分重大的。伦理生命的确证就在个体性与普遍性的统一中,在作为"意识的种种形态"与"世界的种种"形态达致实体的伦理化,在公正和德性统一之中达到黑格尔所设想的"预定的和谐",在现代"人类命运共同体"中得到现实的皈依。

---

① 万俊人:《现代性的伦理话语》,内蒙古人民出版社2002年版,第170—171页。

主要参考文献

1. 中共中央马克思恩格斯列宁斯大林著作编译局:马克思恩格斯文集(10卷本).[M].北京:人民出版社,2009.
2. 马克思恩格斯全集(第一版).第42卷[C].北京:人民出版社,1972.
3. 马克思恩格斯选集(1-4卷)[M].北京:人民出版社.2002.
4. 习近平.习近平谈治国理政.[M].北京:人民出版社,2017.
5. [德]黑格尔.法哲学原理[M].范扬、张企泰译.北京:商务印书馆,1961.
6. [德]黑格尔.精神现象学(上卷)[M].贺麟、王玖兴译.北京:商务印书馆,1962.
7. [德]黑格尔.精神现象学(下卷)[M].贺麟、王玖兴译.北京:商务印书馆,1979.
8. [德]黑格尔.精神现象学(一二三)(中英文对照本)[M].王诚、曾琼译.北京:中国社会科学出版社,2007.
9. [德]黑格尔.精神哲学一哲学全书,第三部分[M].杨祖陶译.北京:人民出版社,2006.
10. [德]黑格尔.哲学科学全书纲要[M].薛华译.上海:上海人民出版社,2002.
11. [德]黑格尔.历史哲学[M].王造时译.北京:生活·读书·新知三联书店,1956.
12. [德]黑格尔.哲学史讲演录(第1-4卷)[M].贺麟、王太庆等译.北京:商务印书馆,1978.
13. [德]黑格尔.黑格尔通信百封[Z].苗力田译.上海:上海人民出版社,1981.
14. [法]科耶夫.黑格尔导读[M].宋继杰译.南京:译林出版社,2005.
15. [加]查尔斯·泰勒.黑格尔[M].张国清、朱进东译.南京:译林出版社,2002.

16. [加]查尔斯·泰勒.黑格尔与现代社会[M].徐文瑞译.长春:吉林出版集团有限责任公司,2009.

17. Hegel, Georg Wilhelm Friedrich. *Elements of the Philosophy of Right*. Trans. H. B. Nisbet. Cambridge University press,1991. (中国政法大学出版社2003年影印本)

18. 张颐.张颐论黑格尔[M].张桂权译.成都:四川人民出版社,2000.

19. 张世英.自我实现的历程——黑格尔《精神现象学》导读[M].济南:山东人民出版社,2001.

20. 张世英.黑格尔《精神现象学》述评[M].上海:上海人民出版社,1965.

21. 樊浩.道德形而上学体系的精神哲学基础[M].北京:中国社会科学出版社,2006.

22. 萧焜焘.精神世界掠影——纪念《精神现象学》出版180周年[M].南京:江苏人民出版社,1987.

23. [英]W·T·斯退士.黑格尔哲学[M].鲍训吾译.北京:北京大学出版社,1988.

24. [德]卡尔·洛维特.从黑格尔到尼采[M].李秋零译.北京:生活·读书·新知三联书店,2006.

25. [德]J 于尔根·哈贝马斯.现代性的哲学话语[M].曹卫东等译.南京:译林出版社,2004.

26. [美]Tom Rockmore.黑格尔:之前和之后——黑格尔思想历史导论[M].柯小刚译.北京:北京大学出版社,2005:60.

27. [加]查尔斯·泰勒.自我的根源:现代认同的形成[M].韩震等译.南京:译林出版社,2001.

28. [德]康德.道德形而上学原理[M].苗力田译.上海:上海世纪出版集团,2005.

29. [德]康德.纯粹理性批判[M].邓晓芒译.北京:人民出版社,2004.

30. [德]康德.实践理性批判[M].邓晓芒译.北京:人民出版社,2003.

31. [德]康德.历史理性批判[M].何兆武译.北京:商务印书馆,1990.

32. [德]马克斯·霍克海默,西奥多·阿道尔诺.启蒙的辩证法[M].渠敬东、曹卫东译.上海:上海人民出版社,2006.

33. [德]马克斯·韦伯.新教伦理与资本主义精神[M].康乐、简惠美译.桂林:广西师范大学出版社,2007.

34. [德]叔本华.伦理学的两个基本问题[M].任立、孟庆时译.北京:商务印书馆,1996.

35. [德]卡尔.雅斯贝尔斯.时代的精神状况[M].王德峰译.上海:上海译文出

版社,2008.

36. [德]弗里德里希·包尔生. 伦理学体系[M]. 何怀宏、廖申白译. 北京:中国社会科学出版社,1988.

37. [德]哈贝马斯. 在事实与规范之间[M]. 童世骏译. 生活·读书·新知三联书店,2003.

38. [德]恩斯特·卡西尔. 人论[M]. 甘阳译. 上海:上海译文出版社,1985.

39. [德]E. 卡西尔. 启蒙哲学[M],顾伟铭译,济南:山东人民出版社,1988.

40. [德]斐迪南·滕尼斯. 共同体与社会[M]. 林荣远译. 北京:商务印书馆,1999.

41. [德]迪特尔. 拉甫:德意志史[M]. 波恩 Inter Nationes 出版 1987.

42. Martin Heidegger. *Hegel's Phenomenology of Spirit*. Translated by Parvis Emad and Kenneth Maly. Indina University Press. 1988.

43. Joshuad. Goldstein, *Hegel's Idea of the Good Life—From Virtue to Freedom*, Springer 2006.

44. Robert Williams, *Hegel's Ethics of Recognition*, University of California Press, 1997.

45. Allen W. Wood, *Hegel's Ethical Thought*, Cambridge University Press, 1990.

46. Edited by Dean Moyar and Michael Quantehegel's, *Phenomenology of Spirit: A Critical Guide*, Cambridge University press, 2008.

47. Philippa Foot, *Theories of Ethics*, Oxford University Press, 1967.

48. Mosher (Ed.), *Moral Education*, New York: Praeger, 1980.

49. M. Slote, *From Morality to Virtue*, Oxford University Press, 1995.

50. 樊浩. 中国伦理精神的历史建构[M]. 南京:江苏人民出版社,1992.

51. 樊浩等. 中国伦理道德报告[M]. 北京:中国社会科学出版社,2010.

52. 樊浩等. 中国大众意识形态报告[M]. 北京:中国社会科学出版社,2010.

53. 樊浩. 伦理精神的价值生态[M]. 北京:中国社会科学出版社,2001.

54. 樊浩. 樊浩自选集[C]. 南京:凤凰出版社,2010.

55. 樊浩. 中国伦理精神的现代建构[M]. 南京:江苏人民出版社,1997.

56. 高全喜. 论相互承认的法权——黑格尔《精神现象学》研究两则[M]. 北京:北京大学出版社,2003.

57. 蔡美丽. 黑格尔[M]. 桂林:广西师范大学出版社,2004.

58. 杨植胜. 黑格尔精神现象学里伦理实体的导出[D]. 台北:台湾大学,2000.

59. 薛华. 自由意识的发展[M]. 北京:中国社会科学出版社,1983.

60. 任丑. 黑格尔伦理有机体思想[M]. 重庆:重庆出版社,2007.

61. 胡自信. 黑格尔与海德格尔[M]. 北京:中华书局,2002.

263

62. 唐君毅. 道德自我之确立[M]. 桂林:广西师范大学出版社,2005.
63. 杨国荣. 善的历程. 上海:上海人民出版社,1994.
64. 杨国荣. 伦理与存在. 上海:上海人民出版社,2002.
65. 高国希. 道德哲学[M]. 上海:复旦大学出版社,2005.
66. 万俊人. 寻求普世伦理[M]. 北京:商务印书馆,2001.
67. 田海平. 西方伦理精神——从古希腊到康德时代[M]. 南京:东南大学出版社,1998.
68. 王海明. 新伦理学[M]. 北京:商务印书馆,2001.
69. 张汝伦. 历史与实践[M]. 上海:上海人民出版社,1995.
70. 余潇枫、张彦. 人格之境——类伦理学引论[M]. 杭州:浙江大学出版社,2006.
71. 杨国荣. 存在的澄明——历史中的哲学沉思[M]. 沈阳:辽宁人民出版社,1998.
72. 赵庆杰. 家庭与伦理[M]. 北京:中国政法大学,2008.
73. 龚群. 社会伦理十讲[M]. 北京:中国人民大学出版社,2008.
74. 徐向东. 理解自由意志[M]. 北京:北京大学出版社,2008.
75. 赵汀阳. 论可能生活[M]. 北京:中国人民大学出版社,2004.
76. [法]路易. 迪蒙. 论个体主义[M]. 谷方译. 上海:上海人民出版社,2003.
77. [法]卢梭. 社会契约论[M]. 何兆斌译. 北京:商务印书馆,1980.
78. [法]科耶夫. 黑格尔导读[M]. 姜志辉译. 南京:译林出版社,2005.
79. [德]文德尔班. 哲学史教程·上卷[M]. 罗达仁译. 北京:商务印书馆,1997.
80. [法]让-皮埃尔·韦尔南. 希腊思想的起源[M]. 秦海鹰译. 上海:三联书店,1996.
81. 冯契. 中国古代哲学的逻辑发展(上、中、下册)[M]. 上海:上海人民出版社,1983.
82. 周辅成主编. 西方哲学史名著选编. 北京:商务印书馆,1987.
83. 张岱年. 中国哲学大纲. 北京:中国社会科学出版社,1982.
84. 冯友兰. 中国哲学史新编(1-7)[M]. 台北:蓝灯文化事业股份有限公司,1991.
85. [古希腊]柏拉图对话集[Z]. 王太庆译. 北京:商务印书馆,2004.
86. [古希腊]亚里士多德选集(伦理学卷)[M]. 苗力田译. 北京:中国人民大学出版社,1999.
87. [古希腊]亚里士多德. 政治学[M]. 吴寿彭译. 北京:商务印书馆,1965.
88. J. W. Gough: *The Social Contract*, Oxford,1957.
89. Crane Brinton: *A History of Western Moral*, London, 1959.
90. John Broome: *Ethics Out of Economics*, Cambridge University Press. 1999.

91. [美]莱茵霍尔德·尼布尔.道德的人与不道德的社会[M].蒋庆等译.贵阳：贵州人民出版社,1998.

92. [美]托马斯·雅诺斯基.公民与文明社会[M].柯雄译.沈阳：辽宁教育出版社,2000.

93. [英]F. M.冯·哈耶克.个人主义与经济秩序[M].邓正来译.北京：生活·读书·新知三联书店,2003.

94. [美]余纪元.德性之镜：孔子与亚里士多德的伦理学[M].林航译.北京：中国人民大学出版社,2009.

95. [美]塞缪尔·亨廷顿.文明的冲突与世界秩序的重建[M],北京：新华出版社,1999.

96. [美]约翰·罗尔斯.道德哲学史讲义[M].张国清译.上海：三联书店,2003.

97. [美]约翰·罗尔斯.正义论[M].何怀宏等译.北京：中国社会科学出版社,1988.

98. [美]阿拉斯代尔·麦金太尔.伦理学简史[M].龚群译,北京：商务印书馆,2004.

99. [美]A.麦金太尔.追寻美德：伦理理论研究[M].宋继杰译.南京：译林出版社,2003.

100. [美]A.麦金太尔.德性之后[M]龚群、戴扬毅等译.北京：中国社会科学出版社,1995.

101. [美]阿拉斯代尔.麦金太尔.谁之正义？何种合理性？[M].万俊人等译,北京：当代中国出版社,1996.

102. [美]加布里埃尔·A.阿尔蒙德、西德尼·维巴.公民文化——五个国家的政治态度和民主制[M].徐湘林等译.北京：东方出版社,2008.

103. [美]韦伯.新教伦理与资本主义精神[M].彭强、黄晓京译.西安：陕西师范大学出版社,2002.

104. [美]E.希尔斯.论传统[M].傅铿、吕乐译.上海：上海人民出版社,1991.

105. [美]露丝·本尼迪克特.文化模式[M].王炜等译.北京：生活·读书·新知三联书店,1988.

106. [美]曼纽尔·卡斯特.认同的力量[M].曹荣湘译.北京：社会科学文献出版社,2006.

107. [美]汉娜·阿伦特.耶路撒冷的艾希曼：伦理的现代困境[M].孙传钊译.长春：吉林人民出版社,2003.

108. [美]雅克·布道.建构世界共同体 [M].万俊人、姜玲译.南京：江苏教育出版社,2006.

109. [英]休谟.人性论(下册)[M].关文运译.北京：商务印书馆,1980.

110. [法]托克维尔.论美国的民主(下卷)[M].董果良译.北京：商务印书

馆,1988.

111. [英]巴特·范·斯廷博根编.公民身份的条件[M].吉林:吉林出版集团有限责任公司,2007.

112. [英]齐格蒙特·鲍曼.共同体[M].欧阳景根译.南京:江苏人民出版社,2003.

113. [英]齐格蒙特·鲍曼.生活在碎片之中——论后现代道德[M].郁建兴等译.上海:学林出版社,2002.

114. [英]亨利.西季威克.伦理学方法[M].廖申白译.北京:中国社会科学出版社,1993.

115. [英]霍布斯.《论公民》[M],应星、冯克利译,贵阳:贵州人民出版社,2003.

116. [英]约翰·希克.理性与信仰[M].陈志平王志成译.成都:四川人民出版社,2001.

117. [英]安东尼·吉登斯.现代性与自我[M].方文译.上海:三联书店,1998.

118. [英]安东尼·吉登斯.现代性的后果[M].南京:译林出版社,2006.

119. [英]安东尼·吉登斯:历史唯物主义的当代批判[M].郭志华译。上海:上海译文出版社,2010.

120. [奥地利]赖因哈德.西德尔.家庭的社会演变[M].王志乐等译.北京:商务印书馆,1996.

121. [英]罗素.伦理学和政治学中的人类社会[M].肖巍译.北京:中国社会科学出版社,1992.

122. [英]安东尼·史密斯.全球化时代的民族与民族主义[M].龚维斌、良警宇译.北京:中央编译出版社,2002.

123. [美]保罗·库尔茨.保卫世俗人道主义[M].余灵灵等译.北京:东方出版社,1996.

124. [法]伊冯娜·卡斯泰兰.家庭[M].陈森等译.北京:商务印书馆,2001.

125. [加]查尔斯·泰勒.自我的根源:现代认同的形成[M].韩震译.南京:译林出版社,2001.

126. 应奇、刘训练主编.公民身份与社会阶级[C].南京:江苏人民出版社,2006.

127. 万俊人.现代性的伦理话语[M].哈尔滨:黑龙江人民出版社,2002.

128. 何怀宏.契约伦理与社会正义——罗尔斯正义论中的历史与理性[M].北京:中国人民大学出版社,1993.

129. 何怀宏.生生大德[M].北京:北京大学出版社,2011.

130. 何怀宏.良心与正义的探求[M].哈尔滨:黑龙江人民出版社,2004.

131. 宋希仁主编.西方伦理思想史[M].北京:中国人民大学出版社,2004.

132. 黄进兴.优入圣域——权力、信仰与正当性[M].西安:陕西师范大学出版社,1998.

133. 袁祖社. 权力与自由[M]. 北京:中国社会科学出版社,2003.

134. 邓正来. 国家与市民社会——一种社会理论的研究路径[M]. 北京:中央编译出版社,1999.

135. 王新生. 市民社会论[M]. 南宁:广西人民出版社,2003.

136. 张文喜. 自我的建构与解构[M]. 上海:上海人民出版社,2002.

137. 张英魁. 中国传统政治文化及其现代价值——以白鲁恂的研究为考察中心[M]. 北京:中央编译出版社,2009.

138. 衣俊卿. 现代性的维度[M]. 哈尔滨:黑龙江大学出版社、北京:中央编译出版社,2011.

139. 王珏. 组织伦理——现代性文明的道德哲学悖论及其转向[M]. 北京:中国社会科学出版社,2008.

140. 孙立平. 现代化与社会转型[C]. 北京:北京大学出版社,2005.

141. 廖申白. 交往生活的公共性转变[M]. 北京:北京师范大学出版社,2007.

142. 廖申白、孙春晨. 伦理新视点——转型时期的社会伦理与道德[M]. 北京:中国社会科学出版社,1997.

143. 晏辉等. 公共生活与公民伦理[M]. 北京:北京师范大学出版社,2007.

144. 周国文. 公民伦理观的历史源流[M]. 北京:中央编译出版社,2008.

145. 李萍主编. 公民日常行为的道德分析[M]. 北京:人民出版社,2004.

146. 焦国成主编. 公民道德论[M]. 北京:人民出版社,2004.

147. 曾盛聪、林滨、葛桦等. 伦理的嬗变——十年伦理变迁的轨迹[M]. 北京:人民出版社,2005.

148. 顾准. 顾准文集[M]. 陈敏之编. 贵阳:贵州人民出版社,1994.

149. 包利民. 生命与逻各斯——希腊伦理思想史[M]. 台北:东方出版社,1996.

150. [古希腊]柏拉图. 理想国[M]. 郭斌和、张竹明译. 北京:商务印书馆,1995.

151. [古希腊]亚里士多德. 尼各马可伦理学[M]. 北京:中国社会科学出版社,1990.

152. [美]阿拉斯代尔. 麦金太尔. 伦理学简史[M]. 龚群译. 北京:商务印书馆,2003.

153. 许纪霖主编. 公共性与公民观[C]. 南京:江苏人民出版社,2006.

154. 张汝伦. 黑格尔与启蒙——纪念《精神现象学》发表200周年. 哲学研究[J]. 2007(8):44-53.

155. 江畅. 西方德性思想史[M]. 北京:人民出版社,2017.

156. 吴潜涛. 社会主义核心价值观研究前沿问题聚焦[M]. 北京:人民出版社,2018.

157. 倪剑青.沉思的主观性—关于《精神现象学》开端的研究.理论界[J].2009(8):130-131.

158. 张一兵.从精神现象学到入学现象学—析青年马克思《1844年手稿》中对黑格尔的批判.社会科学研究[J].1999(2):61-68.

159. 仰海峰.《精神现象学》中的主人—奴隶的辩证法—科耶夫《黑格尔导读》的核心理念.现代哲学[J].2007(3):38-43.

160. 张亮.欲望、死亡与承认:科耶夫式黑格尔哲学的三个关键词,同济大学学报(社会科学版)[J].2004(1):61-65.

161. 樊浩.儒家和谐伦理体系及其道德哲学意义.道德与文明[J].2007(6):4-10.

162. 樊浩."实践理性"与"伦理精神"—基于黑格尔道德形而上学理论资源的研究.哲学研究[J].2005(4):104-110.

163. 樊浩.论"伦理世界观".道德与文明[J].2005(4).

164. 樊浩.从本体伦理世界观到生态伦理世界观—当代道德哲学范式的转换.哲学动态[J].2005(5).

165. 田海平.走向"伦理思维"的道德哲学.江苏行政学院学报[J].2006(6):5-11.

166. [日]山口诚一.日本黑格尔研究一百年.张桂权译,哲学动态[J].1997(9):41-44.

167. [东汉]许慎.说文解字[M].北京:中华书局,1963.

后　记

"学问"之求，可以传承知识、积累文化，更重要的还是自己生命的对证、思量。有限的生命只能在无限的意义世界中超越自己，在"伦理世界"里获得生命的终极关怀。但置身全球化、多元化的时代境遇，人们日益倾心于无止境的商品追求、"激情"于物欲的满足与享乐，信仰危机的同时以为物质的东西就是获得幸福的秘诀。其实，正如张世英先生曾指出的，人有功利之心，又有超功利之意：当我们过多地孜孜以求于日常事务时，总会感到缺乏心灵上的自由、安顿与安宁，希望找到生命的意义和价值之所在。

处于市场竞争激烈、功利追求弥漫之际，若能让深处冷宫的伦理哲理下到普遍的世俗之中，相信一定会给熙熙攘攘的人群增加几分清凉幽香之气，提高人们的品位和精神境界，让人们不囿于"以物观物"的狭隘境地，而能多少具有"以道观物"的宽广视野。人要脚踏实地，也要仰望天空；在功利的基础上追求超功利的人生之美。有敢于面对物欲功利而又能从物欲功利中超脱出来的勇气、胸怀与气魄，这不是不可能的矛盾，而是一种忍受和愉悦的交织，一种深层的陶冶、修养和培育。这便是"伦理世界"理念提出与阐发的初衷。

明确提出"伦理世界"概念的是德国古典哲学大家黑格尔。黑格尔的哲学向来以晦涩难懂著称,而我虽有对"学问"的执着,却也因工作之特殊性,常为杂务所束缚而没有"自由的心情"进行"纯洁的精神活动"(黑格尔语),总是心有余而力不足。探讨的过程时而痛苦与晦涩交替,时而为理论内在的魅力与灵性启示而欣慰、欣喜。尽管自己下功夫读了相关著作,但相对于课题的需要,我还是时有难以驾驭之叹。文稿完成后,我也一直未停止继续对该课题的深入思考,既有形而上层面的道德哲学探讨,也有形而下层面应对社会转型伦理变革及其伦理实体建构的现实问题研究,对自己原有知识结构或研究内容的细化、深化探究需求也愈益强烈。研究无止境,尽管有许多不满意,终究也有时间限制,且以此作为阶段性研究表达付梓。当然,这样既有内在精神世界的惶恐,也是恳请专家、读者批评,以此鞭策、激励自己。

"学问"之路向来清寂,特别感恩王育殊先生、樊浩教授及许多前辈与师友,感恩我的领导和同事们,尤其是我的家人。我一生的每一点进步,都有赖于你们的关心、指导、激励与许多无私的帮助!该课题研究是由江苏省哲学社会科学基金重点项目(15ZXA001)支持完成的,也是国家社科基金重大招标项目"现代伦理学诸理论形态研究"(10&ZD072)子课题研究成果。特别感谢江苏人民出版社王保顶先生、卞清波先生的鼓励、支持与帮助。支撑我的不仅仅是工作的激情与使命,还有这许多的伦理关怀之美好!

刘淑萍

2019.11.18